4차 산업혁명과 남북관계

4차 산업혁명과 남북관계

글로벌 정보화에 비춘 새로운 지평

2018년 12월 3일 1판 1쇄 발행
2019년 7월 11일 1판 2쇄 발행

엮은이 김상배
지은이 김상배, 이승주, 신범식, 김유향, 강하연, 송태은, 신성호, 이신화, 조한승
펴낸이 윤철호 · 김천희
펴낸곳 (주)사회평론아카데미
편집 김천희
디자인 김진운
마케팅 최민규

등록번호 2013-000247(2013년 8월 23일)
전화 02-2191-1133
팩스 02-326-1626
주소 03978 서울특별시 마포구 월드컵북로 12길 17
이메일 academy@sapyoung.com
홈페이지 www.sapyoung.com

4차 산업혁명과
남북관계

글로벌 정보화에 비춘 새로운 지평

김상배 엮음

사회평론아카데미

책머리에

이 책은 '미래전략네트워크(일명 미전네)'라는 이름으로 지난 4년여의 기간 동안 진행해온 공부모임의 네 번째 글모음이다. 중장기적 안목의 개발을 지향하지만, 공부모임의 좌표를 주기적으로 점검하고 스스로의 동기부여를 위해서 가능하면 매년 고민의 흔적을 남기자고 했던 다짐이 이번에도 작은 결실을 맺게 되었다. 그동안 미전네는 『한국의 중장기 미래전략: 국가안보의 새로운 방향 모색』(2015)과 『신흥안보의 미래전략: 비전통 안보론을 넘어서』(2016)를 펴냈으며, 2017년에는 〈4차 산업혁명과 한국의 미래전략〉이라는 제목으로 회원들의 고민을 모았다. 이번에는 이른바 4차 산업혁명 시대를 맞는 새로운 기회와 도전에 대한 미래 국가전략적 성찰을 〈4차 산업혁명과 남북관계: 글로벌 정보화에 비춘 새로운 지평〉이라는 제목하에 묶었다.

이 책은 4차 산업혁명 시대의 도래 또는 글로벌 정보화의 맥락에서 펼쳐지는 남북관계의 새로운 지평에 대한 기대에서 출발했다. 사실 4차 산업혁명은 특정 기술이나 산업의 부상만을 의미하는 것이 아니라 최근 과학기술의 발달에 의해서 새롭게 출현한 우리 삶의 물적·지적 조건의 변화를 포괄적으로 의미한다. 이러한 기술의 발달과 산업의 혁신이 야기한 변화는 남북협력의 새로운 지평을 열어가는 새로운 환경이 아닐 수 없다. 2018년 4월 남북 정상회담과 6월 북미 정상회담 이후 비핵화와 남북경협에 대한 기대가 높아지고 있다. 향후 비핵화의 여정은 험난하겠지만, 그 와중에도 남북경협은 진행될 가능성이 크다. 철도·교통·전력망·정보통신망 구축 사업에서부터 경제와 에너지 협력에 이르기까지 다양한 시도가 이루어질 것이다. 그 중에서도 이 책은 IT산업, 전자상거래, 문화콘텐츠 등과 같은 4차 산업혁명 분야의 남북 교류협력에 주목하였다.

　4차 산업혁명 시대의 도래로 대변되는 변화의 물결은 남북한이 직면할 새로운 갈등의 지평도 열고 있다. 올해 들어 남북갈등의 현안이었던 비핵화의 물꼬는 터졌지만, 그동안 예상치 못했던 갈등의 새로운 지평이 전개될 가능성도 없지 않다. 오히려 남북협력이 진전되면서 예전에는 없던 새로운 차원의 갈등이 남북한 간에 발생할 가능성이 있다. 예를 들어, 이 책에서 다루고 있는 이주와 난민 그리고 전염병의 문제뿐만 아니라 기후변화·환경오염, 사이버 안보위협 등과 같은 신흥안보 분야의 갈등은 남북한이 풀어야 할 다음 번 숙제가 될 것이다. 전통안보와는 달리 이러한 신흥안보 이슈들의 특징은 위협유발의 당사자가 명확치 않다는 데 있다. 따라서 남북한이 머리를 맞대고 협력해야 할 뿐만 아니라, 사안에 따라서는 일국 차원을 넘어서는 국제협력과 민간협력이 필수적이다. 이러한 과정에서 4차 산업혁명으로 인해 발달한 과학기술은 이 분야의 문제들을 풀어나가는 새로운 해법을 제공할 것으로 예견된다.

제1부 '남북관계의 새로운 지평'에 실린 제1장 '4차 산업혁명 시대의 남북관계: 협력과 갈등의 새로운 지평'(김상배)은 2018년 4월 남북 정상회담과 6월 북미 정상회담 이후 새로운 국면에 접어들고 있는 남북관계를 4차 산업혁명의 전개라는 맥락에서 검토하고, 향후 남북한이 개척할 새로운 협력과 갈등의 지평을 살펴보았다. 최근 비핵화와 남북협력에 대한 기대가 높아지고 있는 가운데, 현재 남북한은 협력과 갈등의 양면적인 가능성에 직면하고 있다. 전통적인 남북갈등을 넘어서는 협력의 물꼬는 터졌지만, 새로운 갈등의 지평이 열릴 가능성도 없지 않다. 이러한 시각에서 볼 때, 철도·도로망, 에너지·전력망 이외에도 정보통신망과 하드웨어 기기 및 설비, 소프트웨어와 인터넷 서비스, 디지털 미디어·콘텐츠 등과 같은 정보통신 분야의 현황은 새로운 협력에 대한 기대를 갖게 한다. 그러나 동시에 대규모 자연재해, 사이버 안보와 포스트 휴먼 기술의 위협, 이주·난민 안보와 사회안보, 기후변화 안보와 보건안보 등과 같은 신흥안보 분야의 갈등은 향후 남북한의 발목을 잡을 새로운 종류의 복병일 수도 있음을 놓치지 말아야 한다.

제2장 '4차 산업혁명 시대와 남북 경제협력'(이승주)은 북한 비핵화 과정에 상당한 시간이 소요될 것이라는 점에서 남북 경제협력을 단기적 차원에서 획기적으로 진전시키는 것은 용이하지 않다고 지적한다. 단기적으로 남북 경제협력은 북한 비핵화 과정의 불확실성을 완화·제거하는 데 활용하는 방안뿐만 아니라, 장기적으로 북한의 비핵화 이후 남북한 관계의 정상화에 대비한 남북 경제협력 방안을 선제적으로 설계하는 작업은 매우 중요하다. 문제는 북핵 문제 해결을 전제로 하더라도 남북협력이 순조롭게 진행될 것이라고 전제하기 어렵다는 것이다. 이를 위해서는 남북 경제협력의 순차를 유기적으로 설계할 필요가 있

다. 대체적으로는 인도적 지원→원조→원조와 투자의 결합→지역 차원의 경제 통합의 순서로 진행하는 것을 고려할 필요가 있다. 남북 경제협력의 핵심은 협력의 수준과 범위를 순차적으로 넓혀 나가는 가운데, 다양한 이슈들을 유기적으로 연계하는 데 있다. 또한 남북 양자 차원의 협력을 넘어 다자적 차원의 협력의 틀을 만들며, 다양한 차원의 협력을 통합적으로 실행할 필요가 있다. 다만, 경제협력은 경제성장의 수단이지 목표는 아니다. 경제협력은 경제성장의 계기를 제공할 수는 있으나 북한이 지속적인 경제성장을 위해서는 북한이 스스로 선택하고 감당할 수 있는 경제발전모델을 사전에 심도 있게 탐색하는 것이 매우 중요하다.

　제3장 '북한 에너지체제 구축 과제와 남북 에너지협력 방안'(신범식)은 4·27 남북 정상회담과 6·12 북미 정상회담, 9월 19일 평양선언 등 한반도의 정세 변화가 진행되는 가운데, 한반도의 평화와 번영을 위하여 북한 경제개혁과 경제개혁의 선결 조건인 북한 에너지 문제를 해결하고 안정적인 에너지체제를 구축하여야 할 필요성을 검토하였다. 북한은 대내적으로 자력갱생을 위한 폐쇄적인 에너지정책을 시행해 왔다. 하지만, 북한의 외화 부족으로 인한 설비 노후화와 에너지 공급 악화가 산업 생산 저조 등으로 전력난의 악순환이 형성되었다. 노후화된 장비의 개·보수와 송·배전망 정비 사업 등에는 막대한 자금이 투자되어야 할 것으로 보이며, 북한이 자구책을 통하여 악순환에서 탈피하기에는 한계가 있어 대외적 개방을 통한 국제적 에너지협력이 필수적이다. 이를 위하여 북한의 에너지체제 개선 노력을 이끌어 내면서 국제적인 차원에서 에너지협력을 이룰 수 있는 방안이 논의되어야 한다. 북한 에너지 문제 해결을 위하여 한국은 양자 단계에서 북한 내 화력 및 풍

력 발전소 건설과 신재생에너지 발전 분야를 지원하는 것이 가능하다. 특히 단기적인 관점에서 북한이 지닌 풍부한 석탄과 풍력을 이용한 화력 및 풍력 발전소 건설이, 장기적인 관점에서는 신재생에너지로의 전환을 유도하는 것을 고려할 수 있다. 또한 한국은 국제적인 차원에서 몽골-중국-러시아-한국-일본의 전력 계통을 연결하는 동북아 슈퍼그리드와 남-북-러 천연가스망 연결을 통하여 북한의 에너지 문제를 해결하는 데 주도적인 역할을 수행할 수 있을 것으로 보인다. 이러한 상황에서 북한의 에너지 문제를 해결하고, 남북한 협력을 위해서는 수준별로 정책을 마련하고 종합할 필요가 있다.

제2부 '정보통신 분야의 기회와 도전'에 실린 제4장 '북한 IT현황과 남북 IT협력의 과제'(김유향)는 2018년 남북 정상회담, 북미 정상회담 추진으로 남북한 관계개선 및 교류협력의 기대가 커지고 있는 가운데 특히 주목받고 있는 남북 IT협력의 현황과 과제를 다루었다. 인공지능, 빅데이터, 블록체인, 이동통신, 사물인터넷 등 IT분야는 4차 산업혁명을 추동하는 산업이라는 점에서뿐만 아니라, 남북한이 모두 주요 성장동력으로 발전에 주력하고 있는 산업이다. 또한 남북 IT협력은 경제협력만이 아니라 남북한 주민의 커뮤니케이션의 진전을 촉진시켜, 궁극적으로 남북한의 통합과 평화적 공존에 기여한다. 지난 2000년대 초중반의 IT협력 사업이 주는 교훈은 정치적 차원의 일회성 협력사업이나 단기적인 경제적 이익을 위해 추구되는 협력사업을 지양하고 지속가능성을 가진 협력이 이루어져야 한다는 것, 남한은 물론 북한의 변화된 IT기술발전 현황을 고려한 협력이 이루어져야 한다는 것, 나아가 한반도의 평화공존과 발전을 가져올 협력이 되어야 한다는 것이다.

제5장 '북한의 정보통신 인프라와 전자상거래 현황 및 과제'(강하

연)는 4차 산업혁명으로 설명되는 최근의 경제·기술·환경적 변화로 인해서 기존 경협 분야 외 다른 영역 또는 다른 방식으로 ICT 기반 경제협력 시도가 가능해졌다고 지적한다. 경제개발에 사활을 걸고 있는 북한은 ICT를 활용한 성장전략에 관심이 있으며, 남한은 경제침체의 활로를 남북경협을 통해 풀 수 있는 기회를 마주하고 있다. 인터넷, 컴퓨팅 등 디지털기술을 활용한다면 이전보다 더 효율적이고 저렴한 비용으로 다양한 형태의 남북경제협력을 추진할 수 있다. 북한은 다른 저개발 국가와 달리 ICT 역량이 상당히 높은 나라이다. 역사적으로 사회주의 국가 비전의 실현에 있어 과학기술을 강조하였고 인터넷, 컴퓨팅 및 소프트웨어 기술개발에 노력해왔으며, 폐쇄적 인터넷 환경임에도 불구하고 ICT 기술 및 관련 서비스에 대한 수용도가 높다. 북한의 3G 서비스 가입자는 450만 명을 넘겼으며, 평양 등 대도시와 나진·선봉지역에서는 70% 이상 주민들이 스마트폰을 사용한다고 알려져 있으며, '만물상' 등 전자상거래 서비스가 등장하였다고 한다. 제5장은 이러한 배경에서 ICT 기술이 적용된 서비스 분야에서의 남북경협을 고민하였으며, 특히 북한에서 부상하고 있는 전자상거래를 주목하고 이와 관련한 새로운 남북경협 아이템 및 경제협력 가능성을 제시하였다. 이를 위해 북한에서 ICT 기술 기반 서비스가 등장하게 된 역사적 배경 및 북한당국의 정책적 노력을 평가하고 남한과 북한 모두에게 윈-윈할 수 있는 경제협력 아이디어를 고민하였다.

제6장 '디지털 커뮤니케이션 시대의 남북한 문화콘텐츠 교류협력: 북한의 국제평판 개선과 한반도 한류의 창출'(송태은)은 북한 문화콘텐츠의 대부분은 국가의 검열하에 정치적 프로파간다의 성격을 띠며 문화예술은 당의 선전선동 수단으로서 기능한다고 지적한다. 반면, 북한

주민들은 비공식 채널을 통해 외부 문화콘텐츠를 당국의 적발을 피해 은밀하게 개인의 향유 대상으로 소비하고 있다. 북한의 이러한 이중적 커뮤니케이션 구조는 앞으로 북한의 개방화 정책에 의해 해소될 가능성이 있지만 그 방법은 북한 지도층과 상류층이 문화의 조기 채택자로서 외부 문화콘텐츠를 적극 수용하는 방식을 통해 이루어질 때 효과적일 것으로 예상한다. 그러한 맥락에서 과거 남북한 간 문화예술 교류 중 성과가 두드러졌던 디지털 문화콘텐츠 협력사업은 남북한이 공동의 문화콘텐츠 제작을 통해 문화 이질성을 해소하고 동질성 회복에 기여할 것이며 앞으로의 한반도 평화프로세스와 맞물려 비핵화를 이행하는 북한의 국제평판을 개선하고 남북한 공동의 한반도 한류를 창출하는 역할을 할 것이라고 주장한다.

제3부 '신흥안보 분야의 기회와 도전'에 실린 제7장 '4·27 남북 정상회담과 4차 산업혁명: 남북 군사관계와 국방개혁 2.0'(신성호)은 4·27 남북 정상회담은 6개월 전만 해도 도저히 불가능해 보이던 북한 비핵화의 가능성을 새로이 연 것과 동시에 남북 간 군사적 긴장완화와 신뢰구축 나아가 군축의 전망을 제시하면서 한반도와 남북 간에 군사적 대결이 아닌 군사협력의 극적인 반전 가능성을 제시했다고 지적한다. 물론 비핵화와 관련한 여정은 여전히 불확실하며 난관이 있을 것이다. 그럼에도 연이어 열린 북미 정상회담과 북중 정상회담, 한미 정상회담 등을 통해 한반도의 종전과 평화체제 수립에 대한 논의가 급물살을 타고 이루어지고 있다. 이는 남북 간의 군사지형에도 근본적인 변화를 가져올 수 있다. 이러한 가운데 추진되고 있는 한국의 국방개혁은 국내 저출산으로 인한 병력축소 압박, 21세기 4차 산업혁명으로 인한 군사 분야의 새로운 혁신과 기술발달, 그리고 변화하는 동북아 안보환경과 전작

권 전환에 따른 동맹의 변환이라는 다차원의 근본적인 변화에 적응하고 대처할 것이 요구된다. 문제는 역대 정권에서 추구한 국방개혁보다 얼마나 실질적으로 우리에게 필요하고 적합한 국방개혁을 실현하고 실천해 나갈 수 있느냐이다. 이를 위해서는 먼저 우리의 변화하는 안보 상황의 미래, 즉 한반도에서 일어날 가능성이 있는 미래의 전쟁에 대한 냉철한 판단이 요구된다. 이와 더불어 현재 급속히 벌어지고 있는 군사기술의 혁신으로 인한 전쟁 수행 방식의 변화와 미래, 즉 전쟁의 미래에 대한 예측과 판단이 결합되어야 할 것이다. 즉 전쟁의 수요에 대한 예측과 거기에 부흥하는 공급능력을 준비하는 작업이 바로 국방개혁의 요체가 되어야 한다. 특히 최근 남북관계와 더불어 논의되는 한반도 평화체제는 지금까지 남북 군사대결을 중심으로 한 우리의 국방계획과 방위태세를 보다 미래지향적으로 바꾸어야 하는 국방개혁의 필요성을 더욱 제기한다.

제8장 '이주 및 난민문제의 외교안보적 도전: 남북한 관계의 맥락'(이신화)은 이주나 난민안보 문제가 한 국가 내 사회시스템에서 비롯되는 안보위협이지만, 초국가적 관점에서도 매우 중요한 함의를 지닌다고 강조한다. 내국인과 이주민의 상호불만과 갈등이 사회불안을 초래하고 이주의 규모, 빈도, 복합성, 유동성, 비정규성 등이 증가하면서 이주민과 난민관리 및 대응책 마련이 외교안보적 문제로 비화된다. 남북관계의 측면에서 볼 때, 탈북자들의 유입으로 초래될 수 있는 사회갈등, 남북화해무드에 따른 탈북자의 국내 입지나 정체성 문제, 북한 이주노동자의 대량 유입 시 불법이주자 문제나 내국인 노동자와의 일자리 경합으로 인한 갈등 등이 나타날 수 있다. 또한 오랫동안 분단 상태였던 남과 북에서 이주 문제가 본격화될 경우 문화적 갈등도 문제시 될

수 있어 통일을 준비하는 과정이나 통일 이후의 한반도에서 사회통합 문제가 우려거리가 될 수 있다. 따라서 제8장은 신흥안보 관점에서 이주 및 난민이슈와 관련된 인도적 안보위협에는 어떠한 문제들이 있으며, 이러한 위협이 한국에게는 어떠한 외교안보적 도전 이슈가 되고 남북한 관계의 맥락에서는 군사안보 이슈와의 연계성을 포함하여 어떠한 함의를 갖는지 논했다.

제9장 '4차 산업혁명 시대의 남북 보건안보와 보건협력 거버넌스'(조한승)는 오늘날 보건 문제가 단순히 개인의 건강의 문제에만 그치는 것이 아니라 공동체의 생존과 번영에 직접적으로 영향을 미치는 보건안보의 차원에서 다루어지고 있다는 문제제기에서 시작한다. 특히 북한에 대한 보건협력에서는 여전히 정치적 고려가 크게 영향을 미친다. 이는 북한이 아직도 정권안보를 보건안보보다 더 중요하게 여긴다. 한반도 정세의 긍정적 변화를 대비하여 대북 보건협력 거버넌스도 기존의 일방적, 시혜적 성격의 보건지원에서 벗어나 다양한 위협요인을 고려한 보건안보 개념과 4차 산업혁명 시대 첨단기술을 결합할 필요가 있다. 취약한 보건의료 인프라 환경하에서 치명적 외래 전염병이 북한으로 전파될 경우 북한 주민들은 심각한 위협에 처하게 될 것이다. 또한 말라리아, 결핵, 콜레라 등 북한에서 아직도 만연해 있는 각종 전염병이 남한을 포함한 주변 국가들로 확산되는 경우 역시 대비책이 강구되어야 한다. 아울러 한반도 온난화로 인한 새로운 질병 발발과 각종 재해 가능성도 한반도 보건안보를 위협하는 심각한 위협요인으로 부상하고 있다. 이와 같은 다양한 한반도 보건안보의 위협에 대비하여 ICT 기술을 활용한 e헬스 거버넌스를 대북 보건협력에 적용하여 쌍방향적이고 지속가능하며 상호호혜적인 보건협력 사업 아이템을 발굴할 필요가 있

다. 신기술을 활용한 남북한 보건협력은 남북한 주민의 건강과 삶의 질 개선에 실질적인 도움을 줄 수 있다는 점에서 향후 남북통일과 남북한 사회적 통합을 이루는 데 크게 기여할 것이다.

이 책이 나오기까지 많은 분들의 도움을 얻었다. 무엇보다도 짧은 시간 내에 쉽지 않은 주제의 탐구 작업에 참여해 주신 여덟 분의 필자 선생님들께 무한한 감사를 드린다. 북핵 위기와 한반도에서의 전쟁 가능성에 대한 우려가 한창이던 2017년 상반기에 이 책의 작업을 시작하면서 "우리가 이렇게 급박한 시점에 이토록 '한가로운' 주제를 다루는 것이 맞느냐?"며 냉소 어린 토론을 벌였던 기억이 아직도 생생하다. 이 책의 작업이 진행되는 지난 1년여의 시간 동안 단기적 결과 도출에 연연하지 않고 중장기적 안목 개발을 지향하자는 미전네의 취지를 잊지 않았던 필자들의 열정이 없었다면 이 책은 세상에 나오지 못했을 것이다. 이러한 문제의식과 열정을 계속 이어가서 조만간 '중견국 외교전략'에 대한 또 다른 결실을 맺기를 기대해 본다. 이 책의 원고들을 집필하기 위한 세미나가 진행되는 동안 미전네의 뒷바라지를 성심껏 도와준 조문규 석사의 노력에 깊은 감사를 전한다. 국제문제연구소 하가영 주임의 도움에도 크게 감사한다. 이 책의 원고 교정 작업을 총괄해 준 석사과정 신승휴의 헌신도 고맙다. 끝으로 성심껏 이 책의 출판을 맡아주신 사회평론아카데미 관계자들께도 감사의 말씀을 전한다.

2018년 10월 7일

김상배

2부　정보통신 분야의 기회와 도전

3부 신흥안보 분야의 기회와 도전

1부

남북관계의 새로운 지평

제1장

4차 산업혁명 시대의 남북관계

협력과 갈등의 새로운 지평

김상배 서울대학교

I. 머리말

2018년 4월 남북 정상회담과 6월 북미 정상회담 이후 비핵화와 남북경협에 대한 기대가 높아지고 있다. 향후 비핵화의 여정은 험난하겠지만, 그 와중에도 남북경협은 진행될 가능성이 크다. 물리공간의 철도·교통·전력망 구축에서부터 4차 산업혁명 분야의 정보통신망 사업에 이르기까지 다양한 시도가 이루어질 것이다. 그렇다고 남북협력의 시나리오만 있는 것은 아니다. 그동안 남북갈등의 현안이었던 비핵화의 물꼬는 터졌지만, 새로운 갈등의 지평이 전개될 가능성도 없지 않다. 오히려 남북협력이 진전되면서 예전에는 없던 새로운 차원의 갈등이 남북 간에 발생할 가능성도 있다. 비핵화의 고개를 넘고 있는 남북한의 미래에는 그야말로 협력과 갈등의 새로운 지평이 동시에 열릴 것으로 예견된다.

2018년 들어 '급변 사태'처럼 갑자기 펼쳐진 협력의 지평에 대응하는 문제는 쉽지 않아 보인다. 예전에는 '급변 사태'에 대한 논의가 북한의 '급붕괴 사태'를 논했다면 이제는 남북관계의 '급화해 사태'를 방불케 한다. 그런데 지난 10여 년 동안은 북한의 변화를 '급붕괴 사태'로만 전제하고 준비하다 보니 갑자기 열린 협력의 지평에 대한 대비가 부족했다. 무엇보다도 북한에 대한 인식이 변화된 현실을 따라잡지 못하고 있다. 북한에 대한 대중적 인식은 10여 년 전에 멈췄는데. 남북관계의 새로운 지평에 떠오른 오늘날의 북한은 그때의 북한이 아니다. 이런 상황에서 남북협력을 논하더라도 10여 년 전의 햇볕정책을 반복해서는 안 된다.

마찬가지로 전통안보의 위협이 좀 더 가벼워졌다고 해도 남북갈등의 새로운 불씨가 수면 위로 떠오를 가능성이 있다. 오랫동안 우리의 발목을 잡았던 북핵 문제의 실마리가 풀릴 조짐이 보이는 지금, 사이버·전염병·기후변화·난민·환경 문제와 같은 신흥안보 분야의 협력은 남북이 풀어야 할 다음 번 숙제가 될 것이다. 이러한 신흥안보 이슈들의 특징은 위협유발의 당사자가 명확치 않다는 데 있다. 따라서 남북한이 머리를 맞대고 협력해야 할 뿐만 아니라, 사안에 따라서는 일국 차원을 넘어서는 국제협력과 민간협력이 필수적이다. 이 과정에서 위협의 성격을 제대로 이해하고 이에 적합한 대책을 마련하는 것이 중요하다.

여기서 우리가 주목해야 할 점은, 이들 안보위협이 핵무기 같은 전통안보와는 그 성격이 질적으로 다른 신흥안보(emerging security)의 이슈들이라는 사실이다. 신흥은 복잡계 이론에서 말하는 창발(emer-gence)의 다른 번역어이다. 신흥안보는, 원래는 미시적 안전의 문제이지만 그대로 방치하면 그 양이 늘어나서 어느 순간에 갑자기 거시적 차원의 국가안보 문제로 비화될 가능성이 있는 안보위협을 지칭한다(김상배 2016). 핵실험이나 미사일 공격보다 해킹 공격이 더 심각한 피해를 낳을 수도 있고, 총이나 대포보다 신종 플루나 미세먼지가 우리의 생명에 더 큰 위협이 될 수도 있다. 게다가 초국적으로 발생하는 신흥안보의 위험을 간과하고 방치하면 그것이 오히려 전통안보 분야의 위기를 촉발할 정도의 위협이 될 수도 있다.

새로운 협력과 갈등의 지평에 놓이게 될 남북관계는 이렇게 변화된 환경을 염두에 두고 진행해야 한다. 이러한 변화된 환경의 기저에 이른바 '4차 산업혁명'이 있다. 이 글에서 4차 산업혁명은 특정 기술이나 산업의 부상만을 의미하는 것이 아니라 최근 과학기술의 발달에 의해서 새롭게 출현한 우리 삶의 물적·지적 조건의 변화를 포괄적으로 의미한다. 과학기술의 발달이 야기한 변화는 남북협력의 새로운 지평을 열어가는 새로운 환경이다. 또한 4차 산업혁명 분야는 남북한이 경쟁과 갈등을 벌이는 새로운 장이기도 하다. 더 나아가 4차 산업혁명으로 인해 발달한 과학기술은 이 분야의 문제들을 풀어나가는 새로운 해법을 제공하기도 한다.

이러한 맥락에서 이 글은 4차 산업혁명 시대의 정보통신과 신흥안보 분야를 중심으로 향후 남북관계의 진전과정에서 제기되는 기회와 도전의 요인을 살펴보았다. 제2절은 미래 남북관계에 새로운 기회와 도전을 제시하는 4차 산업혁명의 의미를 살펴보았다. 제3절은 정보통신 분야를 중심으로 거론되는 남북협력의 현황과 과제를 사회 인프라, 물리적 층위, 논리적 층위, 콘텐츠 층위에서 살펴보았다. 제4절은 신흥안보 분야에서 제기되는 남북한의 갈등과 협력 가능성을 대규모 자연재해, 사이버 안보와 포스트 휴먼 위협, 이주·난민 안보와 사회안보, 기후변화 안보와 보건안보 등의 분야를 중심으로 살펴보았다. 끝으로, 맺음

말은 이 글의 주장을 종합·요약하고 남북관계의 새로운 지평을 읽어내는 복합적인 시각이 필요함을 강조하였다.

II. 4차 산업혁명, 새로운 기회와 도전

최근 세간의 관심을 끌고 있는 4차 산업혁명은, 증기기관과 기계화로 대변되는 1차 산업혁명, 전기 에너지를 이용한 대량생산으로 드러난 2차 산업혁명, 전자공학을 바탕으로 컴퓨터와 인터넷이 이끈 3차 산업혁명을 넘어서, '지능화'로 대변되는 새로운 변화가 발생하고 있다는 인식에 바탕을 두고 있다(그림 1 참조). 4차 산업혁명론은 2016년 스위스 다보스에서 열린 세계경제포럼(WEF)이 던진 정책 슬로건의 성격이 강하다. 엄밀한 학술개념이라고 할 수는 없어서 여러 가지 개념적 논란이 일고 있다. 그럼에도 4차 산업혁명은 정보통신기술이 제조업 등 다양한 산업들과 결합하며 지금까지는 볼 수 없던 새로운 형태의 제품과 서비

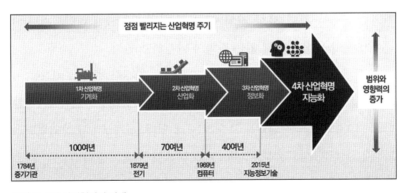

그림 1 4차 산업혁명의 이해
출처: 관계부처 합동. 2017. 11.

스, 비즈니스를 만들어내는 변화라고 보면 된다. 현재 거론되고 있는 내용을 보면, 4차 산업혁명은 클라우드 컴퓨팅, 인공지능, 빅데이터, 사물인터넷, 가상현실(VR) 또는 증강현실(AR), 3D 프린팅, 로봇, 자율주행차, 드론 등과 같은 다양한 부문의 신기술들이 융합되는 현상 및 여기서 비롯되는 시스템의 변화를 아우르는 개념이다(김상배 편 2017).

이러한 4차 산업혁명은 기존의 3차 산업혁명과는 구별되는 특징이 있다고 주장되는데, 다보스 포럼의 회장인 클라우스 슈밥(Klaus Schwab)은 4차 산업혁명의 차별성과 관련하여 속도(Velocity), 범위와 깊이(Breadth and Depth), 시스템 충격(Systems Impact)의 세 가지 특징을 강조하였다(Schwab 2016). 사실 4차 산업혁명을 리드할 핵심 원천기술은 대부분 이미 개발이 완료되었으며, 따라서 관건은 이를 다양하게 융합하거나 제조업과 서비스업 등에 광범위하게 응용 또는 적용하는 것, 그리고 이를 가능케 하는 사회시스템과 의식의 변화를 유도하는 것이라고 할 수 있다. 게다가 최근 바이오·나노 기술, 소재과학, 유전자가위, 양자컴퓨터, 블록체인 등의 기술들이 발전, 융합, 확산되면서 현재와 미래의 모든 산업과 비즈니스 모델의 혁신이 이루어질 것으로 예견되고 있으며, 경제, 사회, 정치, 외교, 군사 전반을 크게 변화시키고 더 나아가 우리의 삶에 전례 없는 변화가 발생하고 있다.

4차 산업혁명 대응전략의 일차적 관건은 거대한 변화를 이끄는 기술·산업 변화의 징후들을 제대로 읽어내고 이에 대응하거나 혹은 좀 더 앞서 나가 이러한 변화를 주도하는 데 있다. 실제로 4차 산업혁명의 도래는 이른바 선도부문(leading sector)으로서 정보통신 부문과 이를 활용하는 제조·금융·의료 등 산업 각 분야의 생산성과 업무 방식에 획기적 변화를 촉발하고 있으며 세계 주요국들은 이 분야를 미래 신성장

동력으로 인식하고 경쟁을 벌이고 있다. 그러나 더 나아가 4차 산업혁명은 단순히 기술과 산업의 변화를 넘어서 우리 삶의 물적·지적 조건의 변화를 야기하고 이러한 과정에서 발생하는 사회 전반의 변화를 의미한다는 사실을 놓쳐서는 안 된다. 이러한 맥락에서 볼 때 4차 산업혁명 시대의 도래는 산업과 경제 문제를 넘어서 국제정치 전반에도 영향을 미치고 있으며, 이 글에서 다루는 안보 문제, 특히 신흥안보 분야에도 영향을 미친다.

이러한 4차 산업혁명 시대의 도래는 최근 들어 협력과 갈등의 새로운 지평을 맞고 있는 남북관계의 전개에 어떠한 영향을 미칠까? 4차 산업혁명이 한반도에 사는 우리 삶 전반을 변화시킬 것으로 예견되는 가운데 새로운 전기를 맞고 있는 남북관계의 미래에도 영향을 미칠 것은 자명하다. 무엇보다도 남북한의 새로운 협력의 진로가 4차 산업혁명의 핵심인 정보통신 분야로 설정될 가능성이 크다. 또한 전통안보를 넘어서 새롭게 제기되는 신흥안보의 위협도 4차 산업혁명의 진전으로 인한 기술발달에 의해서 새롭게 부각될 가능성이 있다. 이러한 맥락에서 볼 때 4차 산업혁명이라는 변수는 기회인 동시에 도전 요인이다. 그렇다면 향후 남북관계를 풀어가는 데 있어서 4차 산업혁명 변수의 위상을 어떻게 설정해야 할까?

남북관계의 맥락에서 본 4차 산업혁명 변수의 성격은 대체로 다음과 같은 세 가지로 이해할 수 있다. 우선, 4차 산업혁명 변수는 협력과 갈등이 벌어지는 새로운 환경을 대변하는 '시대 변수'이다. 4차 산업혁명 시대의 과학기술 발달이 창출한 복잡계 환경에서는 새로운 협력의 기회가 늘어남과 동시에 새로운 안보 위협이 제기될 가능성이 발생한다. 둘째, 4차 산업혁명 변수는 새로운 협력과 경쟁의 목표이자, 더 나아가 새로운 위협주체의 부상을 의미한다. 첨단 과학기술을 둘러싼 기업 및 국가 간 경쟁이 격화되고 있으며, 4차 산업혁명이 창출하는 기술시스템 그 자체가 인간을 위협하는 새로운 변수로 부상하고 있다. 끝으로, 4차 산업혁명 변수는 갈등을 해결하고 위협에 대비하는 새로운 거버넌스의 해법도 제공하고 있다. 과학기술 변수는 복잡계 환경에서 발생한 '미시적 안전'의 문제가 국가 전체의 '거시적 안보' 문제로 상승하는 과정을 막기 위해서 필요한 예방-대응-복원 수단의 의미를 갖는다.

요컨대, 새로운 관계의 지평을 펼쳐가야 할 남북한에게 4차 산업혁명이라는 변수는 함께 머리를 맞대고 풀어가야 할 시대적 숙제가 아닐 수 없다. 그러나 남북한이 각기 처한 위상과 관심이 상이하다는 사실을 정확히 인식해야 한다. 경제발전 단계를 기준으로 한국경제와 북한경제를 비교해 보면, 한국경제가 첨단기술 산업에 비교 우위를 지니는 데 비해 북한경제는 노동집약적 경공업 단계에 놓여 있다. 한국이 4차 산업혁명 시대의 첨단에서 미래를 모색하고 있다면, 북한은 여전히 2차 산업혁명 시대의 문제의식에 머물러 있다. 이러한 상황에서 4차 산업혁명의 미래를 추구하는 한국과 2차 산업혁명의 과거를 사는 북한이 만나서 함께 할 수 있는 일은 무엇일까? 4차 산업혁명 시대를 맞이하여 남북관계에 뭔가 새로운 시너지 효과를 낼 수 있는 협력의 지평이 열리는 것은 사실이지만 그 구체적인 내용이 무엇인지에 대해서는 큰 고민이 필요하다. 더 나아가 4차 산업혁명이 협력의 비전뿐만 아니라 도전과 갈등의 요인도 내포하고 있다는 사실도 놓치지 말아야 한다.

III. 정보통신 분야의 기회와 도전

1. 정보통신 분야의 분석틀

4차 산업혁명 시대의 남북관계라는 맥락에서 정보통신 분야를 볼 경우 대략 세 가지 층위로 나누어 이해하는 것이 유용하다. 첫째, 컴퓨터 네트워크, 하드웨어 기기와 설비 등으로 구성되는 물리적 층위, 둘째, 소프트웨어나 기술표준, 인터넷 서비스 등으로 구성되는 논리적 층위, 끝으로, 문화콘텐츠, 미디어, 커뮤니케이션 등으로 구성되는 콘텐츠 층위로 나누어 볼 수 있다. 이러한 세 가지 정보통신 층위의 기저에 철도·도로망, 에너지·전력망 등과 같은 사회 인프라 층위를 설정할 수 있을 것이다. 이들 네 층위는 각기 고유한 속성을 지니고 있어 이를 고려하여 각 층위에 적합한 거버넌스의 유형을 추론해 볼 수 있다. 물론 각 층위에 적합한 거버넌스는 인과적으로 결정되는 것은 아니지만 각 층위의 고유한 성격에 부합하는 남북협력의 방식을 생각해 볼 수는 있을 것이다(그림 2 참조).

그림 2 정보통신 분야의 층위

4차 산업혁명 시대를 맞이하여 전개될 남북협력의 방식은, 제2장에서 지적하고 있듯이, 대략 네 가지 유형으로 나누어 이해할 수 있다. 첫째, 인도적 지원이다. 보건의료, 질병, 자연재해, 아동, 여성 등과 같은 분야에서 남북한 양자 차원뿐만 아니라 다자 또는 초국적 차원에서 수행된다. 정치적·경제적 이슈와는 별도로 진행되는 경우가 많다. 둘째, 정부 간 또는 국제기구 차원의 원조이다. 정보통신 분야의 기초 인프라 구축이나 디지털 격차 해소 차원에서 진행되는 개발협력 원조이다. 공여국들이 다자협력의 틀을 활용하는 경우가 많다. 셋째, 민간 기업 차원의 투자이다. 북한의 시장경제 도입이 활성화되면서 민간 기업 차원에서 이익창출을 목적으로 수행된다. 개성, 금강산, 나진-선봉 등과 같은 특정지역을 중심으로 시작하여 점차로 그 범위와 정도를 확대하는 형태로 나아간다. 끝으로, 이상 세 가지 형태의 남북협력이 고도화되어 사실상 또는 제도적으로 국가 간 또는 더 나아가 동북아 지역 차원의 경제통합이 달성되는 유형을 생각해 볼 수 있을 것이다.

향후 남북협력의 부정적 영향을 최소화하기 위해서 협력의 수준과 범위를 순차적으로 넓혀서 협력의 이해당사자들을 확대하려는 노력이 필요하다. 그러나 이상의 남북협력의 유형은 개별적으로 진행되거나 혹은 기능주의적 차원에서 순차적으로 진전되는 것은 아니고, 오히려 구체적인 협력안건의 성격에 따라서 중첩적으로 모색되어야 할 것이다. 예를 들어, 최근 기존 남북협력의 양상과는 달리 향후 남북협력은 원조와 투자를 적절히 결합하는, 이른바 '원조-투자 넥서스'의 모델을 모색할 필요가 있다. 또한 제2장에서 지적하고 있듯이, 인도적 지원에서 지역 차원의 경제 통합에 이르기까지 가능한 모든 단계에서 협력을 다자화하고 이를 제도화하는 노력이 필요하다. 예를 들어, 북한에서 대형 자원개발, 인프라 정비, 그리고 플랜트 건설을 추진할 때, 한국 기업이 단독으로 추진하는 것보다 일본, 미국 등 선진기업들과 컨소시엄을 구성하여 추진하는 것이 바람직하다.

이러한 다자적 프레임워크의 추진은 작업의 효율적 추진과 리스크 분산의 효과가 있을 뿐만 아니라, 남북관계가 다소 경색되는 외교안보 상황의 변화가 오더라도 그 동안의 남북협력이 원점으로 회귀하지 않도록 방지하는 불가역성을 확보하는 효과가 있다. 다시 말해, 지난 시절 남북관계의 역사에서 나타났던 협력과 갈등의 악순환 구조를 탈피하는 효과를 기대해 볼 수 있을 것이다. 이러한 복합적인 프레임워크의 모색 과정에서 각 층위별 이슈들이 지니는 공간적 관여의 차원을 이해하는 것도 중요하다. 다시 말해, 이슈에 따라서 국내정치의 보수나 진보세력의 이익이나 이념과 관련된 것은 없는지, 이슈의 성격이 남북관계에서만 타협이 되면 풀어갈 수 있는 변수인지 아니면 주변 국가들의 이익이 관련된 이슈인지, 또는 동북아 지역 차원의 이슈인지 아니면 글로벌 차원에서 고민할 이슈인지 등이 고려되어야 할 것이다.

2. 정보통신 분야의 남북관계: 현황과 과제

1) 철도·도로망, 에너지·전력망

남북한 간의 사회 인프라 구축의 가장 큰 현안은 철도·도로망 구축이다. 2018년 4월 남북 정상이 동해선 및 경의선 철도와 도로를 연결하는 데 합의하여, 지난 10년간 중단됐던 남북철도 연결 사업이 다시 가동될 것으로 보인다. 경의선은 서울과 신의주를 잇는 철도망이고, 동해선은 부산부터 안변을 연결하는 노선이다. 경의선의 경우 선로 노후로 인해 열차가 제 속도를 내지 못하고, 동해선은 강릉-제진 구간이 끊겨 있어 남북 연결이 어려운 상태이다. 동해선은 연결이 끊긴 강릉-제진 구간이 남쪽에 있기 때문에 유엔 제재와 무관하게 추진 가능하고, 경의선 현대화의 경우엔 논의가 더 필요하다. 특히 경의선·동해선은 한반도 신경제지도 구상에서 밝힌 '에이치(H)라인 경제 벨트'를 잇는 간선 교통망이다. 서쪽의 경의선은 서해안 산업·물류·교통 벨트를 연결하고, 동쪽의 동해선은 동해권 에너지·자원 벨트를 연결하며, 용산에서 원산을 잇는 경원선은 동서를 가로지르는 비무장지대(DMZ) 환경·관광 벨트를 연결할 수 있는 노선이다(허승 2018).

한편, 도로 연결의 경우, 문산-개성 고속도로가 우선 논의 대상이 되고 있다. 문산-개성 고속도로 건설은 2015년에도 추진됐으나 2016년 1월 북한의 4차 핵실험 등으로 남북관계가 경색되면서 중단된 바 있었다. 문산-개성 고속도로는 남쪽의 수원-문산 고속도로(2020년 완공 예정)와 북쪽의 개성-평양 고속도로와 연결돼 남북을 잇는 핵심 도로가 될 것으로 전망된다. 앞서 2000년 6·15 공동선언과 2007년 10·4 공동선언의 성과로 경의선 문산-개성 구간이 연결돼 2007년 남쪽에서 개성공단까지 화물운송이 이루어졌다. 동해선 강릉-안변 구간의 연결도 추진됐으나 2008년 이명박 정부 출범 이후 남북관계가 경색되면서 1년여 만에 중단된 바 있다(허승 2018).

에너지·전력 문제는 남북 교류협력의 기반이 되는 인프라 구축에 있어 핵심 사안이다. 에너지·전력 문제는 4차 산업혁명 추진의 물질적 기초로서 북한의 전력난은 심각한 경제난의 출발점이자 경제재건 전략 추진의 최대 걸림돌로 작용하며, 남북경협 활성화의 장애요인으로도 지적된다. 제3장에서 다루고 있듯이, 북한의 전력난 원인은 대내적으로는 자력갱생의 폐쇄적 에너지 정책 추진과 이로 인한 설비 노후화, 에너지원 공급 감소, 발전 및 송배전 체계의 불안, 중공업 우선의 에너지 다소비형 산업 구조 등에서 기인한다. 대외적으로는 사회주의 경제권의 붕괴 이후 이들 국가로부터의 지원 급감과 북핵 문제로 인한 국제적 제재와 대외 지원의 감소 등에서 큰 영향을 받은 것으로 알려져 있다. 특히 북한의 전력망은 낙후되고 포괄 범위가 제한적일 뿐더러 송배전 손실률도 상당히 높은 것으로 알려져 있다. 따라서 대규모 발전소 건설을 통해 안정적으로 전력을 공급하려면 송배전망을 재구축해야 하는데, 여기에 드는 비용과 시간이 만만치 않다는 것이 중론이다(홍덕화 2018).

제3장에서 지적한 바와 같이, 에너지 분야 남북경협의 정치적 제약 요인도 만만치 않다. 전력을 포함한 에너지는 전략물자로서 남북관계뿐만 아니라 미국의 대북정책 등 한반도 주변의 정세변화에도 크게 영향을 받는다. 또한 경제적 관점에서 보아도 에너지 분야의 남북협력을 위해서는 대규모 투자재원 조달이 필요한 반면, 북측으로부터의 투자비 회수는 오히려 곤란하다는 역설적인 문제가 존재한다. 게다가 대북 에너지 공급의 문제는 4차 산업혁명 시대의 에너지 패러다임의 변환 문제와 연동된다는 점에서 새로운 변환 과정에서 북한 에너지 문제와 4차 산업혁명 변수를 연계해서 접근하는 참신한 방안의 모색이 필요하다는 지적이 지속적으로 제기되고 있다. 예를 들어, 한국이 밟아 온 경로를 북한이 그대로 따라가라고 할 필요는 없으며 스마트 마이크로 그리드의 대안이나 탈석탄 에너지의 과제, 천연가스, 대체에너지 개발 등의 문제를 복합적으로 고려한 새로운 방안을 마련하자는 논의가 진행되고 있다.

2) 정보통신망과 하드웨어 기기

최근 인터넷망과 모바일망 등과 같이 4차 산업혁명의 물리적 층위에 해당하는 정보통신망의 구축 문제가 관심을 끌고 있다. 제5장에서 설명한 바와 같이, 북한은 1990년대 말부터 국가적인 내부 과학기술 DB 활용망인 '광명'을 구축해왔으며, 이를 활용한 다양한 응용시스템을 정비해 왔다. 2000년대 초반 태국의 록슬리 패시픽이 나진-선봉 지역에 현대식 광케이블 생산 공장을 건설하여 광케이블을 보급하였다. 모바일망과 관련하여 이집트의 오라스콤은 북한 지역에 이동통신 서비스 및 휴대폰 공급을 진행했는데, 2000년대 중반 오라스콤이 북한에서 실질적으로 사업을 철수한 후 북한 고려텔레콤이 오라스콤의 사업을 인수하여 운영하고 있다. 이 시기에 북한 체신성이 대만회사와 합작으로 체콤이라는 독자적 이동통신 서비스를 개시하여 평양지역에 서비스를 제공하였다. 이렇듯 3G 이동통신에 머물러 있는 북한으로서는 5G 이동통신 상용화를 앞두고 있는 한국 사업자의 기술과 노하우가 필요한 상황이다.

현재 북한의 광케이블망은 평양을 중심으로 각 도청 소재지에 지역센터가 구축되어 있으며 지역센터 근처의 중소도시들이 해당 센터에 방사형으로 연결되어 있는 구도인데 리 단위까지 광케이블이 연결되어 있다. 이는 국제적으로 고립되어 있는 인트라넷 망으로 내외부 공격으로부터 철저히 통제되어 있다. 북한은 통제된 인터넷 환경이기는 하지만, 2014년 최초의 인터넷 쇼핑몰을 출시하는 등 북한 내 주민들의 인트라넷 활용은 어느 정도 활성화된 것으로 알려져 있다. 특히 평양 중심으로 3G 환경이 구축되어 있으며, 집권 엘리트층의 인터넷 이용은 활발한 것으로 평가된다. 김정은 체제에서도 하드웨어와 소프트웨어 개발에서 정보유통과 보급을 강조했다. 국가과학원 산하 컴퓨터연구소를 정보과학기술연구소로 개편하여, 체신성 산하 정보통신연구소로 확대하는 등 정보통신 분야의 연구개발 역량 강화를 도모한 것으로 알려져 있다. 이러한 상황에서 국내 일각에서는 북한의 도시화를 전제로 하여 북한 내에 스마트 메가시티를 건설하는 구상이 제기되고 있다(주성하 2018).

정보통신 기기와 하드웨어 설비 등에 있어서도 기회와 도전 요인이 공존한다. 제5장에서 설명하고 있듯이, 북한은 1980년대 후반부터 컴퓨터와 소프트웨어 산업을 육성하고, 자동화를 추진하고 있다. 특히 기존 산업의 자동화에 초점을 두던 정책에서 컴퓨터를 중심으로 하는 독자적 산업으로 초점을 전환하여, 생산공정 자동화, 로봇화, 컴퓨터화를 추진하면서 고성능 컴퓨터 개발 및 응용범위를 확대하고 있다. 그러나 1980년대 후반 사회주의 국가들의 붕괴와 무역침체 및 자연재해 등으로 인해서 북한은 큰 어려움에 직면했는데, 이른바 '고난의 행군'으로 북한 전역이 혼란에 빠지면서 정보통신 산업도 크게 위축될 수밖에 없었다. 최근까지도 이러한 어려움은 완전히 해소되지 못한 것으로 보이는데, 2018년의 북한 신년사를 보면 북한은 전반적으로 2차 산업혁명 단계의 과제에 머물러 있으며, 4차 산업혁명의 문제를 다소 수사적 차원에서만 제기하고 있는 수준으로 평가된다.

북한의 컴퓨터 하드웨어 및 정보통신 제조업의 수준은 매우 열악한 것으로 알려져 있다. 정보통신 기기와 관련하여 좀 더 구체적으로 살펴보면, 2012년 세 종류의 태블릿 PC를 출시하였는데, 그 이후 한 가지가 추가로 출시되어 현재 네 종류의 태블릿 PC가 시판되고 있다. 이들 기기는 안드로이드 운영체계를 기반으로 만들어졌으나 기기마다 운영체계의 활용방식에 차이가 있으며, 외국어 입력의 문제와 시스템 불안전성 및 응용 프로그램과의 충돌 문제 등으로 인해서 아직은 '조립 수준'이라는 평가를 받고 있다. 한편 스마트 사용자가 늘어나면서 북한은 자체적으로 아리랑(2013), 평양터치(2014), 진달래3(2017) 등을 개발하기도 했다(이춘근 외 2014). 정보통신 제조업 분야에서는 북한의 노동력을 활용한 경협에 대한 논의가 벌어지고 있는데, 북한 경제특구를 활용한 남북 IT교류협력 활성화나 중국을 활용한 남북 간접 IT교류협력 등이 거론된다. 그런데 최근 중국의 성장으로 인해서 10여 년 전의 남북 IT교류협력과는 완전히 다른 지평에서 접근해야 할 필요성이 제기된다.

3) 소프트웨어와 인터넷 서비스

정보통신의 논리적 층위의 대표적인 사례인 소프트웨어 분야에서 북한의 기술력은 상대적으로 높은 수준으로 알려져 있다. 자본과 기술 면에서 하드웨어보다 소프트웨어가 유리하고 발전 가능성이 높아 북한이 집중적으로 육성한 결과로 파악된다. 제4장에서 살펴본 바와 같이, 운영체계, 문서편집, 음성인식, 문헌 검색 프로그램 등의 개발과 전국 차원의 DB구축 등이 추진되었다. 그 중에서 운영체계의 경우, 북한은 자체 컴퓨터 운영체계 개발과 운영 프로그램 개발능력의 확대를 추구하고 있다. 2006년 자체 개발한 '붉은별'에서는 오픈소스 소프트웨어인 리눅스 프로그램을 그대로 사용하였지만, 이후 업그레이드 버전에서는 자체 개발을 통해 운영체계 개발능력 강화를 추구하였다. '붉은별' 운영체계는 MS윈도 응용프로그램 작동환경을 지원하는데, 북한은 다양한 MS어플리케이션을 사용하고 있다. 그러나 '붉은별' 운영체계와 관련 소프트웨어의 확대 보급 및 업그레이드에는 한계를 내보였는데, 이는 호환성 문제와 응용프로그램 부족 등이 주요 원인이었다.

하나비즈, 삼성, SK, KT 등에서 북한 정보통신 인력을 활용하여 소프트웨어와 애니메이션, 홈페이지 등을 개발한 사례가 있으나 '5·24 조치' 이후 중단되었다. 최근 졸업생을 배출한 평양과학기술대학도 학생들의 수준이 높다고 알려져 있지만, 실제로 이들이 개발한 제품이나 기술수준에 대한 정확한 평가는 어려운 상태이다. 한편 기술표준과 관련하여 남북 IT교류협력을 활성화시키기 위해서 가장 필수적인 사업 중의 하나는 정보통신 시스템의 표준화 및 공유가 거론된다. 가능한 빨리 동일체계의 남북한 정보통신 시스템을 정착시키고 표준시스템을 공유하는 문제는 시급히 해결해야 하는 사안이라고 할 수 있다. 그러나 남북 IT표준화를 논하던 10여 년에 비교해서 볼 때, 현 단계에서는 빠르게 변화하는 4차 산업혁명 분야의 특성상 IT용어 통일(표준화) 등으로 대변되는 공식적인 표준화의 유용성은 다소 떨어지는 것이 사실이다.

인터넷 서비스 분야와 관련해서는 북한의 전자상거래에 주목할 필요가 있다. 제5장에서 소개하고 있듯이, 북한의 전자상거래는 주로 모바일 플랫폼을 활용하는 것으로 알려져 있는데, 북한 최초의 인터넷 쇼핑몰 '옥류'가 2014년 출시되어 2015년부터 정식 운영되었다. 북한 국가컴퓨터망과 전자결제체계를 기반으로 하여 휴대폰으로 '옥류'에 접속하여 상품 검색과 주문이 가능하다. 평양 양말공장, 선흥 식료공장 등 평양시내 공장에서 생산하는 인기제품 및 유명 상점과 식당의 음식·식품, 지방상점의 인기상품 등을 홈페이지에서 검색할 수 있다. 2016년에는 '만물상', '내나라', '광흥', '앞날', '려명', '은파산' 등 신규 인터넷 쇼핑몰이 등장했다. 가장 인기 있는 인터넷 허브 쇼핑몰인 '만물상'은 보

건의료품, 건축자재와 공구, 악기, 운동기구, 자동차 부품, 조명 등 기계
설비류, 소프트웨어와 DB, 전기전자제품, 특산물, 농산품 등 수십 가지
부류의 상품을 판매한다. '은파산'의 경우, 이전 전자상거래에서는 불
가능했던 배달 시 지불과 예약 주문도 가능하다. 북한에서 장마당 경제
와 전자상거래가 공존하고 있는 현실에 주목할 필요가 있다. 최근에는
중국의 전자상거래 플랫폼을 도입하여 해외 직구를 시도하거나 단둥의
온라인 대리인이 중개하는 현상이 발생하고 있다.

4) 디지털 미디어·콘텐츠

정보통신 분야의 콘텐츠 층위에서는 북한 엘리트층의 소셜미디
어 활용 행태를 살펴볼 필요가 있다. 미국의 민간업체인 레코디드 퓨처
는 2017년 7월 25일 발표한 보고서에서, 북한 엘리트층이 인터넷을 통
해 세계와 활발하게 소통하고 있다고 주장했다. 북한의 엘리트는 소셜
미디어 접속과 웹사이트 검색, 그리고 미국과 중국의 전자상거래 사이
트를 이용하고 있다는 것이다. 2017년 4월 1일자의 데이터를 예로 들
면, 이들은 중국 관영 '신화통신'과 '인민일보' 사이트에서 뉴스를 검색
했고, 이메일을 읽었으며, 중국의 동영상 공유 사이트인 '유쿠'를 통해
동영상을 시청하거나 미국의 전자상거래 사이트인 아마존을 검색했다.
북한에서는 페이스북 이용자가 압도적으로 많으며, 구글, 바이두, 인스
타그램, 알리바바, 아마존 순으로 이용하는 것으로 파악됐다. 가장 인기
있는 동영상과 음악 실시간 감상 사이트는 중국의 유쿠와 미국의 애플
아이튠스이다. 최근에는 북한 엘리트층은 페이스북을 끊고 중국 소셜
미디어로 갈아탔다고 알려지고 있다(박수현 2018).

방송 및 영화 분야의 북한 내 디지털 콘텐츠로는 한류 콘텐츠가 유

통되고 있는 것으로 알려져 있다. 한국의 입장에서 보면, 이미 확산되어 있는 중국의 플랫폼과 대결을 벌이는 구도보다는 내용적 경쟁력을 지닌 한류 콘텐츠 분야에서 남북협력의 아이템을 찾는 전략이 현실적인 대안이 될 수 있다. 그리고 이러한 구도를 바탕으로 남북한과 중국이 협업하는 방식을 추구할 수 있을 것이다. 다시 말해, 중국 파트너와 남북한이 플랫폼-콘텐츠-서비스를 매개로 결합하는 모델이다. 이렇게 보면, 중국의 성장이라는 맥락에서 남북한 IT협력 방향은 중국의 동영상 플랫폼, 한국의 콘텐츠, 북한의 인력 등으로 엮어내는 모델에 있다. 더 나아가 남북한의 한류가 세계무대에서 공조하여 한민족 공통의 콘텐츠를 개발하는 문제 등도 생각해 볼 수 있다. 제6장에서 소개하고 있듯이, 이러한 구상에 참고할 사례로 많이 인용되는 것은, 콘텐츠의 웹코딩화에 북한 인력을 활용했던 애니메이션 '뽀로로'이다. 한편 최근 김정은 시대의 변화로는 상당히 세련된 방식으로 콘텐츠 제작을 하고 있다고 평가되는데, 이 비결은 금성중고등학교 IT영재반과 같이 김정일 시대부터 지속된 교육 분야의 투자가 기반이 된 것으로 알려져 있다.

이러한 북한 내 소셜미디어의 활용과 한류 콘텐츠의 확산 현상을 어떻게 볼 것이냐의 문제는 매우 중요한 정치사회적 함의를 지닌다. 북한의 인터넷과 소셜미디어의 확산 문제를 이른바 '재스민 혁명'의 연속선상에서 보는 '평양의 봄'의 시각으로만 봐서는 미디어·콘텐츠 층위의 남북협력은 요원할 수밖에 없을 것이다. 경제·산업의 함의를 지닌 북한의 소셜미디어와 정치사회적 함의를 지닌 북한의 '소셜 네트워크'를 구분해서 보는 복합적인 시각이 필요하다. 다시 말해, 경제적 시각에서 소셜미디어는 남북 IT교류협력의 중요한 아이템으로서 협력의 새로운 지평을 여는 데 기여할 것이다. 이에 비해 정치사회적 시각에서 본

미디어와 콘텐츠는 대북 공공외교의 추진이 야기할 새로운 갈등의 불씨가 될 가능성이 있다.

IV. 신흥안보 분야의 기회와 도전

1. 신흥안보 분야의 분석틀

4차 산업혁명 시대의 남북관계 맥락에서 관건이 되는 신흥안보 분야에서 발생하는 위험은 각기 지닌 속성의 차이에 따라서 다음과 같은 네 가지 유형으로 구분할 수 있다(김상배 2016). 첫 번째 유형은 지진, 쓰나미, 홍수 등과 같은 대규모 자연재해나 전쟁과 같은 전통안보가 해당되는데, 이는 '돌발적 한정형 위험'의 성격을 지닌다. 두 번째 유형은 원전사고나 사이버 공격 등과 같이 기술시스템에서 비롯되는 위험이 해당되는데, 이는 '돌발적 무한형 위험'의 성격을 지닌다. 세 번째 유형은 이주·난민안보나 사회안보와 같이 사회시스템에서 비롯되는 위험이 해당되는데, 이는 '점진적 한정형 위험'의 성격을 지닌다. 네 번째 유형은 사스, 메르스 같은 신종플루 전염병, 기후변화나 미세먼지 월경 등과 같이 자연시스템에서 비롯되는 위험이 해당되는데, 이는 '점진적 무한형 위험'의 성격을 지닌다.

이렇게 구분된 네 가지 유형의 위험들에 효과적으로 대처하기 위해서는 각각의 속성에 적합한 거버넌스 양식을 도입하는 것이 필요하다. 각 유형별로 적합한 거버넌스의 도입은 해당 위험에 효과적으로 대응할 수 있는 가능성을 높여주기 때문이다. 김상배(2016)는 시스템의 속성과 이에 적합한 거버넌스의 상관성에 대한 이론적 논의를 통해서, 신흥안보 각 분야에 적합한 협력 거버넌스의 양식을 네 가지 범주로 나누어 제시하였다. 이들 네 범주는 이에 친화적인 신흥안보의 유형과 대응하는데, 대략 정부 주도 모델, 정부 간 협력 모델, 지역 참여 모델, 초국적 참여 모델 등으로 나뉘어진다. 이렇게 신흥안보의 각 분야에서 발생하는 위험들의 유형과 이에 대한 적합 거버넌스의 유형에 대한 이론적 논의를 요약하면 〈그림 3〉과 같다.

첫째, 지진, 화산폭발, 쓰나미, 홍수 등과 같이 돌발적으로 발생하는 대규모 자연재해는 '돌발적 한정형 위험'인데, 여기에는 집중 거버넌스와 역내(域內) 거버넌스의 조합이 적합하다(그림 3의 1-영역). 예를 들어, 자연재해의 경우에는 정치적 책임소재 규명보다는 신속하고 체계적인 재난의 복구가 우선시될 뿐만 아니라 일정한 경계 내에서 발생하기 때

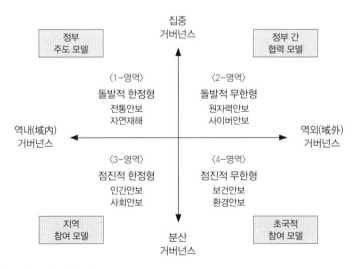

그림 3 정보통신 분야의 층위
출처: Yoon(2015), p.198에서 응용; 김상배(2016), p. 92.

문에 사안의 시급성을 고려하여 정부 주도하에 신속한 의사결정을 하고 이에 따라 집중적으로 자원을 동원함으로써 일사불란한 대응체제를 구축할 수 있는 '정부 주도 모델'이 적합하다.

둘째, 원자력 안보, 사이버 안보, 포스트 휴먼(post-human) 위협 등과 같이 기술시스템에서 비롯되는 신흥안보 위험은 '돌발적 무한형 위험'인데, 집중 거버넌스와 역외(城外) 거버넌스의 조합이 적합하다(그림 3의 2-영역). 돌발적으로 발생하는 재난이어서 그 피해를 조기에 감지하는 것이 쉽지 않고, 일단 재난이 발생하고 나면 그 피해가 낳을 결과를 예측하는 것이 용이하지 않다. 따라서 신속하고 체계적인 재난의 복구가 중점이 되지만 일국 차원의 노력으로는 한계가 있어 책임 있는 당국자들이 국제적으로 협력하는 '정부 간 협력 모델'이 적합하다.

셋째, 인구안보, 이민안보, 사회 양극화, 경제적 불평등, 종교와 정체성, 사회통합 등과 같이 사회시스템에서 발생하는 위험은 '점진적 한정형 위험'인데, 분산 거버넌스와 역내 거버넌스의 조합이 적합하다(그림 3의 3-영역). 인간안보나 난민안보는 점진적이지만 국경을 넘는 사고로 확대될 경우 지역 차원에서 사고에 대한 책임과 보상 문제를 유발할 가능성이 높다. 따라서 국제사회의 원조와 협력을 얻더라도 결국 일국단위 또는 지역 공동체 차원에서 사고수습의 주도권을 쥐고 민간 행위자들과 시민사회 등이 모두 참여하는 '지역 참여 모델'이 적합하다.

끝으로, 환경안보와 기후변화안보, 식량안보와 에너지안보, 보건안보 등과 같이 자연시스템에서 비롯되는 위험은 '점진적 무한형 위험'인데, 분산 거버넌스와 역외 거버넌스의 조합이 적합하다(그림 3의 4-영역). 이 재난은 위험의 발생이 점진적, 단계적, 연쇄적으로 발현되는 동시에 초국적으로 발생하기 때문에 재난의 최종적인 피해규모와 시급성 및 대처 방안 등을 놓고 각국의 정부들 간에 이견이 발생할 수 있다. 따라서 일국 차원의 정부 주도 모델보다는 민간기업, 시민사회, 국제기구 등 다양한 이해당사자들이 거버넌스에 참여하는 '초국적 참여 모델'이 적합하다.

이렇게 구분된 각각의 유형별 위험의 속성이나 각 위험이 내재하고 있는 성격이 유일한 인과적 변수로서 적합 거버넌스 양식을 결정하는 것은 아니지만, 적합 거버넌스 양식의 도입이 해당 위험에 효과적으로 대응할 수 있는 가능성을 높여준다는 상관관계 정도는 설정할 수 있다. 이렇게 신흥안보의 유형별 성격과 여기서 파생하는 거버넌스 모델의 성격, 그리고 이러한 과정에 내재한 성격 간의 상관관계 또는 인과적 친화성을 살펴보는 작업은 신흥안보 위험에 대응하는 실천적 방안의 마련이라는 차원에서도 큰 의미를 가진다.

2. 신흥안보 분야의 남북관계: 갈등과 협력

1) 대규모 자연재해

남북한 간에는 대규모 자연재해에서 비롯되는 신흥안보의 위험이 상존한다. 최근 부쩍 발생빈도가 늘어나고 있는 지진에 주목할 필요가 있는데, 지진 발생이 없는 것으로 인식되었던 한반도(경주)에서도 지진이 발생하였다. 아울러 백두산 화산이 폭발할 가능성이 거론되는데, 이는 최근 북한의 핵실험이 여섯 차례나 이루어지면서 우려가 증폭되었다. 2016년 두만강 유역에서 발생한 큰 홍수도 대규모 자연재해가 줄 충격을 걱정케 하였다. 이러한 대규모 자연재해들은 여타 신흥안보 문제와 연계될 때 그 위험이 증폭될 가능성이 있다. 예를 들어, 대규모 지진이 원자력 발전소 지역에서 발생한다거나 큰 홍수나 화산폭발이 유발하는 환경악화, 질병발생, 식량위기 등의 문제는 모두 신흥안보 이슈의 상호 연계가 낳을 충격을 예견케 한다. 아울러 여기서 비롯되는 사회갈등과 난민 발생 등이 연계되면서 궁극적으로 남북갈등을 유발할 가능성도 없지 않다.

기본적으로 특정국가의 국경 안에서 발생하는 대규모 자연재해에 대한 대책 마련은 각국 정부의 몫으로 인식되어 왔다. 〈그림 3〉에서 제시한 바와 같이, 대규모 자연재해는 '돌발적 한정형 위험'에 해당되는 것으로, 정부 주도하에 신속한 의사결정을 하고 이에 따라 집중적으로 자원을 동원함으로써 일사불란한 대응체제를 구축할 수 있는 '정부 주도 모델'이 적합하다. 그러나 그 피해의 규모가 국경을 넘어설 정도로 크거나 혹은 그 파급의 범위가 광범위할 경우, 인도적 지원의 차원에서 주변 국가들도 나서서 예방과 구호 및 복구를 위한 협력 체제를 가동하기도 한다. 예를 들어, 최근 백두산 화산의 폭발에 대비하는 국제적 차원의 조사와 대응체제 마련을 위한 논의가 이루어지고 있음에 주목할 필요가 있다. 특히 최근 북한에서 발생한 홍수나 가뭄 등과 같은 대규모 자연재해의 경우 북한이 일국적 차원에서 해결할 역량이 없는 경우 인도적 차원의 대북지원이 고려 가능하다.

자연재해에 대한 대응과 관련하여 4차 산업혁명 분야의 성과를 활용한 스마트 재난대응시스템의 구축이 논의되고 있다. 예를 들어, 인공지능(AI) 로봇을 투입하여 재난위험에 신속 대응하는 체제의 구축이나 재난·재해 관련 시설에 대한 방재 및 테러 대비 보안대책의 강화, 지능형 CCTV나 사물인터넷(IoT) 센서 등을 활용한 스마트 재난 안전 시스템의 구축 등이 거론되고 있다. 이 외에도 대국민 방재교육과 훈련에 가상현실(VR)과 증강현실(AR) 등을 접목하여 국민의 재난대응 역량을 강화하는 방안도 논의되고 있다. 이 중에서도 특히 소셜미디어와 사물인터넷, 인공지능을 활용한 빅데이터 수집 및 분석을 통해서 신흥안보 분야의 재난발생 징후를 조기에 탐지하거나 재난 발생 이후에도 실시간 지원수요의 파악, 신속한 대응책의 마련, 재난구조 최적화 등을 통한 피해 최소화 방안이 주목을 받고 있다.

2) 사이버 안보와 포스트 휴먼 위협

남북관계의 진전에 따라서 사이버 안보, 포스트 휴먼 기술의 위험 등과 같이 기술시스템에서 비롯되는 신흥안보 위협이 발생할 가능성이 크다. 핵위협이 한창이던 시절에도 사이버 안보는 남북 간의 큰 갈등 요인이었다. 북한발로 추정되는 해킹 공격이 감행되어 국가 기반시설을 교란하고 개인과 기업의 정보와 금전을 탈취했다. 최근에는 랜섬웨어 유포나 금전적 이익을 노린 비트코인에 대한 해킹 등과 같은 사이버 공격의 유형이 다변화되고 있다. 원자력 발전소를 겨냥한 북한의 해킹은 국민들의 심리를 불안케 했으며, 미국의 소니 영화사에 대한 해킹은 북미갈등의 큰 불씨가 될 뻔 했다. 최근 사이버 안보의 불씨는 경제와 사회 분야에도 옮겨 붙어 전략물자의 교류와 개인정보 보호가 쟁점이 되었다. 언젠가는 남북정상이나 북미정상이 사이버 안보를 현안으로 놓고 협상 테이블에 앉아야 할지도 모르겠다.

포스트 휴먼 기술의 발달이 야기하는 신흥안보 위협의 경우, 인공지능, 로봇, 빅데이터, 클라우드 컴퓨팅, 사물인터넷 등으로 대변되는 정보통신기술의 급속한 발달로 인해서 인간 행위자가 아닌 이른바 '비인간(non-human) 행위자'가 야기할 수 있는 위협에 대한 우려가 늘어나고 있다. 제7장에서 언급하고 있는 바와 같이, 남북 간에는 드론 기술을 활용한 군사무기의 개발 경쟁과 이를 활용한 분쟁 가능성이 늘어나는 가운데, 최근에는 인공지능 분야의 강대국들, 특히 미국과 중국의 경쟁이 속도를 내기 시작하면서, 첨단 군비경쟁의 와중에 킬러 로봇의 등장과 로봇 전쟁의 가능성마저도 점쳐지는 실정이다. 아울러 인공지능을 장착한 자율주행차와 무인 드론 등을 활용한 테러의 부상도 큰 위협이 될 가능성을 제기하고 있다.

이렇게 기술시스템에서 비롯되는 신흥안보 위험들은 대체로 〈그림 3〉에서 본 '돌발적 무한형 위험'의 성격을 갖는다. 이러한 돌발적이고 경계가 없는 위험의 경우 그 피해를 일찌감치 감지하는 것이 어렵고, 발생한 재난에 대해서도 그 파급 결과를 예측하는 것이 쉽지 않다. 따라서 일차적으로는 피해가 발생한 국가 차원에서 신속한 재난 복구가 우선적 대책이 될 수 있다. 일국 차원의 사이버 안보 대응역량의 강화나 민·관·군 사이버 정보공유 체계 확립, 그리고 사이버 안보 관련 법제·정책의 정비 등이 강조되는 것은 바로 이러한 맥락이다. 그러나 사이버 공격의 성격상 이러한 일국 차원의 노력에는 한계가 있을 수밖에 없기 때문에 주변 국가들과의 양자 간 협력채널을 강화하고, 그리고 가능한 경우 다자 간 국제협력을 펼치는 것이 보완책이 된다. 그러나 사이버 안보 문제의 고유한 성격상 국제기구와 같은 글로벌 차원에서 작동하는 권위체의 역할을 정립하기는 쉽지 않다. 이러한 유형의 위험에 대응하는 거버넌스 모델로서 '정부 간 협력 모델'을 지적한 것은 바로 이러한 맥락이다(김상배 2018).

사이버 안보 분야에서도 신흥안보 창발의 '상승 고리'를 끊는 데 과학기술 변수는 중요한 역할을 한다. 빅데이터를 활용하여 사이버 공격을 전후한 시점에 발생하는 온라인상에서의 이상 징후를 감지하고, 사이버 공격에 사용된 악성코드를 비교·분석하는 것이 가능하다. 좀 더 구체적으로 말해, 예방력 제고 차원에서 사이버 공격을 미리 예측하고 사고 발생을 최소화하는 사이버 보안 인텔리전스 네트워크 기반 모니터링 체계 구축이 필요하다. 탐지력 배양 차원에서 해킹 공격 루트에 대해 수사하고 공격자를 확인하는 디지털 포렌식 기술의 개발이 필요하다. 복원력 발휘 차원에서도 사이버 공격이 발생했을 때 최단시간 내에 차단하여 피해를 최소화하고 빠르고 원활하게 복구하는 능력을 확보할 필요가 있다. 이러한 예방-탐지-복원의 역량 제고를 위해서 R&D 예산 지원을 늘리고, 정보보호 산업의 육성을 위한 민간 및 정부 지원사업의 확대 등과 같은 대책들을 강구할 필요가 있다.

3) 이주·난민 안보와 사회안보

남북한 간에는 이주·난민 안보, 사회안보 등과 같이 사회시스템에서 비롯되는 신흥안보 위협이 점점 더 커질 가능성이 있다. 제8장에서 지적하고 있듯이, 이주·난민 안보의 경우, 탈북자의 유입으로 인한 사회갈등의 발생 가능성, 불법이주자 문제가 야기할 사회불안 증대의 가능성, 그리고 이들 이주 노동인력과 내국인 노동자와의 일자리 경합 가능성 등이 우려되고 있다. 더 나아가 문화적 갈등 가능성 또는 인력의 빈번한 이동에 수반하는 전염병의 전파 가능성 등도 문제가 되고 있다. 사회안보의 경우, 경제적 불평등과 교육 및 사회양극화의 확대는 정치적·사회적·이념적 갈등을 증폭시킬 것이 예상되는데, 이는 통일 준비과정 또는 통일 이후에 발생할 사회통합의 문제로 나타날 것이 예견된다.

이렇게 사회시스템에서 비롯되는 신흥안보 위험들은 〈그림 3〉에서 구분한 '점진적 한정형 위험'에 속한다. 사실 이주 문제는 돌발적으로 발생하는 것이 아니라 구조적 추세로서 나타나는 점진적 변화인데, 경우에 따라서는 사회안보를 위협하는 난민 문제로 제기되기도 하지만 평상시에는 점진적인 인구 이동의 형태로 나타나는 경우가 많다. 그러나 이들 신흥안보 위험들이 남북 간의 정치적·사회적·경제적 문제와 연계되면서 급속히 국경을 넘는 문제로 비화될 경우 한반도와 동북아 지역 차원, 특히 중국에 책임과 보상을 묻는 문제가 제기될 가능성도 없지 않다. 이런 점에서 이들 분야의 신흥안보 이슈는 주로 주변국의 정부 간 관계의 쟁점이 되겠지만 그 고유한 속성상 경우에 따라서는 민간 행위자들과 시민사회의 참여도 요구하는 특성을 드러내 보일 가능성이 있다. 이 글은 이러한 신흥안보 위험에 적합한 거버넌스 모델을 '지역 참여 모델'이라고 파악하였다.

　　이주·난민 안보와 사회안보와 관련되는 신흥안보 위협에 대처하는 데 있어 과학기술 변수는 중요한 역할을 할 수 있다. 예를 들어, 빅데이터를 활용하여 이주·난민에 대한 데이터를 수집하고 모니터링을 수행하여 이주·난민에 대한 즉각적이고 상시적 지원을 제공할 수 있을 것이다. 그런데 과학기술 변수는 아날로그 시대 경제양극화 문제를 디지털 시대로 전이시킴으로써 이주·난민에서 제기되는 신흥안보 문제를 증폭시키는 환경을 창출할 수도 있다. 최근 로봇이나 인공지능의 도입은 저임금 반복업무 직군을 대체하여, 노동자들의 일자리를 뺏고 경제적 불평등을 심화시킬 우려를 낳고 있다. 스마트 팩토리의 도입으로 일자리가 없어지고 있는 상황에서 이주노동자로서 탈북자들의 유입은 또 다른 사회적 안보위협의 요인으로 인식될 수 있으며, 이는 4차 산업혁명 과정에서 소외된 그룹의 사회적 불만표출과 연계될 가능성도 있다.

4) 기후변화 안보와 보건안보

기후변화 안보, 보건안보 등과 같이 자연시스템에서 비롯되는 신흥안보의 위험도 남북관계의 새로운 갈등 요인이 될 가능성이 있다. 기후변화 안보의 경우, 현재 한반도에서는 지구온난화에 따른 아열대화, 강수 패턴의 변화, 홍수와 가뭄의 빈발 등의 문제가 발생하고 있다. 중국발 스모그와 미세먼지의 초국경적 피해와 같은 대기오염도 큰 문제다. 이러한 기후변화의 양상은 한반도에서 미세먼지와 황사로 인한 국가간 갈등 고조 가능성, 수자원 활용의 난조, 전염병의 확산과 질병패턴의 변화, 글로벌 식량시장의 수급변동, 식량무기화 현상의 발생, 새로운 에너지 소비패턴의 등장 등을 야기할 가능성이 있다. 향후 남북 교류협력 과정에서 북한이 개방되어 산업화에 박차를 가할 경우, 북한의 에너지 소비패턴의 변화가 발생할 수밖에 없다. 이는 화석연료 사용량의 급증으로 이어져, 이로 인해 발생하는 미세먼지가 큰 골칫거리가 될 것이다. 이러한 기후변화와 환경오염 문제는 식량이나 수자원 문제와 연계되면서 새로운 종류의 위협을 야기할 가능성도 있다.

보건의료도 대표적인 신흥안보 분야이다. 제9장에서 면밀히 살펴보고 있듯이, 글로벌 차원뿐만 아니라 동북아와 한반도에서도 신종 전염병의 발생이 눈에 띄는데, 최근 빈번히 발생하는 신종플루, 사스, 메르스, 에볼라, 지카 바이러스 등과 같은 신종 전염병은 남북한 간에도 심각한 정치사회적 갈등을 유발할 가능성이 있다. 게다가 외래질병 유입 시 북한의 방역체계로 감당이 곤란할 경우 극단적 조치를 선택할 가능성마저도 거론되고 있다. 오랜 분단과 사회경제적 차이로 인해서 남북한은 취약한 질병의 종류나 면역력에 있어 차이가 날 수밖에 없다. 이러한 상황에서 이들 신종 전염병이 남북 교류협력의 과정에서 노동력 이동이나 탈북 난민 등의 현상과 연계되어 급속히 전파되는 상황이 발생한다면, 남북은 극단적인 조치로 또 다른 분단의 벽을 만들지도 모른다. 실제로 북한에서는 매년 콜레라, 말라리아, 장티푸스, 홍역, 결핵 등과 같은 토착 전염병이 유행하고 있어 외부로의 전염병 확산 가능성도 우려된다. 실제로 휴전선 접경 남측 지역으로 말라리아가 전파되는 문제가 우려되고 있다.

이렇게 지연시스템에서 비롯되는 신흥안보의 위험들은 점진적, 단계적, 연쇄적으로 발현되는 동시에 초국적으로 발생하는 특성을 갖는다. 이는 〈그림 3〉에서 구분한 바와 같이, 일종의 '점진적 무한형 위험'이라고 할 수 있는데 기본적으로 영토 단위를 넘어서 영향을 미치고 그 해법도 일국 단위를 넘어서 지역 및 글로벌 차원에서 모색될 수밖에 없는 속성을 지니는 것으로 파악된다. 게다가 재난의 최종적인 피해규모와 시급성을 놓고 관련 당사국들 간에 메울 수 없는 이견이 나타날 가능성이 크기 때문에 국가 행위자뿐만 아니라 민간기업, 시민사회, 국제기구 등과 같은 다양한 이해당사자들이 참여하는 '초국적 참여 모델'을 모색하게 된다. 쉽게 말해, 통상적으로 떠올리는 정부 주도 모델보다는 글로벌 거버넌스 차원의 해법을 찾게 된다. 예를 들어, 2000년대 남북 교류협력 차원에서 민간단체의 대북 보건지원 사업이 시행됐는데, 규모의 제약과 일회적이고 간헐적 사업, 그리고 남북한 관계의 민감성으로 인해서 우여곡절을 겪은 바 있다. 이에 비해 국제보건기구(WHO), 유니세프 등 국제기구의 보건협력 사업은 상대적으로 안정적인 지속성을 보였다.

　과학기술 변수는 자연 시스템에서 발생하는 신흥안보의 해법으로도 거론된다. 기후변화와 대기오염의 경우, 중국발 스모그, 미세먼지 등 초국경적 대기오염 문제의 원인과 대책 마련을 위해서는 당사국들이 모두 참여하는 과학 연구가 필수적이다. 공동의 과학 연구를 통해서 합의된 방법론과 데이터 등을 공유하며 대기오염의 원인과 결과를 밝힐 경우 연구의 신뢰성이 높아지기 때문이다. 이와 관련하여 기후변화 관련 재정 관리나 온실가스 배출량 추적 등에 블록체인 기술을 적용하여 그 투명성과 신뢰성을 향상시키는 방안이 기대를 모으고 있다. 또한 기후변화 분야에서 빅데이터를 활용하여 초국적 환경오염의 원천을 파악하고 글로벌 생태계에의 장기적인 효과를 분석하는 작업에 활용되어 국가 간 환경 분쟁 해결에 도움을 주는 기초자료로 활용될 수 있을 것이다.

　보건안보 분야에서도 과학기술을 원용하여 글로벌 차원에서 유행하는 감염병을 대상으로 하는 실시간 감시와 발병한 전염병에 대한 국가 간 정보공유의 확대가 거론된다. 빅데이터 활용도 큰 주목을 받고 있는 과학기술 변수 활용의 해법인데, 인터넷 검색어를 통해서 질병 발병을 예측하거나, 발병에 대한 정보를 신속하게 전달할 뿐만 아니라 휴대폰 사용 자료와 센서스 자료를 결합하여 전염병 등의 확산에 대한 신속한 대응에 원용하는 방안이 현실적으로 거론되고 있다. 이러한 맥락에서 떠올려 볼 수 있는 4차 산업혁명 시대의 대북 보건협력 아이템으로는, 제9장에서 제안하고 있듯이, 원격 교육과 진료, 남북한 전염병 핫라인 구축, 인터넷 기반 질병 감시 대응체계 마련, 한반도 질병 및 유전자 DB와 질병 지도 구축 등과 같은 조치를 들 수 있다.

V. 맺음말

최근 남북관계는 새로운 기회와 도전에 직면해 있다. 비핵화와 관련된 기초적 합의를 도출한 현 상황에서 일차적으로는 남북 교류협력 담론이 힘을 받을 가능성이 높다. 그러나 우여곡절을 겪으며 남북관계가 진전되면서 예전에는 없던 새로운 차원의 갈등도 발생할 가능성이 있다. 그야말로 협력과 갈등의 새로운 지평이 열릴 것으로 예견된다. 새로운 지평을 헤쳐가기 위해서는 기본적인 발상뿐만 아니라 구체적인 실천 방법도 새로워야 한다. 남북 교류협력만 보더라도 새로운 환경이 조성된 마당에 10여 년 전의 햇볕정책을 그대로 반복할 수는 없다. 마찬가지로 새롭게 제기되는 신흥안보 위협에 전통안보의 패러다임으로 대응할 수만은 없을 것이다. 기존에는 수면 아래 있었지만 이제는 새로이 떠오를 협력과 갈등의 쟁점들을 미리 예견하는 혜안이 필요하다.

이러한 협력과 갈등의 새로운 지평에서 4차 산업혁명으로 대변되는 과학기술 변수는 남북한이 쥐고 있는 양날의 칼이다. 여기서 4차 산업혁명은, 특정 기술이나 산업의 부상 차원을 넘어서, 과학기술의 발달에 의해서 새롭게 출현한 물적·지적 조건의 변화라는 좀 더 넓은 의미에서 봐야 하는 변수이다. 남북한은 4차 산업혁명 시대라는 시대적 변화에 걸맞은 교류협력의 모델을 만들어 가야 할 것이며, 새로운 기술환경을 전제로 하여 발생할 새로운 위협과 갈등에 대비해야 할 것이다. 이러한 과정에서 과학기술은 새로운 경쟁의 환경이자 새로운 협력의 조건이며, 새로운 위협의 제공자인 동시에 새로운 거버넌스의 해법이기도 하다. 이러한 시각에서 이 글은 정보통신과 신흥안보 분야에 초점을 맞추어 4차 산업혁명 시대의 남북관계가 직면하고 있는 기회와 도전의 요인들을 살펴보았다.

4차 산업혁명 시대를 맞는 정보통신 분야 남북관계의 현황과 과제는 크게 사회 인프라, 물리적 층위, 논리적 층위, 콘텐츠 층위에서 제기되고 있다. 기본 인프라를 구축하는 차원에서 철도·도로망, 에너지·전력망의 구축이 협의되고, 인도적 지원이나 기초투자의 형태로 협력의 물꼬를 트기 위한 노력이 진행되고 있다. 정보통신망과 하드웨어 기기 및 설비, 소프트웨어와 인터넷 서비스 등의 분야에서는 좀 더 구체적인 남북한 양자 간 그리고 관련국들의 다자 간 교류와 협력이 진행될 것으로 예상된다. 디지털 미디어·콘텐츠 층위의 교류협력은 상대적으로 민감한 이슈로 조심스러운 접근이 필요하지만, 남북한이 함께 세계로 나가갈 아이템을 개발할 수 있다는 의미에서 기대를 모으고 있다. 적어도 4차 산업혁명이 만들어내는 이러한 기회들은 남북한이 과거에 얽매이지 않고 미래로 나아가는 디딤돌을 제공할 것이다.

한편 4차 산업혁명이 창출하는 새로운 복잡계 환경을 배경으로 부상하는 신흥안보 분야의 남북관계는 대규모 자연재해 이외에도 기술시스템, 사회시스템, 자연시스템에서 비롯되는 위험에 직면할 것이다. 기술시스템을 배경으로 한 사이버 안보와 포스트 휴먼기술의 위협이라는 변수는 그 자체가 새로운 위협의 주체로 부상하고 있으며, 남북한도 이를 차세대 경쟁의 수단으로 활용한다는 점에서 향후 남북관계의 갈등 요인으로 떠오를 가능성이 매우 크다. 또한 향후 남북관계의 활성화는 이주·난민 문제나 사회안보 분야에서 새로운 갈등을 낳을 가능성이 크고, 더 나아가 이러한 사회적 문제들이 기후변화나 보건안보 문제와 연계될 경우 남북한이 여태까지는 경험해 보지 못한 새로운 갈등이 발생할 가능성도 크다. 그렇지만 4차 산업혁명을 통해서 가용해진 과학기술 변수들은 이러한 갈등을 풀어가는 해법으로도 기대를 모으고 있다.

요컨대, 4차 산업혁명 시대의 남북관계는 새로운 기회와 도전을 동시에 직면할 것이며, 이러한 과정에서 협력과 갈등의 양상을 동시에 겪을 가능성이 크다. 최근 남북 정상회담과 북미 정상회담 이후 비핵화와 남북협력에 대한 기대가 높아지고 있음에도 불구하고 향후 남북한의 여정은 험난할 것이며, 이러한 '비핵화의 고개'를 무사히 넘기 위해 노력을 경주해야 할 것이다. 그러나 동시에 이 고개를 넘고 나서 새롭게 닥쳐올 다음 고개의 도전에 대한 대비를 미리 하지 않을 수 없다. 남북관계의 새로운 협력의 지평이 열리는 만큼 여태까지 겪어보지 못한 새로운 위협과 갈등의 국면이 닥쳐올 가능성이 있다. 이 대목에서 필요한 것은 어제 풀지 못해서 오늘까지 밀려온 눈앞의 숙제를 푸는 작업과 함께 내일 닥쳐올 숙제를 동시에 미리 준비하고 대비하는 복합적인 대응 전략이라고 할 수 있다.

참고문헌

관계부처 합동. 2017. "혁신성장을 위한 사람 중심의 4차 산업혁명 대응계획" 11월.
김상배. 2016. "신흥안보와 메타 거버넌스: 새로운 안보 패러다임의 이론적 이해."
　　　　『한국정치학회보』50(1), pp. 75-102.
김상배. 2018. 『버추얼 창과 그물망 방패: 사이버 안보의 세계정치와 한국』 한울엠플러스.
김상배 편. 2017. 『4차 산업혁명과 한국의 미래전략』 사회평론아카데미.
이춘근·김종선·남달리. 2014. 『남북 ICT 협력 추진 방안』 정책연구 2014-28.
　　　　과학기술정책연구원.
박수현. 2018. "북 집권층, 페이스북 끊고 중국 SNS로 갈아탔다." 『조선닷컴』 2018-04-26.
주성하. 2018. "북한 재건에 통찰력과 상상력을 더하라." 『동아일보』 2018-05-16.
홍덕화. 2018. "남북 에너지 협력은 이제 현실로 다가왔다." 『프레시안』 2018-06-11.
허승. 2018. "경의선·동해선 연결 '끊어진 남북' 잇는다." 『한겨레』 2018-04-27.

Schwab, Klaus. 2016. *The Fourth Industrial Revolution*. World Economic Forum.
Yoon, J. 2015. "Indonesia's Crisis Response Strategies: The Indian Ocean Tsunami of
　　　　2004." *Global Journal on Humanites & Social Sciences*. [Online]. 02, 195-202.

제2장

4차 산업혁명 시대와 남북 경제협력

이승주 중앙대학교

I. 서론: 문제의 제기

2018년 북핵 문제 해결의 계기가 만들어짐에 따라 남북관계의 정상화에 대한 전망 역시 가시화되고 있다. 북한 비핵화 과정에 상당한 시간이 소요될 것이라는 점에서 남북 경제협력을 단기적 차원에서 획기적으로 진전시키는 것은 용이하지 않다. 따라서 단기적으로 남북 경제협력은 북한 비핵화 과정의 불확실성을 완화·제거하는 데 활용하는 방안뿐 아니라, 장기적으로 북한의 비핵화 이후 남북관계의 정상화에 대비한 남북 경제협력 방안을 선제적으로 설계하는 작업은 매우 중요하다. 문제는 북핵 문제 해결을 전제로 하더라도 남북 협력이 순조롭게 진행될 것이라고 전제하기 어렵다는 것이다. 이를 위해서는 남북 경제협력의 순차를 유기적으로 설계할 필요가 있다. 대체적으로는 인도적 지원→원조→원조와 투자의 결합→지역 차원의 경제 통합의 순서로 진행하는 것을 고려할 필요가 있다.

남북 경제협력의 핵심은 협력의 수준과 범위를 순차적으로 넓혀나가는 가운데, 다양한 이슈들을 유기적으로 연계하는 데 있다. 또한 남북 양자 차원의 협력을 넘어 다자적 차원의 협력의 틀을 만들며, 다양한 차원의 협력을 통합적으로 실행할 필요가 있다. 즉, 인도적 지원에서 지역 차원의 경제 통합에 이르기까지 가능한 모든 단계에서 협력을 다자화하고 이를 제도화함으로써, 북한 비핵화 과정에서 돌발적 상황이 발생하더라도 그동안의 남북 협력이 원점으로 회귀하지 않도록 하는 불가역성을 확보하는 데 초점이 맞추어져야 할 것이다.

　　경제협력의 순차화, 다자화, 통합화를 위해서는 4차 산업혁명을 적극 활용할 필요가 있다. 4차 산업혁명 시대 남북 협력의 핵심 전략은 (1) 순차화, (2) 연계, (3) 다자화에 있다. 세 가지 전략에 초점을 맞추어야 하는 이유는 향후의 남북 협력에서는 지속가능성의 확보를 우선순위에 두어야 하기 때문이다. 4차 산업혁명 시대 남북 경제협력이 기존의 협력 모델과 차별화되어야 하는 중요한 이유는 협력의 성격과 주변 환경이 과거에 비해 급격하게 변화하였기 때문이다. 향후 예상되는 경제협력은 인도적 지원 중심의 협력에 비교할 때 협력 분야와 범위가 확대될 뿐 아니라, 남북 간 협력과 국제 협력이 병행됨에 따라 행위자의 복잡성 역시 획기적으로 증가할 것으로 예상된다. 인도적 지원 자체도 과거에 비해 규모가 증대됨에 따라 원조 투명성에 대한 요구가 커질 것이기 때문에 이에 대비한 제도적 대응책이 요구된다. 또한 남북 경제협력은 중국과 러시아는 물론 중앙아시아와 유럽으로 이어지는 인프라 건설과 그에 따른 연결성 증대는 무역 등 기존의 경제협력과는 차이가 있을 수밖에 없다. 이처럼 새로운 성격과 유형의 협력을 위해서는 개별 협력 사업은 물론 남북 협력 전반에 대한 체계적인 설계와 접근이 필수적이다.

II. 이론적 검토

　자유주의자들은 경제와 안보의 연계가 초래하는 결과에 대해 긍정적이다. 경제적 상호의존의 증대가 안정과 평화를 촉진한다고 주장한다. 경제적 상호의존의 증대는 국가 간 민감성과 취약성의 증대를 초래하기 때문에 국가들은 갈등이 있더라도 비군사적 해결을 우선 추구하게 된다는 것이다(Keohane and Nye 1977). 그러나 기존 남북 경제협력에 대한 가장 대표적인 비판은 경제적 상호의존이 평화와 안보의 증진으로 이어질 것이라는 기능주의적 접근의 한계를 지적한다. 지난 정부에서 의욕적으로 추진하였던 동북아평화협력구상의 이론적 기반은 연성 이슈의 협력이 경성 이슈의 협력을 촉진할 것이라는 이론적 전제에 기반한 것이었는데, 양자 사이의 관계가 매우 불투명하다는 것이 비판의 핵심이다.[1] 지역 협력 및 제도화에 관한 자유주의적 접근이 역사와 현실적 환경이 상이한 한반도 및 동아시아의 특수성을 외면했다는 비판도 함께 이루어졌다.

　반면, 현실주의의 관점에서 보면 경제적 상호의존의 증가가 안보에 미칠 부정적 영향을 고려하여 경제·안보 연계에 대해 매우 신중한 입장을 취한다. 현실주의자들은 경제적 상호의존의 증대로 인해 발생하는 경제적 이득 자체는 인정하더라도, 그 장기적 효과에 주목한다. 경제적 상호의존의 누적적 결과는 비대칭적 상호의존으로 나타날 가능성이 높으며, 궁극적으로 군사안보 위협과 전쟁의 가능성 증가로 귀결될 가능성이 높다는 것이다(Hirschmann 1945). 안보적 고려가 경제적 이해

....

1　아시아 패러독스에 대한 비판적 검토로는 이승주(2016) 참조.

관계를 제약하는 효과에 초점을 맞추고 있기 때문에, 현실주의는 경제적 상호의존을 증가시키는 데 매우 신중하게 접근해야 한다고 경고한다. 주로 동맹국들과 경제적 교환을 하는 것도 이러한 우려를 완화시킬 수 있는 하나의 방법이 된다(Gowa 1995). 더 나아가 국가는 필요할 경우 경제 영역에서도 균형을 추구하는 중상주의적 정책을 펼쳐야 한다고 주장한다.

이러한 관점에서 북한에 대한 원조 제공에 대해서도 비판적 평가가 다수 제기되었다. 아무리 인도적 차원의 지원이라고 하더라도 전용 가능성을 배제할 수 없기 때문에 결과적으로 북한 정권에 대한 지원이 된다는 것이다. 그러나 이러한 시각은 결국 대 북한 원조의 지속가능성을 저해함으로써 오히려 개발과 평화 구축의 연계 가능성을 원천적으로 제한하는 결과를 초래한다는 비판에 직면한다. 원조의 투명성 문제는 결국 원조 프로그램의 설계 문제로 환원되는 것으로 어려운 문제이기는 하나 해결 불가능한 것은 아니라는 입장이다(Kim 2015).

어느 쪽이 되었든 기존 경제적 상호의존과 협력에 관한 국제정치 이론을 남북 협력에 기계적으로 적용하는 데는 무리가 따르는 것이 사실이다. 전쟁이 경제적 상호의존에 미치는 영향을 검토한 연구에 따르면(Levy 1989), 대부분의 경우 전쟁이 당사국의 교역 관계에 커다란 영향을 미치지 않는 것으로 나타났다. 전쟁으로 인해 양자 무역이 일시적으로 감소하기는 하지만, 그 장기적 효과는 없을 뿐 아니라 전후 오히려 무역이 증가하는 사례도 다수 발견되었다(Barbieri and Levy 1999). 이론적 완결성을 위해 이론을 남북 관계에 기계적으로 적용하기보다는 적대국 사이의 교역의 역사적 사례가 매우 다양한 데서 알 수 있듯이 경제협력의 조건을 체계적으로 탐색하는 것이 이론적으로나 실천적으로 더욱 의미 있는 작업이라고 할 수 있다. 심지어 전쟁 당사국 간에도 교역이 지속되는 데서 알 수 있듯이 어려운 현실에서도 협력의 가능성을 규명할 필요가 있다.[2]

이러한 한계를 보완하기 위해 북한에 대한 경제 지원 또는 협력을 전략적 특수 관계라는 관점에서 설명하려는 시도가 이루어지고 있다. 잇따른 핵무기 및 미사일 발사 실험으로 경제 제재를 받고 있는 북한에 비교적 최근까지 중국이 경제적 지원을 지속하거나 심지어 확대한 것은 북한 정권의 지속 필요성 등 중국과 북한의 특수 관계에 그 원인이 있다는 주장이 그것이다. 실제로 경제 제재 국면 속에서도 중국의 대 북한 직접투자가 증가한 것은 북한에 대한 중국의 지정학적·지경학적 이익을 반영한 것이라는 것이다.

이러한 연구가 북중 경제협력을 설명하는 데 일정한 설명력을 가진 것은 사실이나, 정작 북한에 대한 중국의 민간 투자가 이루어지는 점과 관련하여 민간 투자자들의 인센티브를 충분히 고려하지 않았다는 점에서 한계가 있다.[3] 즉, 중국의 대 북한 직접투자는 민간 부문도 다수 포함되어 있는데, 이를 중국과 북한의 전략적 이해관계만으로 설명하기는 어렵다는 것이다. 중국의 대 북한 민간 투자는 북한 정부, 특히 김정은 정부의 시장화와 투자 유치 노력으로 수익에 대한 기대가 높아진 결과로 보는 것이 타당하다는 것이다. 특히 민간 투자자들의 관점에서 볼 때, 북한 정치체제의 특성상 재산권 보호가 확립되어 있지 않고 수익성에 대한 장기적 전망을 확신하기 어렵기 때문에, 대 북한 민간 투자가

....

2   적에게 원조를 제공하는 데 대한 비판적 시각으로는 Inbar(2010) 참조.
3   북한에 대한 민간 투자에 대해서는 Haggard et al.(2011)을 참고할 것.

단기간의 소규모 투자를 중심으로 이루어진다는 것이다(Jung and Rich 2016).

남북 정상회담을 계기로 급격하게 대두되어 현재 중점적으로 논의되고 있는 경제협력 방안은 연성 분야의 협력에 기반하여 경성 분야의 문제 해결을 시도했던 기능적 협력과는 접근법에서 근본적인 차이가 있다. 동북아 평화협력 구상은 동아시아 지역의 안보 환경이 획기적으로 개선되기 어려운 현실적 한계를 인식하고, 이를 점진적으로 개선하기 위한 방안으로 연성 분야의 협력을 우선 추구할 것을 제안하였다. 연성 분야에서 협력의 경험이 축적되면 상호 불신을 경감시키고, 궁극적으로 경성 분야에서의 협력을 위한 역내 환경이 조성될 것이라는 기대였다.

반면, 비핵화를 전제로 한 남북한 간 및 미북한 간 협상이 경제협력의 가능성을 열었다는 점에서 기능적 접근과 커다란 차이가 있다. 현재의 경제협력 논의는 연성 분야의 협력이 경성 분야의 협력을 촉진하는 데 실질적인 효과가 없었다는 판단에 근거하여, 북핵 위협의 제거라는 경성 분야의 협력에서 연성 분야의 협력으로 방향성을 뒤집은 것이라고 할 수 있다. 또한 북핵이라는 근본적인 안보 위협의 제거를 전제로 연성 분야의 협력을 추진하되, 비핵화의 진전과 경제협력의 보조를 맞춤으로써 거시적인 관점에서는 경성 분야와 연성 분야 사이의 선순환 구조를 형성하는 데 논의의 초점이 맞추어져 있다고 하겠다. 더 나아가 북핵 문제의 해결이 남북한만의 노력으로 해결될 수 없는 현실적 어려움이 있기 때문에, 남북관계의 개선과 주변국과의 우호적인 환경 조성 사이의 선순환 관계를 조성하는 것 역시 중요하다(박명규 외 2012).[4]

....

4   박명규 등은 남북관계의 개선과 동아시아 주변 환경 사이의 병행적 관계에 기반한 연성복

III. 경제협력 방안의 설계

1. 순차화

1) 제재 단계의 남북 경협 모델 탐색

남북 경제협력의 가능성을 검토하는 데 있어서 무엇보다 주목해야 할 점은 비핵화와 경제협력의 단계를 어떻게 설정하고 경제협력을 넘어 북한의 경제발전모델을 선제적으로 제시할 수 있을 것인가의 문제이다. 첫째, 과거 북한이 비핵화 협상을 하는 데 있어서 핵을 전격적으로 폐기할 것을 제안하는 것이 아니라, 핵 폐기 과정을 매우 세분화하여 쟁점화하는 '살라미 전술'을 추구함으로써 협상을 어렵게 한 바 있다. 이러한 북한의 협상 전략은 1994년 제네바 합의, 2005년 6자회담, 9·19 공동성명 등에서 '단계적 해결론'으로 제시되었다. 이러한 문제를 인식하여, 미국 정부는 비핵화 협상의 단계를 세분화하지 않고 하나의 패키지로 협상한다는 방침을 명확히 하였다.

이러한 상황에 비추어 볼 때, 미국과 북한 간 비핵화 협상은 과거 사례에 비해 단계가 압축될 것으로 보인다. 그럼에도 트럼프 대통령이 당초 공언하였던 것처럼 모든 쟁점들을 한번에 '주고받는' 패키지 협상을 통해 비핵화 문제가 해결되기는 어려울 것으로 보인다. 대신, 남, 북, 미 삼국은 크게 구분된 단계와 압축된 과정을 거쳐 비핵화를 과거보다 빠르게 진행하는 방식을 추구할 것으로 보인다. 따라서 향후 협상의 핵심은 줄어들기는 하였으나 단계별로 비핵화와 경제협력을 어떻게 연계

....

합통일론을 제안한 바 있다. 박명규 외(2012) 참조.

할 것인가에 달려 있다. 비핵화가 한번에 해소된 후 경제협력을 추진하는 방식보다는 비핵화에 일정한 진전이 있을 경우 이를 바탕으로 경제협력을 현실화하는 방안을 면밀하게 검토할 필요가 있다. 즉, 단계가 축소되기는 하되, 실질적으로는 단계가 존재할 가능성이 높은 만큼, 다음 단계로 넘어가기 위한 비핵화와 경제협력의 연계 전략이 필요하다.

둘째, 다음 단계로 고려해야 할 점은 비핵화 협상이 순조롭게 진행되어 경제협력이 본격화될 것을 상정하여 북한의 발전모델을 수립하는 하는 작업이다. 경제협력은 경제성장의 수단이지 목표는 아니다. 경제협력이 본격적으로 재개되더라도 북한의 경제성장이 담보되는 것은 아니다. 경제협력은 경제성장의 계기를 제공할 수는 있으나 북한이 지속적인 경제성장을 위해서는 북한이 스스로 선택하고 감당할 수 있는 경제발전모델을 사전에 심도 있게 탐색하는 것이 매우 중요하다. 현재 북한이 고려할 수 있는 발전모델로는 중국 모델, 싱가포르 모델, 베트남 모델 등이 제시되고 있다. 세 모델의 공통점은 권위주의 체제를 유지하는 가운데 대외 개방과 국내 개혁을 통한 경제성장을 추구하였다는 데 있다. 기존 정치 체제의 유지가 가능하다는 점에서 김정은 정권이 관심을 가질 수 있는 모델로서 검토할 가치가 충분히 있다.

중국 모델은 1978년 개혁개방을 개시한 이래 과감한 대외 개방 및 자유화를 추진함으로써 경제성장을 달성하였다(Hsueh 2011). 중국은 발전국가적 성격을 유지하여 정부 주도의 경제성장을 추구하면서도(Knight 2014), 공산당 정권에 대한 도전을 효과적으로 차단하였다는 점에서 북한에게 분명 매력적이다. 그러나 경제 규모와 중앙-지방 관계 등을 고려할 때 북한이 수용하기 위해서는 상당한 모델의 수정이 뒤따라야 할 것으로 보인다.

북미 정상회담이 싱가포르에서 개최된 것을 계기로 싱가포르 발전 모델이 다시 조명받기도 하였다. 싱가포르 모델은 정부 주도로 해외 투자의 유치를 통한 경제성장을 성공적으로 달성하면서도(Low 2001), 리콴유(Lee Kuan Yew) 총리에서 리센룽(Lee Hsien Loong) 총리로 권력이 세습되었다는 점에서 북한이 고려할 수 있는 모델이다. 실제로 김정은 위원장이 싱가포르 북미 정상회담 하루 전 '가든스 바이 더 베이'(Gardens by the Bay) 관광을 하는 등 싱가포르 모델에 상당한 관심을 보인 것으로 알려지기도 하였다(매일경제 2018/6/13).[5] 그러나 싱가포르가 추구한 개방과 자유화 전략은 선진 다국적기업은 물론 금융 및 사회 인프라를 필요로 한다는 점에서 단기간에 성과를 기대하기 어려운 측면이 있다.

최근 국내외에서 중국과 싱가포르 모델의 대안으로서 베트남 모델의 가능성이 탐색되고 있다. 베트남 모델은 점진적 개혁개방을 단계적으로 이행하였다는 점에서 사회 통제력에 대한 북한 정권의 낙관적 전망을 가능하게 한다는 점에서 중국 모델을 수용하는 것보다 현실성이 높을 것으로 판단된다. 베트남이 공산당 정부가 권력을 유지하는 가운데 개혁개방을 통해 경제성장을 성공적으로 추진한 것이 북한에게 매력적으로 보일 수 있기 때문이다. 베트남은 미국이 1992년 임시연락대표부를 설치함에 따라 경제 제재의 부분적 해제가 이루어짐에 따라 IMF와 세계은행의 지원이 가능하게 되는 등 점진적 변화 과정을 거쳤다(권율·김미림 2018).

....

5   중국 언론에서도 북한의 싱가포르 모델에 대한 관심을 보도하기도 하였다(*Global Times* 2018/6/12).

그러나 스테판 해거드 교수에 따르면 북한과 베트남 사이에 차이점이 적지 않기 때문에 북한이 베트남식 모델을 그대로 추구하는 것도 용이한 것은 아니다. 통일 이후 상당한 시간이 지난 1986년에야 비로소 '도이모이정책'을 통한 경제성장을 추구한 베트남과 달리, 북한은 분단의 유지라는 훨씬 더 어려운 상황에서 개혁개방을 추구해야 하기 때문이다(VOA 2018/7/10). 또한 베트남은 1995년 미국과 국교 정상화를 한 후 2007년 WTO에 가입하기까지 상당 기간에 걸쳐 정상국가화의 과정을 거치게 되었다는 점을 고려할 때, 북한이 경제 제재가 완화되더라도 해외투자를 본격적으로 유치하기까지 소요될 수 있는 상당 기간을 얼마나 압축할 수 있을 것인지가 관건이다.

경제협력이 재개된 이후 북한의 경제성장에 대한 로드맵을 구상하는 작업은 매우 중요하다. 역으로 북한 정부가 경제성장에 대한 긍정적 전망을 가질 때, 경제협력도 가능하다는 점에서 그들이 참고할 수 있는 다양한 발전모델을 제시할 필요가 있다. 또한 발전모델은 굳이 기존 모델 가운데 하나를 채택하는 것이 아니라, 기존 모델들을 유기적으로 결합할 수도 있기 때문에 현 시점에서 다각적인 검토가 필요하다. 경제 제재와 협력이 비핵화 협상의 진전과 연계되어 있기 때문에, 경제 제재가 해제될 때까지의 시간을 북한의 발전모델을 체계적으로 검토, 제시함으로써 북한이 경제성장의 장기적 전망에 대해 자신감을 가질 수 있도록 할 필요가 있다.

1) 원조-개발 넥서스

4차 산업혁명 시대의 남북 협력은 한국이 주도적 역할을 행사하는 가운데 북한의 비핵화 및 동아시아 지역 환경의 변화 맥락 속에서 진행될 수밖에 없다. 유엔 제재가 지속되는 가운데 남북 협력이 독자적으로 진전되기 어려울 것이기 때문이다. 따라서 남북 협력의 순차화는 주변 환경의 변화와 맥을 같이 할 필요가 있다. 단기적으로 남북 협력은 원조 중심으로 추진하고, 그 중에서도 인도적 지원에서 사회, 경제 분야의 지원으로 점진적으로 확대시킬 필요가 있다. 중기적으로는 공적 원조는 조달되는 재원의 규모 면에서 한계가 있기 때문에 민간 자본을 동원하기 위한 민관 협력 사업으로 확대해 나가는 전략이 필요하다. 원조-투자 넥서스의 효과적 활용은 남북 경제협력의 지속가능성을 확보하는 데 매우 긴요한 요소라는 점에서 체계적인 전략의 수립이 필요하다. 개성공단 등 북한의 저임 노동력을 활용한 임가공 중심의 남북 경제협력 모델만으로는 민간 기업의 참여를 촉진하는 데 한계가 있다. 첨단 산업 분야 가운데 북한과의 상호보완성이 높은 분야의 발굴, 사전 연구, 파일롯 프로젝트의 실행, 우선 협력 분야의 선정 등 체계적인 전략이 필요하다. 예를 들어, ICT 산업의 경우 북한의 소프트웨어 분야 우수 인력을 활용하는 방안을 검토할 필요가 있다. 다만, 남북한 간 비교우위에 기반한 전통 산업 분야에서의 협력과 첨단 산업 분야에서의 협력을 순차적으로 진행하고, 이 과정에서 협력의 쌍방향성을 확보하기 위한 순차적 접근 전략을 수립할 필요가 있다.

그렇다고 해서 순차적 접근이 반드시 점진적이어야 할 필요는 없다. 4차 산업혁명과 관련 북한이 후발의 이점을 누릴 수 있는 분야에서는 단계를 뛰어넘는 접근이 더욱 효과적일 수 있기 때문이다. 특히, 한국 내에서 다양한 이해관계가 대립하고 규제로 인해 4차 산업혁명 시대에 선발의 이점을 누리기 어려운 분야를 중심으로 남북 협력을 우선 추진할 필요가 있다. 2013년 북한 정부가 지정한 경제개발구에 신산업 분야를 시험 도입하는 등의 방법도 검토할 수 있을 것이다. 이러한 면에서 4차 산업혁명은 남북 협력의 새로운 가능성을 제시할 수 있다.

북한과의 협력 가능성은 원조에서 우선 탐색할 수 있다. 현 정부는 이미 유네스코와 WFP를 통해 북한 아동과 임산부 등 취약 계층에 대한 인도적 지원을 결정한 바 있다. 정부는 두 국제기구에 각각 350만 달러와 450만 달러를 제공하기로 결정하면서 "북한의 도발로 인해 남북관계의 현 상황이 매우 엄중하기 때문에 국제사회와 함께 북한에 대한 제재와 압박을 강화하겠다"는 입장을 견지하면서도 인도적 지원은 외교안보적 상황과 분리하여 추진하겠다는 방침을 확인하였다.

인도적 지원, 특히 국제기구를 통한 간접 지원은 현재처럼 남북관계가 경색된 상황에서 남북 경제협력의 불씨를 살려두는 유일한 방안이라고 할 수 있다. 이를 바탕으로 향후 남북관계가 개선되고 지역 불안정이 해소될 경우, 남북 경제협력을 점진적으로 확대해 나갈 필요가 있다. 인도적 지원도 남북 양자 차원보다는 UNESCO와 WFP 등 다자 국제기구와 협조를 통해 제공함으로써 투명성을 확보할 수 있는 한편, 국내의 비판적 시각도 다소 완화하는 효과를 기대할 수 있다.

이와 관련, 현 정부는 이미 남북 경협이 본격화할 것에 대비하여 재원의 동원 방안을 다각적으로 검토하고 있다. 남북 경협의 우선순위가 단기적으로는 인도적 지원과 인프라 건설에 놓일 것을 감안하여 남북협력기금과 공적개발원조(ODA) 등 일차적으로 가용 가능한 예산의 활용 가능성을 검토할 것임을 시사한 바 있다(이대혁 2018). 남북협력기금은 2018년 4월 기준 남북 경제협력에 약 3,134억 원으로 할당되어 있으며, 정부 재량으로 20% 이내의 항목 변경이 가능한 점을 고려하면 그 액수는 약 4,320억 원까지 증가하게 된다.[6] 더 나아가 남북 경협이 본격화될 경우, ODA를 남북 경협에 투입하는 가능성을 선제적으로 검토할 필요가 있다. 북한은 2016년 일인당 국민총소득(GNI)이 약 1,005달러로 경제협력개발기구(OECD) 개발협력위원회(DAC)의 수원국 기준에 부합한다. 다만, 국제개발협력기본법이 국가만을 ODA 지원이 가능한 대상으로 한정하고 있기 때문에 헌법상 임의단체인 북한에 대한 원조를 제공할 수 없었던 것이다. 북한 비핵화와 종전 선언이 이루어지고 남북관계가 어느 정도 정상화될 경우, 북한을 ODA 제공 대상으로 선정할 수 있는지 여부에 대한 검토를 서두를 필요가 있다. 남북협력기금과 ODA 규모가 2019년 예산에서 큰 폭으로 증가할 것으로 예상되기 때문에, 북한에 대한 지원의 법적, 제도적 근거를 갖추는 일은 매우 중요하다.

남북 경제협력의 다음 단계로 고려할 수 있는 것은 원조를 인도적 지원에 국한하지 않고, 점진적으로 확대하는 방안이다. 이 과정에서 북한에 대한 경제적 지원을 양자 수준의 지원을 넘어 다양한 형태의 다자적 개발협력 프로젝트로 확대하는 방안을 모색할 필요가 있다. 현실적 차원에서 메콩강 지역 개발의 사례에서 나타나듯이 대규모 개발 자금이 소요되기 때문에, 개발협력에 대한 다자적 접근의 필요성은 매우 크다.

한국은 남북 경제협력을 북한이 역내 최빈국이라는 점에서 북한에 대한 지원 경험은 향후 한국이 역내외 최빈국을 대상으로 한 개발협력 사업을 수행하는 데 자산으로 활용할 수 있는 부수적 효과도 기대할 수

....

6   인도적 문제해결, 남북사회문화교류, 통일정책, 개성공단 조성 등의 항목에서 재조정할 수 있다(이대혁 2018).

있다. 일본, 한국, 중국 등 동아시아 주요 공여국들은 정부 주도의 경제성장이라는 공통점을 갖고 있다. 그러나 이 국가들은 정도의 차이는 있지만, 개발협력을 실행하는 데 있어서 수원국에 자국의 경제성장 모델을 함께 수출하려는 노력을 해왔다. 그러나 한국은 이러한 관행에서 탈피하여 동아시아 국가들이 다자적 개발협력의 경험을 축적함으로써 어느 한 국가의 모델이 아닌, 보다 일반화된 개발협력 모델을 수립하는 계기를 제공할 것이다.

동아시아 지역 차원에서도 북한에 대한 다자적 차원의 개발협력 경험과 개발 모델의 축적은 동아시아의 다른 개도국의 발전을 위한 협력의 소중한 자원으로 활용될 수 있다. '범동아시아' 경제성장 모델을 수립하여 보다 일반화된 지식공유사업을 한국이 선도할 필요가 있다. 이처럼 한 국가의 경험에 기초한 모델이 아니라 일반화된 모델은 동아시아 및 다른 지역의 개도국에 적용될 경우 한국, 중국, 일본의 유기적 협력 속에 개발협력 정책이 실행될 가능성을 높일 것이다. 북한의 입장에서도 특정 국가의 경제성장 모델을 직수입하는 것보다는 공통의 요소를 추출한 모델을 부분적으로 도입하는 데는 정치적 부담이 완화될 것이다.

더 나아가 북한의 개발이 본격화될 경우, 공여국들의 협력을 촉진하는 효과도 초래할 것으로 기대된다. 현재 일본과 중국은 동아시아의 개도국에 원조를 제공하고 있지만, 협력보다는 동남아시아 국가들에 대한 영향력을 확대하려는 경쟁적 측면이 강하다. 메콩(Mekong)강 유역 개발에 대한 지원을 중국과 일본이 경쟁적으로 제공하고 있는 것이 대표적 사례이다(Yoshimatsu and Tridad). 통일 한국의 실현 과정에서 축적된 다자적 개발협력의 경험은 기존의 경쟁적 구도를 넘어선 동아시아의 새로운 개발협력 패러다임을 제시할 가능성이 있다. 특히 한국이 중국과 일본의 중재자로서 양국의 경쟁적 개발협력 정책을 협력적으로 변화시키는 역할을 추구할 수 있을 것으로 기대된다.

2. 연계

4차 산업혁명 시대의 협력은 다양한 행위자와 이슈를 유기적으로 연계하는 방안을 고려해야 할 필요가 있다. 남북 경제협력이 전통 산업 분야의 협력에 머물러서는 지속가능성을 확보하는 데 한계가 있다. 성장 잠재력이 높은 첨단 산업 중심의 협력으로 이동해야 하는 이유는 여기에 있다. 이를 위해서는 첨단 산업 분야의 한국 대기업 및 중소기업들의 기존 해외 진출 전략에 대한 검토와 북한의 경제적, 정치적, 사회적 특수성에 대한 검토가 선행되어야 한다. 더 나아가 4차 산업혁명 시대 남북 협력은 특정 산업 분야를 중심으로 국지적 협력을 추진했던 개성공단 모델과 한반도 경제 통합을 목표로 하는 것이기 때문에 산업 간 연계가 매우 중요하다. 전통 산업과 첨단 산업의 연계뿐 아니라 첨단 산업 내에서도 남북관계의 가능성과 한계를 함께 고려한 산업 간 연계 전략이 필요하다.

이때 남북 협력의 지속가능성을 제고하기 위해서는 협력의 쌍방향성을 확보할 필요가 있다는 점에 주목할 필요가 있다. 쌍방향성은 원조 중심의 일방향적 지원을 넘어서 북한의 기존 경제 발전 전략과 그 성과 및 한계에 대한 면밀한 검토 위에 가능하다. 북한의 기존 발전 전략이 남북 협력에 부분적이나마 어떻게 조화될 수 있을지에 대한 체계적인 탐색이 필요하다. 또한 4차 산업혁명 시대 남북 협력은 정부 간 협력을 넘어 대기업, 중소기업, 외국 투자자, 국제기구 등 다양한 행위자들이 참여해야 하기 때문에 이들과 이해관계를 조정하는 행위자 간 연계의 메커니즘을 형성하는 것 또한 매우 중요하다.

3. 다자화: 경제협력의 확대와 비가역성의 확보

국제화 또는 다자화는 남북 협력의 규모를 확대하고 비가역성을 확보하는 데 기여할 수 있다는 측면에서 지속가능성의 확보에 필수적이다. 기존의 남북 협력은 국지적으로 진행되었기 때문에 안보 상황의 변화로 인해 경제협력이 일시에 중단되는 등 불확실성이 매우 높았다. 이러한 점에서 향후의 남북 협력은 비가역성을 확보하는 것 자체가 지속가능성을 제고하는 효과적 수단이 될 수 있다. 국지적 협력을 넘어선 경제 통합의 단계로 발전할 경우, 대규모 자본이 투입되어야 하는데 이를 위해서도 경제협력의 다자화가 필요하다. 또한 한반도 신경제지도에서 구상하고 있듯이 남북 경제협력은 한반도 경제 통합을 넘어서 지역 경제협력으로 확대될 것으로 예상된다. 이 과정에서 다자화는 불가피한 측면이 있기 때문에 남북 협력과 다자화된 지역 협력을 연계하는 전략의 구체화가 필요하다.

경제협력의 다자화는 한국의 입장에서 북한 측이 외교안보적 이유로 경제협력을 급작스럽게 중단하지 못하도록 하는 불가역성을 확보하는 수단이 되고, 북한 입장에서는 한국에 대한 과도한 의존에 대한 우려를 완화할 수 있는 방안이 된다. 또한 남북 협력의 증대는 북한뿐 아니라 미국, 중국, 일본, 러시아 등 주변 국가들의 동시적 변화를 뜻하는 공진화가 실현된다는 것을 의미한다. 1990년대 이후 동아시아 국가들 사이의 경제 교류는 빠르게 증가해왔는데, 북한은 이러한 역내 경제 교류에 여전히 적극적으로 참여하지 못하고 있다. 남북한 경제협력을 아시아 지역 경제 통합의 차원에서 추진하는 것은 경제협력의 양적·질적 향상을 실현하는 효과를 기대할 수 있다. 경제협력의 일차적인 수혜자는 북한이 되겠지만, 지역 차원의 경제 통합의 완결성을 높인다는 점에서 그 의미가 적지 않다.

북한 지역을 동아시아 생산 네트워크에 실질적으로 편입시켜 역내국가 간 경제 교류를 더욱 진전시키는 방안을 강구할 필요가 있다. 중국이 아시아 지역의 최종생산기지로 부상하고 있음을 감안할 때, 북한은 지리적 근접성을 활용하여 동아시아 생산 네트워크 내에서 일정한 역할을 담당할 수 있다. 이러한 가능성은 동아시아의 최빈국인 미얀마와 캄보디아의 사례에서도 재확인된다. 미얀마와 캄보디아는 동아시아의 최빈국으로서 역내 국가 간 경제 교류에 뒤늦게나마 참여한 이래 매우 빠른 성장률을 기록하였다. 미얀마의 경우, 2000년대 초반에서 중반까지 연평균 10% 이상 경제성장이 이루어졌으며, 글로벌 금융위기가 발생한 2008년 이후에도 5% 이상의 연평균 성장률을 기록하였다(Asia Development Bank 홈페이지).

캄보디아 역시 2004년부터 2007년까지 두 자리 수의 연평균 경제성장률을 기록하다 2008년~2009년 잠시 주춤하였으나, 2010년 이후 다시 6% 이상의 경제성장을 달성했다(Asia Development Bank 홈페이지). 이처럼 동아시아의 미얀마와 캄보디아와 같은 후발개도국들이 역내 경제 교류에 참여하면서 성공적인 경제성장을 성취하였다. 경제협력의 효과는 해외투자의 측면에서도 기대할 수 있다. 동아시아 국가들은 1990년 이후 역내 해외투자를 꾸준히 늘려온 결과, 동아시아 국가들의 역내 투자 비중은 50.8%까지 증가했다(Asia Development Bank 홈페이지). 해외투자의 증대는 북한 지역을 포함한 동아시아 지역의 경제 교류를 심화할 가능성이 있다. 통일한국은 북한 지역을 동아시아 경제 교류에 편입시킴으로써 동아시아 경제통합의 지리적 범위를 확대할 뿐 아니라, 자기완결적인 경제통합의 구조를 창출하는 효과를 기대할 수 있다.

환경은 4차 산업혁명 시대에 새롭게 부상하는 협력 분야이다. 북한은 심각한 에너지 부족에 시달리고 있는데, 석탄이 주요 전력원으로 활용되고 있기 때문에 대기 오염이 심각한 수준에 이르고 있다. 이밖에도 폐수 처리 능력 부족으로 인한 수질 오염과 중금속 유출로 인한 토양 오염 또한 심각하다. 특히 기후 변화의 영향을 받고 있는 것은 북한도 예외가 아닌데, 온난화로 인해 2000년대 이후 북한은 거의 매해 홍수 피해를 겪는 것으로 알려지고 있다(김종선 외 2014). 환경오염, 기후 변화, 생태계 유지 등은 전통적 방식으로 접근하는 데 한계가 있기 때문에 산업 전략과 긴밀하게 연계하여 추진될 필요가 있다는 점에서 4차 산업 혁명 시대의 주요 협력 분야이다.

더 나아가 북한의 환경 개선은 한반도 생태계의 유지와 개선이라는 관점에서 접근할 필요가 있다. 이러한 차원에서 볼 때, 환경 협력은 단기적으로는 인도주의적 차원의 협력에서 장기적으로는 한반도 전체의 생태계를 위한 시스템을 구축하는 순서로 진행되어야 할 것이다. 단기적 대책은 일차적으로 당면한 문제 해결을 위한 경제적·인적 지원 제공이 이루어져야 하겠지만, 중기적으로는 북한의 자율적 역량 강화를 위한 지원으로 이행해나갈 필요가 있다. 이를 위해 북한의 과학기술 기반을 강화하기 위한 협력 사업과 정책 능력 강화를 위한 협력을 추진할 필요가 있다. 장기적으로 한반도 생태계의 유지 차원에서 환경 모니터링 시스템 구축과 환경 문제에 대한 공동 대응 능력을 강화할 필요가 있다(김종선 외 2014).

4차 산업혁명 시대 남북 협력을 추진하는 데 있어서 고려해야 할 사항 가운데 하나는 지금까지 북한이 추구해 온 문제 해결 방식에 대한 이해가 선행되어야 한다는 점이다. 한국의 기존 모델을 고수하는 것은 북한의 특수성에 대한 이해 부족으로 시행착오를 겪을 가능성이 있을 뿐 아니라 북한 측의 적극적인 참여나 협조를 기대하기 어려울 수도 있다는 점에서 그렇다. 북한도 1986년 환경보호법을 제정한 이후 환경보호정책 시스템 구축을 위한 노력을 다각적으로 전개하고 있다. 북한은 이러한 맥락에서 다양한 환경 기술 개발을 위해 노력하였으나, 환경 문제를 개선하는 데 실질적으로 활용할 수 있는 수준에 이르지는 못한 것으로 파악된다(김종선 외 2014).

IV. 4차 산업혁명 시대 남북 경제협력의 새로운 모델

1. 순차화

ICT 분야의 협력은 비핵화의 진전이 가시화될 경우 빠르게 현실화될 것으로 예상된다. KT가 남북 ICT 교류와 협력의 확대를 위해 경영기획부문장 직속의 임원급 조직인 남북협력사업개발TF를 신설하는 것이 이에 해당한다. 남북협력사업개발TF는 북한에 대한 ICT 지원에서 시작하여 소프트웨어 개발 등 ICT 분야 남북 협력 사업의 계획 전반을 수립, 관리하는 역할을 맡을 것으로 알려지고 있다(ZDNet Korea 2018/5/10).[7] 한편, 4차 산업혁명 시대 주요 협력 분야 가운데 하나인 ICT 분야의 협력 역시 2000년대 중반 이후 동력을 상실하였을 뿐 아니라, 북한의 공격으로 추정되는 반복적인 사이버 해킹은 ICT 분야의 협력을 더욱 어렵게 하였다. 과거 사례에서 대두되었던 장애 요인에 대한 체계적 검토를 통해 보완책을 설계할 필요가 있다.

ICT 분야는 기초 데이터, 인프라 구축, 기술 표준 문제 등을 고려할 때 협력의 인센티브가 크기 때문에 우선 협력 분야로 적합한 측면이 있다. 다만, ICT 산업은 공급자와 소비자, 공공 부문과 민간 부문, 제조업체와 서비스업체 등 다양한 이해관계가 엇갈릴 수 있기 때문에 협력을 추진하는 데 있어서 일관성 있는 정책을 추진하는 데 있어서 구심점이 필요하다. 과거 1990년대 말 남북과학기술교류사업이 활발하게 추진된 적이 있으나, 다양한 정부 기관들 사이의 정책 조정이 효과적으로 이루어지지 않았던 점을 다시 짚어 볼 필요가 있다. 이에 더해서 사업을 추진하는 과정에서 한국 정부가 관리하기 어려운 북한 측의 문제에 대한 사전 계획과 대응 방안이 필요하다. 기초 자료 및 정보의 부족, 북한 내부 인프라 부족, 북한 대남협력기관의 과도한 개입 등은 언제든 발생할 수 있는 현실적인 문제이다(이춘근·김종선·남달리 2014). 이러한 사전 준비에 기초하여 정책 효율성을 제고하는 데 도움이 되는 정부 부처 간 협력 기반을 구축하고, 민관 협력을 강화, 확대하며, 남북한 협력 채널

....

7   남북협력사업개발TF는 정부 정책 협력을 지원하는 대정부지원 분과, 남북협력사업 개발과 추진을 담당하는 BM·인프라 분과, KT 남북협력사업과 연계한 사업 발굴하고 추진하는 그룹사 분과, 협력사업에 추진되는 재원과 연구개발 등을 지원하는 지원 분과로 구성된다(ZDNet Korea 2018/5/10).

을 제도화함으로써 ICT 협력의 효과를 제고할 수 있는 방안을 검토할 필요가 있다(이춘근·김종선·남달리 2014).[8]

남북 협력의 효과를 제고하기 위해서는 단계별 전략을 수립할 필요가 있는데, 대 북한 제재가 완화되는 초기 단계에는 정부가 개별 정부 기관 간 정책 조정을 주도하고 민간 협력 사업을 발굴하는 역할을 주도할 필요가 있다. 이 단계에서는 또한 남북 협력 채널 구축과 인력 양성 등 남북 협력을 추진하는 가운데 다자간 협력틀을 형성해나가는 노력을 병행할 필요가 있다. 다음 단계에서는 민간 부문, 특히 기업이 남북 협력을 주도하고 정부 기관 간 협력을 한층 강화함으로써 남북 ICT 시스템을 통합하고 데이터, 정보 등을 체계적으로 공유하는 체제를 수립하는 데 초점이 맞추어져야 할 것이다.

2. 연계와 쌍방향성

정부는 남북 간 경협이 본격적으로 재개될 것에 대비하여 한반도 신경제지도 구상의 실행을 위한 계획의 윤곽을 공표했다. 한반도 신경제지도의 궁극적 목표는 시장 협력을 통해 경제 통일 기반을 구축하는 한편, 3대 벨트 구축을 기반으로 신성장 동력을 확보하는 데 있다. 우선 3대 벨트는 상호 유기적으로 연결될 때 효과적이라는 점에서 동해권 에너지·자원벨트는 서해안 산업·물류·교통벨트를 통해 동해안과 서해안을 연결하는 경협 벨트의 형성을 목표로 하고 있다. 또한 DMZ 환

....

8   이와 관련, 이춘근 등(2014)은 남북 협력의 우선순위를 ICT 융복합을 통한 패키지형 협력, 남북한 ICT 협력 거점과 공동체 형성, 대북한 ICT 협력 추진체제 정비 등에 둘 것을 제안한 바 있다.

경·관광벨트는 남북한을 모두 아우르는 관광벨트를 구축하고 남북 시장 협력의 수준을 단계적으로 높이고, 궁극적으로 하나의 생활 공동체를 형성하려는 계획이다("한반도 신경제지도 구상 및 경제 통일 구현." 통일부 홈페이지). 더 나아가 3대 벨트는 동해안과 러시아를 연결하고, 서해안과 중국, 중앙아시아, 유럽을 연결함으로써 북방 경제협력을 촉진하는 역할을 할 가능성이 있기 때문에 중국, 러시아 및 인접 국가들을 포괄하는 다자 협력의 장이 될 가능성이 높다.[9]

한편, 3대 벨트의 구축은 산업 간 연계를 수반할 가능성이 높다. 3대 벨트가 전통적인 물류 교통망의 건설을 기본으로 하고 있지만, 에너지, 환경, 광광 등 신산업과 새로운 서비스 분야까지 광범위하게 포함하고 있기 때문이다("한반도 신경제지도 구상 및 경제 통일 구현." 통일부 홈페이지). 남북 경제협력이 4차 산업혁명과 연계될 수 있는 지점은 여기에 있다.

남북 협력의 효과를 제고하기 위해서는 북한이 최근까지 기울인 노력과 선호에 대한 검토가 필요하다. 북한은 최근 3~4년간 식량과 에너지 문제 해결을 위한 수단으로서 첨단 산업을 육성하는 데 높은 관심을 보이고 있다. 다만, 국내적 차원의 정책 추진의 한계가 뚜렷하기 때문에 북한 정부는 첨단 산업 분야를 중심으로 대외 개방 전략을 확대할 가능성이 높은 것으로 예상된다(이춘근 외 2015). 우선, 제도적 차원에서 남북한의 ICT 연구개발체제, 행정 체제, 교육 체제 등에 대한 기초 조사와 통합 방안에 대한 검토를 바탕으로 남북 협력은 북한의 기존 전략을 적어도 부분적으로 반영하는 방식으로 추진할 필요가 있다. 또한 독일

....

9   통일부는 이 과정에서 한반도가 동북아지역 경협의 허브로 도약할 수 있을 것으로 기대한다("한반도 신경제지도 구상 및 경제 통일 구현." 통일부 홈페이지).

통일의 사례를 고려할 때, 남북 협력이 본격적으로 활성화될 경우, 북한의 우수 인력이 유출될 가능성을 배제할 수 없으므로, 이에 대비한 장기적 차원의 전략이 요구된다. 이를 위해서는 단기적으로는 북한 지역의 인재들에게 인센티브를 제공하고, 중장기적으로는 남북 격차를 좁혀나가는 전략이 필요하다.

북한은 ICT 산업 가운데 소프트웨어에 상대적 강점을 가진 것으로 알려지고 있다. 북한은 소프트웨어 분야에 컴퓨터 운영 체제를 자체 개발하였고, 사이버 해킹 능력은 미국, 러시아 등에 비견할 수준에 있는 것으로 평가된다(안건준 2018). 한국 ICT 기업들이 소프트웨어 관련 우수 인력 부족난을 겪고 있는 점을 감안할 때, 남북 ICT 협력은 한국 기업의 경쟁력을 강화하는 유효한 방안이 될 잠재력을 갖고 있다. 또한 ICT 산업을 포함한 첨단 산업 분야의 협력은 해외 진출 기업의 유턴 등 리쇼어링 효과를 기대할 수 있다는 점에서 산업 경쟁력뿐 아니라 고용문제도 완화하고, 대기업과 중소기업이 공존하는 기업 생태계를 형성하는 대안이 될 수 있다.

북한은 2013년 13개 경제개발구를 전격적으로 발표하였는데, 현재까지 22개의 지방 경제개발구가 지정되었다.[10] 북한의 경제개발구 정책에 주목해야 하는 이유는 북한이 외자 유치에 대한 관심을 숨기지 않고 있다는 점이다. 일차적으로는 중국 기업의 투자가 주류를 이루겠지만, 점진적으로 개방의 폭을 확대해 나갈 것으로 보인다. 이를 위해 북한 정부는 경제개발구법을 제정하고 외국인 투자에 대한 보호를 명시

---

10 대표적인 경제개발구는 나선경제무역지대(나선특구), 원산/금강산 국제관광지구(금강산특구), 와우도수출가공구와 청진경제개발구, 강남경제개발구(평양외곽) 등이다.

표 1 북한 22개 경제개발구 지정 현황

	지역	주력 사업	2013년 경제개발구법
경제개발구	청진	- 금속 가공, 기계 제작, 건재 생산	(제2조) 경제개발구 정의: 국가가 특별히 법규에 따라 경제활동에 특혜가 보장되는 특수경제지대로 공업개발구, 농업개발구, 관광개발구, 가공수출구, 첨단기술개발구 등 경제 및 과학기술 영역의 개발구를 의미함
	압록강	- 농업, 관광휴양, 무역	
	만포	- 농업, 관광휴양, 무역	
	혜산	- 수출 가공, 현대농업, 관광휴양	
	경원	- 노동집약 산업 육성	
	강남	- 물류, 조선, 채소단지	
공업개발구	흥남	- 보세 가공, 화학제품, 건재, 기계설비	(제5조) 외국법인, 개인, 경제조직, 해외동포가 경제개발구 내 투자해 기업설립, 사무소 개설, 경제활동 추진 가능
	현동	- 정보산업, 경공업	
	위원	- 광물자원 및 목재, 농토산물 가공	
	청남	- 석탄, 화학 공업단지	
수출가공구	송림	- 수출 가공, 창고 보관, 화물운송	(제6조) 기초인프라, 첨단기술, 국제경쟁력 보유 제품 생산을 장려하며, 국가안전, 주민건강, 사회도덕, 환경 등 유해한 프로젝트를 금지 또한 제한함
	와우도	- 수출지향형 가공조림	
	남포	- 수출용 제조 공장	
관광개발구	온성섬	- 외국인 대상 관광개발	
	신평	- 유람, 휴양, 체육, 오락	
	청수	- 민속촌, 농산품 가공	
농업개발구	어랑	- 농축산기지, 농업과학연구단지 건설	
	북청		
	숙천	- 과수 및 과일 종합가공, 축산업 농업단지 개발	
국제녹색시범구	강령	- 농, 수산물 가공단지	
첨단기술개발구	은정	- ICT 첨단기술개발구	
국제관광특구	무봉	- 국제관광특구	

출처: 이광수(2018).

하였다. 이는 북한 측에서도 경제협력의 국제화 또는 다자화에 대한 인센티브를 갖고 있다는 의미이기도 하다.

한반도 신경제지도는 북한의 경제개발구와 유기적으로 연계하는 방안을 검토할 필요가 있다. 3대 벨트는 남북경협 재개, 남북접경지역 개발, 남북한 공동 시장 등 경제 통합에 크게 기여할 것으로 보인다. 한반도 신경제지도와 경제개발구는 지역적으로 상당 부분 중첩되기 때문에 연계의 가능성이 충분하다. 구체적으로 경제개발구 청진, 북청, 흥남, 현동은 동해안 벨트에 속한다. 압록강, 와우도, 송림, 강남 등 지역은 서해안 벨트를 구축하는 데 핵심지역이다. DMZ 개발은 북한 관광 개발구를 위한 교두보 역할이 가능하다. 한반도 신경제지도 구상의 핵심은 3대 벨트의 구축을 통해 남북 협력을 확대하고, 남북한 신성장 동력을 확보하며, 북방 경제 개발과 연계하는 것이라는 점에서 경제개발구의 취지를 반영하는 데 커다란 어려움이 있을 것으로 보이지는 않는다.

3. 남북 협력과 지역 협력의 연계

4·27 판문점선언 이후 정부 부처들은 남북 경제협력을 추진하기 위한 방안을 수립하고 있다. 국토교통부가 개성-신의주 철도 및 개성-평양 고속도로 개보수 사업, 해양수산부가 서해 해주·북방한계선(NLL) 주변해역 공동어로구역 및 평화수역 설정 사업, 산업통상자원부가 안변·남포 조선협력단지 건설 및 황해도 경제특구 조성과 북한 자원 개발 사업 등을 구상하고 있는 것이 대표적 사례이다(이대혁 2018). 물론 이러한 사업이 가시화되기 위해서는 유엔 제재의 해제 등 북한 지원과 협력에 대한 국제사회의 합의가 선행되어야 한다. 다만, 정부의 남북 경

제협력 구상에서 4차 산업혁명 관련 산업의 활용 가능성에 대한 계획이 명시적 제시되지 않은 점은 보완될 필요가 있다.

예를 들어, 중국의 일대일로 추진에서 나타나듯이, 역내 연결성을 획기적으로 제고하려는 시도가 가시화되고 있다. 인프라의 건설을 다자 협력을 기본으로 하며, 북한을 이러한 과정에 편입시켜야 할 현실적 필요성이 증대되고 있다. 북한은 동아시아의 에너지 협력에 커다란 장애 요인이 되었는데, 남북 협력이 가시화될 경우 북한을 경유하는 복수의 가스관 노선에 대한 관심이 고조될 가능성이 높다. 이 노선은 북한을 우회하기 위해 해저를 관통하도록 계획된 가스관 노선에 비해 경제성이 높을 뿐 아니라, 동아시아 국가들이 하나의 에너지망으로 연결시킨다는 점에서 지역적 차원의 경제적, 안보적 효과가 있을 것으로 예상된다.

4. 테스트베드로서 남북 경제협력

2016년 기준 상위 100대 업체의 혁신 사업 모델 중 약 70%의 사업이 한국 정부의 규제에 저촉될 가능성이 있다는 보고가 이루어졌다. 한국의 스타트업 기업은 2017년 9만 6천 개가 신설되어 양적으로는 증가하고 있으나 질적 성장이 부족하여 한국의 기업가정신 지수가 27위에 머무르고 있다(박봉삼 2017).[11] 여기에는 다양한 원인이 있으나 신산업에 대한 정부 규제가 주요 원인으로 지적되고 있다. 콜버스와 우버가 운수사업법, 에어비엔비가 공중위생관리법과 위치정보법 때문에 한국에서

....

11   세계 100대 스타트업 중 한국 기업은 1개에 불과한 실정이다(박봉삼 2017).

서비스가 제공되지 않는 것이 대표적 사례라고 할 수 있다.

콜버스는 2015년 2월 전세버스를 이용하여 심야 버스 공유 서비스를 개시하였으나 국토교통부가 운수사업법을 근거로 사업권을 택시 회사와 노선버스 사업자에게만 발급함으로써 버스 공유 사업을 사실상 중단하게 되었다. 우버 역시 2013년 한국에서 서비스를 개시하였으나 서울시와 국토교통부가 여객운수법과 위치정보법 위반을 이유로 고발함에 따라 철수하였다. 원격 진료 서비스 역시 의료법과 약사법으로 인해 사업이 불가능한 실정이다. 개인 정보 활용에 대한 규제 역시 데이터 산업의 발전에 어려움을 가중시키고 있다(박건형 2017).

4차 산업혁명 시대에 기업 생존을 위해서는 속도전이 필수임에도 정부 규제로 인해 국내 기업들이 어려움을 겪고 있는 것이 사실이다. 규제 완화의 필요성에 대해서는 원칙적으로 공감하면서도 가시적인 성과를 거두기 어려운 것은 규제와 관련된 다양한 행위자들의 이해관계가 복잡하게 얽혀 있기 때문이다. 현 정부가 규제 샌드박스 등 규제 혁신을 위해 다양한 노력을 기울이고 있으나 그 성과가 본격적으로 나타나기까지 상당한 시간이 걸릴 것으로 전망되고 있는 것도 이 때문이다.

4차 산업혁명 시대 남북 경제협력은 한국 내 규제 완화를 위한 시험대로 활용할 수 있다. 북한 정부는 이미 다수의 경제 특구를 지정한 바 있고, 남북 경제협력도 순조롭게 진행될 경우 경제 특구를 활용할 가능성이 높다. 북한의 경제 특구는 한국이 현재 직면하고 있는 규제의 문제로부터 원천적으로 자유로울 수 있기 때문에 새로운 산업의 테스트베드로서 활용 가치가 매우 높다고 할 수 있다. 북한 내 경제 특구에서 신산업 또는 새로운 서비스의 장단점을 다각도로 시험하고, 그 결과에 따라 한국, 더 나아가 한반도 전역으로 본격적인 확대가 가능할지 여부를 결정할 수 있을 것이다.

　4차 산업혁명 시대 한국 경제에서 저임금 기반의 제조업 비중이 감소하고 있을 뿐 아니라, 북한과 같은 저개발국 빈곤과 사회문제를 완화하는 데 ICT 산업의 발전이 효과적이라는 점에서 ICT 등 첨단 산업 기반의 협력의 필요성이 증대되고 있다. 즉, ICT 산업이 보건, 의료, 교육 등 다른 분야의 발전에 기여할 수 있다는 점에서 사회 문제 해결의 인프라로서 ICT 산업 분야의 협력을 우선 추구할 필요가 있다. 더 나아가 ICT 남북 협력은 북한의 우수 인력 활용 가능성 등을 감안할 때 한국 ICT 산업, 특히 중소기업의 경쟁력을 향상시키는 데 기여할 수도 있다는 점에서 쌍방향적 협력이 가능한 분야이다. 실제로 KT가 개성공단에 입주했던 120여 기업에게 수요 조사한 결과는 ICT 분야 남북 협력의 잠재적 수요가 충분하다는 점을 시사한다. 입주 기업들은 개성공단이 재개될 경우, 유선인터넷, 기업자원관리(ERP), 폐쇄회로(CC)TV 시스템, 기기 원격제어 시스템 등 ICT 서비스업을 선호하는 것으로 나타났다. 이러한 점에서 개성공단뿐 아니라 북한의 경제개발구 가운데 일부는 ICT 협력의 허브로 활용 가능성이 있다고 할 수 있다(곽주현 2018).

참고문헌

곽주현. 2018. "남북협력 전문가들 '북한과의 경제협력에 ICT 활용 필수.'『한국일보』7월 17일.

권율·김미림. 2018. "베트남 개혁모델이 남북경협에 주는 정책적 시사점." KIEP 오늘의 세계경제.

김종선·이춘근·남달리·박진희. 2014. "북한 환경기술 연구현황과 남북 과학기술 협력방안." 정책연구 2014-18. 과학기술정책연구원.

뉴시스 2018/6/22.

매일경제 2018/6/13.

박건형. 2017. "'先 규제' 한국, 세계 100대 스타트업 중 57개는 시작도 못한다."『조선비즈』8월 8일.

박명규 외. 2012.『연성복합통일론: 21세기 통일방안구상』. 서울대학교 통일평화연구원.

박봉삼. 2017. "투자유치 상위 스타트업 70%, 한국서 위법."『ZDNet Korea』7월 13일.

안건준. 2018. "DMZ에 남북협력 첨단산업단지 조성을 제안한다."『중앙일보』5월 13일.

이광수. 2018. "그날이 오면 2(신경제지도)." 미래에셋대우 Issue Comment.

이대혁. 2018. "정부, 남북경협에 '3조 공적개발원조' 활용 검토."『한국일보』5월 15일.

이춘근·김종선·남달리. 2014. "남북 ICT 협력 추진 방안."『정책연구』2014-28. 과학기술정책연구원.

이춘근·김종선·박은혜·남달리. 2015. "통일 이후 남북한 과학기술체제 통합방안." 2015-20. 과학기술정책연구원.

최현규. 2018. "남북협력, '北과학 정보' 공동지식으로 '상생 효과'."『헬로디디』5월 2일.

"한반도 신경제지도 구상 및 경제 통일 구현." 통일부 홈페이지. 〈http://www.unikorea.go.kr/ unikorea/policy/project/task/precisionmap/〉.

Barbieri, Katherine and Jack S. Levy. 1999. "Sleeping with the Enemy: The Impact of War on Trade." *Journal of Peace Research* 36(4): 463-479.

Gowa, Joanne. 1995. Allies, Adversaries, and International Trade. Princeton University Press.

Haggard, Stephan, Jennifer Lee, and Marcus Noland. 2011. "Integration in the Absence of Institutions: China-North Korea Cross-Border Exchange." Peterson Institute for International Economics. Working Paper 11-13.

Hidetaka Yoshimatsu and Dennis D. Tridad. 2010. "Development Assistance, Strategic Interests, and the China Factor in Japan's Role in ASEAN Integration." *Japanese Journal of Political Science* 11(2): 199-219.

Hirschmann, Albert O. 1945. *National Power and the Structure of Foreign Trade*. University of California Press.

Hsueh, Roselyn. 2011. *China's Regulatory State: A New Strategy for Globalization.* Cornell University Press.

Inbar, Efraim. 2010. "Why aid the enemy?" *Jerusalem Post.* June 29.

Jung, Heon Joo and Timothy S. Rich. 2016. "Why invest in North Korea? Chinese foreign direct investment in North Korea and its implications." The Pacific Review 29(3): 307–330.

Kim, Dong Jin. 2015. "Aid to the enemy: linking development and peacebuilding on the Korean peninsula." *The Pacific Review* 29(4): 473–498.

Keohane, Robert and Joseph Nye. 1977. *Power and Interdependence: World Politics in Transition.* Little Brown.

Knight, John B. 2014. "China as a Developmental State." *The World Economy* 37(10): 1335–1347.

Levy, Jack S. 1989. "The Causes of War: A Review of Theories and Evidence." Philip E. Tetlock et. al. eds. *Behavior, Society, and Nuclear War.* Vol. 1. Oxford University Press.

Low, Linda. 2001. "The Singapore developmental state in the new economy and polity." *The Pacific Review* 14(3): 411–441.

"Singapore's opening-up serves as a model for North Korea to modernize its economy." 2018. *Global Times.* June 12.

VOA 2018/7/10, 〈https://www.voakorea.com/a/4476076.html〉.

제3장

북한 에너지체제 구축 과제와 남북 에너지협력 방안

신범식 서울대학교

I. 에너지안보 체제의 환경 변화

4·27 남북 정상회담과 6·12 북미 정상회담, 9월 19일 평양선언 등 한반도를 둘러싼 일련의 변화가 모색되는 가운데, 한반도 평화와 번영을 위해 가장 중요한 과제로 관심을 끄는 분야는 북한의 경제개혁을 위한 시급하고도 중요한 조건으로 북한 에너지 문제를 해결하고 안정적인 에너지체제를 구축하는 일이다. 이와 관련된 논의가 최근 국내외에서 급증하고 있다. 이런 논의들을 통하여 우리는 북한의 에너지체제가 어떤 상황인지를 파악하고, 변화하는 국제 에너지체제가 미칠 영향을 이해하며, 이를 바탕으로 적절한 대북 협력 방안을 마련해갈 필요가 있다.

사실 20세기까지는 주로 석유를 중심으로 한 에너지안보가 각국 에너지 정책의 거의 유일한 목표였다 해도 과언은 아니다. 즉 충분한 화석 연료 기반의 에너지 공급과 그것을 가능하게 할 에너지 수급 네트워크의 확보가 주된 내용이었다. 하지만 21세기 들어 심화되고 있는 기후변화의 도전과 이에 대한 신(新)기후체제 구축을 위한 국제적 대응 노력은 각국 에너지 정책에서 새로운 목표를 설정하도록 만들었다. 즉 한편으로는 전통적인 에너지안보 개념에 따라 충분한 양의 에너지를 확보해야 하지만 동시에 온실가스배출을 최소화해야 하는 이율배반적인 목표를 동시에 추진해야 하는 것이다(Smil 2003). 이런 변화는 각국의 에너지 정책으로 하여금 이중 목표의 적정화라는 과제를 안게 만들었다.

에너지안보 관련 사고방식의 중대한 변화로 지적되어야 할 또 다른 점은 개별국가가 중심이 되어서 경쟁적으로 추구하던 에너지안보에 대한 기존 관념이 국제적 에너지협력 중요성의 증대에 의해서 도전받기 시작했다는 것이다. 이는 기후변화, 신재생에너지, 신성장동력 창출, 지역 간 에너지 연결 등의 요인들이 창조적으로 결합될 수 있는 여건을 마련해 주었고, 에너지 분야에서 개별국가의 차원보다 지역 차원이나 국제적 차원의 협력을 통한 공동이익 창출이 에너지안보를 달성하는 데에도 점점 더 중요해지고 있음을 의미한다. 이러한 변화는 유럽이나 동남아 등지에서 지역 내 전력망을 연결하는 슈퍼그리드 사업이나 신재생에너지 발전망 연결 프로젝트 등의 형태로 나타나고 있다.

이처럼 변화하는 국제 에너지체제로부터의 도전은 북한의 새로운 에너지체제 구축을 위한 과제와 관련하여 전혀 새로운 환경을 제공하고 있으며, 이에 외부의 환경적 변화와 북한의 내부적 변화를 종합적으로 고려하는 접근법이 요청되고 있다고 할 수 있다. 따라서 이 글은 우선 북한의 에너지 문제가 어떤 상황에 처해 있는지 살피고, 북한의 새로운 에너지체제의 구축을 위하여 해결해야 할 과제들은 무엇이며, 변화하는 에너지체제의 환경 속에서 어떤 협력 방안을 활용할 수 있는지를 검토해 보고자 한다. 그리고 이를 바탕으로 남북 에너지협력 방안을 실천적 견지에서 제안해 볼 것이다.

II. 북한의 에너지 현황

이미 다양한 매체들을 통해서 전해진 바에 따르면 북한이 심각한 전력난을 오랫동안 겪어왔다는 것은 주지의 사실이다. 북한이 겪고 있는 전력난은 여러 가지 요인들이 합쳐진 결과로 나타났다. 대내적으로는 자력갱생을 목표로 하는 폐쇄적 에너지 정책을 장기간 추진하면서 나타난 한계와 외화 부족으로 인하여 설비 노후화에 대응해 적절하게 신규 설비를 공급하지 못한 문제, 그리고 에너지원 자체의 공급이 크게 감소되는 상황을 들 수 있을 것이다. 이에 더하여 발전 및 송배전 체계

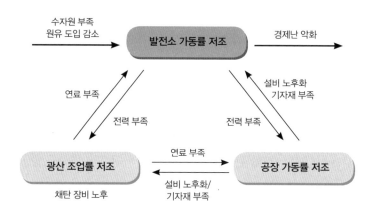

그림 1 북한 전력난의 악순환 고리
출처: 홍순직(2015).

의 불안정이 가속화되고, 중공업 우선의 에너지 다소비형 산업구조에서 오는 에너지 소비의 불균형 등도 북한의 전력난에 영향을 끼친 것으로 알려지고 있다. 게다가 사회주의 경제권의 붕괴 이후 과거 우방들로부터의 지원이 크게 감소하였고 북핵 문제 등으로 인해 외부 세계의 지원도 감소하였으며 외부 세계의 제재 내지 제한 조치들이 확대되면서 북한의 전력난은 장기화되고 더욱 심각한 지경에 이르게 되었다.

전력은 한 나라의 기간산업으로서 산업 활동을 비롯한 국민경제 전반에 걸쳐 지대한 영향을 미치는 절대적으로 중요한 인프라임이 분명하다. 특히 안정적인 전력 공급은 경제성장과 밀접한 상관관계가 있음은 재론의 여지가 없다. 김정은 위원장이 추진하고 있는 북한의 경제

표 1 북한 에너지 및 남북한 전력 실태 비교(홍순직 2015)

		단위	1990	1995	2000	2008	2010	2013
북한 에너지	총공급량	만 TOE	2,478	1,728	1,569	1,698	1,566	1,063
	석탄생산량	만 M/T	3,315	2,370	2,250	2,506	2,500	2,660
	원유도입량	만 배럴	1,847	806	285	388	385	424
발전 설비 용량	남측(A)	만 kW	2,102	3,218	4,845	7,249	7,608	8,697
	북측(B)		714	724	755	750	697	724
	(A/B)	배	2.9	4.4	6.4	9.7	10.9	12.0
발전량	남측(C)	억 kWh	1,077	1,847	2,664	4,224	4,747	5,171
	북측(D)		277	230	194	255	237	221
	(C/D)	배	3.9	8.0	13.7	16.6	20.0	23.5

자료: 통계청. 『2014 북한의 주요 통계 지표』. 통계청 홈페이지(http://kosis.kr/bukhan/index.jsp) 참조.
주: TOE는 Ton of Oil Equivalent의 약자로 원유 1톤이 갖는 열량(107kcal)임.
에너지 공급은 1차 에너지 기준임.

건설 노선을 위해서 선결되어야 할 조건은 누가 뭐라 해도 전력 문제를 해결하는 것이다. 북한의 전력난은 심각한 경제난의 출발점이며, 경제 재건 전략을 추진하는 데 있어서 가장 큰 제약요인으로 작용하고 있으며, 결국 이러한 북한 전력 사정의 한계는 거시적 구도에서 남북경협을 활성화하는 데에도 중대한 장애요인이 될 것이다(홍순직 2015).

북한의 전력생산을 보면 2013년 기준으로 전체 발전설비 724만 kW 중 약 34.8%만이 가동되고 있는 것으로 알려져 있다. 게다가 절대적 발전량이 부족한 북한이 경제난에서 벗어나 지속적으로 발전하기 위해서는 대규모의 신규 발전설비가 구축되어야 한다. 2013년 북한의 전력설비는 남한의 1/12에 미치지 못하고, 실제 발전량도 1/23에 미치지 못하고 있다. 발전량 수요는 1인당 국민소득과 인구증가율에 비례하여 증가한다고 가정을 하고, 경제성장에 따른 수요의 소득 탄력도를 남측의 성장 과정에서 나타난 기준을 적용하여 장단기 발전량 및 발전설비 수요를 추정해 보면, 단기적으로는 북한 경제가 마이너스 성장률을 기록하기 전의 1989년 수준(북한 발전량 역대 최고치 292억 kWh)에 도달하기 위해서는 2013년 기준으로 71억 kWh의 발전량이 늘어나야 하는데, 이를 위해서 135만 kW의 신규 발전설비가 필요하다(홍순직 2015). 또한 북한의 1인당 전력소비량은 460kWh로 비OECD 국가 평균 대비 22.9% 수준에 그친다. 세계 평균 1인당 전력소비량과 비OECD 국가의 1인당 전력소비량 모두 증가세를 보이지만, 북한의 1인당 전력소비량은 계속 낮아지고 있다(김경술 2018).

따라서 북한 경제가 회복되고 남북경협이 활성화되기 위해서는 먼저 북한의 전력난 실태와 발전시설 현황을 공동으로 조사하고 해법을 논의할 '에너지협력위원회'와 같은 협의체를 구성해 논의를 시작할 필

표 2 북한의 중장기 발전량 및 신규 발전설비 수요 전망(홍순직 2015)

	단위	2013	2015	2022	2030
현재 총 발전량	억 kWh	221.0	–	–	–
인구 수	만 명	2,454.5	2,477.9	2,559.8	2,632.3
1인당 GNI	달러	1,260.2	1,362.6	3,150.5	10,775.0
예상 발전량 수요	억 kWh	–	292.0	512.5	1,277.7
부족 발전량	억 kWh	–	76.9	150.2	701.7
신규 발전설비	만 kW	–	135.0	263.7	1,232.4
총 설비 용량	만 kW	724.3	859.3	1,123.0	2,355.4

주 1) 예상 발전량 수요 = 기준 연도의 발전량 × 1인당 GNI 증가율 × 인구 증가율 × 전력 수요의 소득 탄력도.
　　2) 전력 수요의 소득 탄력도는 2016~22년의 경우에 남측 1977~87년의 0.735를, 2023~2030에는 남측 1988~1994년의 0.709를 적용함.
　　3) 부족 발전량 = 예상 발전량 수요 – (기존 발전설비 + 신규 발전설비)의 가동 발전량 × 가동률.
　　4) 2015년의 신규 발전설비는 단기 전망치의 단순 평균값을 적용한 것임.

요가 있다. 그리고 연료공급을 확대하고 에너지 관련 시설을 현대화하는 조치를 통해 전력 설비의 가동률을 높이는 것을 우선적 과제로 설정해야 할 것이다. 이 같은 초기 조치를 바탕으로 중대형 발전소 건설 등을 다양한 노력을 확대함으로써 북한의 에너지 역량을 증대시키는 조치와 남북한 내지 동북아 통합 에너지체제의 구축을 통한 협력적 에너지역량을 강화하는 조치를 모색해 나가야 할 것이다.

북한의 경제가 성장하고 있다고 알려진 근년에 들어서도 북한 에너지 사정이 크게 개선되고 있다고 보기는 어렵다. 국회예산정책처 경제분석국이 발간한 보고서 『NABO 산업동향 & 이슈』(2018년 제7호)에 따르면 현재 북한의 에너지 상황은 열악한 상황을 벗어나지 못하고 있으며, 특히 북한이 경제건설을 추진하기 원한다면 기존에 유지해 온 에너지 자력갱생의 원칙을 더 이상 따르기는 쉽지 않아 보인다.

북한의 주 에너지원은 석탄과 수력으로 알려지고 있다. 북한의 2016년 에너지믹스를 살펴보면, 석탄 43.2%, 수력 32.3%, 석유 11.8% 등 석탄과 수력 중심으로 구성돼 있다. 북한은 산세를 이용한 대규모 수력발전 비중이 61.9%로 높지만, 홍수뿐 아니라 가뭄에 대해서도 취약해 강수량에 따라 발전량 변동이 클 수밖에 없다. 2016년 북한의 발전량은 239억 kWh로 2000년 대비 23% 증가한 데 비해 남한의 발전량은 2,664억 kWh에서 5,404억 kWh로 102.9% 증가됐다. 2016년 기준 북한의 수력발전은 발전량의 53.6%, 발전설비의 61.9%를 차지하는 것으로 나타났다(이진수 2018b). 2016년 기준 북한의 석탄화력 발전량은 총 발전량의 46.4%, 발전설비 비중은 38.1%를 차지했으나, 이 발전설비 용량은 1990년 이후 큰 변동이 없는 것으로 알려지고 있다. 북한의 에너지정책은 자력갱생에 입각한 경제정책과 동일한 노선하에 에너지 자급자족을 목표하고 있으며, 수입이 필요한 석유 소비는 최소화하기 위해 대부분 수송 분야에서 소비되는 것으로 분석되고 있다(이진수 2018b).

한편 2016년 북한의 1차 에너지 총공급량은 991만 TOE로 2000년 1569만 TOE에 비하여 37%나 감소한 것으로 알려지고 있다. 2010년대 들어 나타난 에너지 공급량의 이 같은 감소는 중국에 대한 석탄 수출이 증가하면서 내수용 석탄 공급이 크게 감소한 데 따른 것으로 풀이되고 있다. 이 시기 북한의 석탄 생산량이 증가한 점을 감안해 본다면 이는 북한의 에너지원 수급 구조가 외화벌이를 위해 크게 왜곡되고 있음을 보여준다. 특히 북한의 내수용 석탄소비량 감소와 대조적으로 대 중국 수출물량은 본격적 대북 제재가 있기 이전인 2016년까지 지속적으로 증가하여 2013년 수출액이 최대 13.8억 달러 규모로 추계되었다. 2016

년 북한의 대 중국 석탄수출 물량은 역대 최대인 2250만 톤을 기록했으나, 국제사회의 대북 제재조치로 인해 2017년에 482만 톤으로 감소한 것으로 분석된다(국회예산정책처 2018).

결국 최근 들어 북한의 자력갱생을 추구하는 에너지정책의 기조는 크게 흔들리고 있다고 볼 수 있을 것이다. 북한은 기본적으로 자신이 보유하고 있는 생산수단을 극대화해 경제수요를 충족시킨다는 자력갱생 원칙에 입각한 에너지정책을 근간으로 운영해 왔다. 북한은 국내에서 생산되지 않는 에너지원의 수요와 해외 에너지원의 수입을 최소화하기 위한 정책을 시행하여 왔으며, 북한 국내에 매장돼 있는 석탄을 활용하기 위한 채취공업과 가공공업의 발전을 에너지정책의 핵심으로 추진해 왔다. 전반적으로 대 중국 수출로 인한 석탄 공급의 감소는 에너지 국내 공급량의 감소로 이어졌으며, 북한의 내부 에너지 사정을 더욱 악화시킨 결과를 가져온 것으로 보인다(김경술 외 2013; 김경술 외 2014). 특히 북한의 석탄은 그 매장량이 풍부하고 자력갱생의 원칙을 유지해 올 수 있었던 근간이었기 때문에 석탄 산업이 쇠퇴하고 있다는 것은 매우 커다란 의미를 지닌 현상으로 해석될 수 있다(이진수 2018a). 따라서 이 같은 북한의 에너지 자력갱생 원칙은 더 이상 유지되기 어려워 보이며, 에너지정책상의 새로운 전환이 필요하다.

III. 북한 에너지전환의 과제

북한의 에너지 문제를 해결하기 위하여 북한이 시도하고 있는 다양한 자구책에는 한계가 있을 수밖에 없다. 이 문제의 원인은 자력갱생의 원칙에 따른 정책의 결과에서 기인한 것이기도 하지만, 보다 근본적으로는 북한의 경제사정이 너무나 열악하다는 기저의 문제에 있다고 할 수 있다. 보통 발전설비의 평균수명은 약 20~30년 정도인데 북한의 대부분 발전설비는 1960~70년대에 건설되었기 때문에 이미 그 수명을 훨씬 넘기고 있으며, 전반적으로 대대적인 개·보수가 필요한 실정으로 추정된다. 노후화된 발전소를 개·보수하기 위해서는 발전설비를 교체하는 것을 포함해서 다양한 보강작업이 요청되는데 북한의 경제사정상 대규모 보수를 동시에 실현하기는 거의 불가능하다. 송·배전망의 정비 사업도 일부 발전소 및 지역에 국한된 문제가 아니라 북한 전역의 전력 시스템이 지닌 문제이기 때문에 막대한 규모의 자금과 기술을 투입하지 않는 한 제대로 된 성과를 내기는 거의 불가능하다(에너지경제연구원 2018). 또한 수력발전소 댐 하부를 정리하는 것과 같은 조치들은 북한의 발전량을 늘리는 데 약간의 도움이 될 수도 있겠지만 한반도 온난화와 기후변화에 다른 강수량의 급격한 변동으로 인한 홍수나 가뭄 등에 대해 대단히 취약한 구조적 한계를 노정하고 있다(김규륜 2001).

물론 이 같은 북한의 에너지체제의 전면적인 노후화 상황은 북한의 에너지체제를 전면적으로 개편함으로써 중간단계를 뛰어넘어 완전히 새로운 에너지체제로 전환하는 것을 가능하게 할 것이라는 주장도 존재한다. 신재생에너지의 개발과 지방의 지역단위 스마트마이크로그리드 체제의 구축에 대한 가능성은 후발성의 이점을 십분 활용함으로써 가능할 수 있을 것이다. 하지만 이러한 체제가 북한 산업 전반에서 잘 작동하기에는 해결하여야 할 많은 과제가 산적해 있음도 사실이다.

따라서 북한의 내부적 상황을 타개해 나가는 노력과 더불어 국제적인 협력을 통한 북한 에너지체제의 전환과 재구축 방안을 동시에 추진하면서 북한의 에너지체제의 전환을 단계적으로 추진하는 것이 바람직해 보인다(Yeo & Kim 2018).

일부 전문가들은 현 시점에서 북한이 현재 처해 있는 에너지 문제를 해결하기 위해서는 초기 조치로 자본과 기술의 적극적 도입을 통해 석탄생산 증대와 전반적인 에너지 이용효율을 향상시키는 일이 시급하다고 주장하기도 한다(『가스신문』 2000.7.10). 특히 북한이 그간 고육지책으로 진행해온 자연에너지 개발, 저질탄 이용확대 등과 같은 지엽적이며 소극적 정책을 넘어서서 북한에서 생산되지 않는 원료탄이나 석유, 천연가스의 수입 및 소비의 확대를 도모하는 다양화 정책을 추진하여야 한다는 것이다. 발전소나 정유소 등 에너지설비의 현대화도 막대한 자본과 선진기술이 필요한 점을 감안할 때 자본과 기술을 도입하기 위한 다각적인 방안이 모색되어야 할 것이다(김규륜 2001). 이런 주장은 전면적인 북한의 에너지전환에 앞서 그에 필요한 최소한의 에너지공급 수준을 우선 달성해 보자는 것이다. 하지만 이러한 내부적 노력으로는 분명한 한계가 있어 보인다. 북한의 에너지 문제를 극복하기 위해서는 대외적 개방을 통한 국제적 에너지협력이 필수적이라 할 수 있다. 이는 남북 간의 다양한 협력을 활성화하고, 국제적인 협력을 통해서만 이루어질 수 있을 것으로 보인다.

물론 현재 남북 간 에너지협력을 방해하는 요인도 산적해 있다. 최근 개선에 대한 기대가 높아가고 있는 것이 사실이지만, 북한 비핵화의 과제는 여전히 남북협력의 전제 조건으로 작용할 것이다. 또한 북핵문제의 해법을 찾아내서 이 문제를 넘어서게 되더라고 남북 에너지협력을 위해서는 대규모의 투자재원 조달이 필요한데, 북측으로부터의 투자비 회수가 보장될 수 있을지에 대한 신뢰도 충분하지 않다는 문제도

엄존한다. 게다가 대규모의 재원투자에 대한 경제적 부담으로 이 같은 정책은 국민적 여론에 민감하게 영향을 받을 것이다. 북측이 한국의 입장에서 수용하기 어려운 일방적 지원 요청을 계속할 경우 예기치 못한 장애요인이 돌출할 수도 있다.

　따라서 북한의 어려운 에너지체제의 개선을 위한 자구적 노력을 추동하는 한편, 남북한 전문가들은 국제적인 협력을 통한 북한 에너지체제의 새로운 구축을 위한 방안을 동시적으로 고려하면서 단계적인 변화의 로드맵을 충분히 논의하고 검토할 필요가 있다. 이런 의미에서 일단 에너지 분야 전문가 간 교류를 재개하는 것이 시급하다. 이는 북핵문제 해결 여부와 상관없이 먼저 추진할 수 있는 일이다. 이런 전문가 협의체를 통하여 남한의 잉여 생산 석탄을 북한에 공여하거나, 남한 전용공단의 재활성화에 따른 전력공급 방안을 의논하고, 노후화된 북한 발전소의 개·보수 사업에 남한 기업이 참여할 수 있는 방안을 논의할수 있을 것이다. 나아가 중장기적으로는 남북한 간 전력계통을 연계하는 문제나 동북아 에너지협력체계와의 연계 문제, 신포 원자력 발전소의 활용 문제, 친환경 신재생에너지 개발 및 이용에 관한 협력 문제 등과 같은 중장기적 과제에 대해서도 논의를 진행시켜야 할 것이다.

　결국 남북 에너지협력의 주요 지향은 비교우위에 바탕을 둔 경제적 고려를 중심으로 수립되어야 한다. 하지만, 향후 한반도 경제공동체의 건설을 지향하는 장기적이고 포괄적인 시각에서 구상되어야 할 것이며, 남북한의 에너지 산업의 특성을 감안하여 양측이 지닌 비교우위를 활용하는 분업체계를 구축함으로써 경제성을 확보하는 방향으로 추진되는 것이 바람직해 보인다. 동시에 지역적 협력의 틀 속에서 이 문제가 남북의 문제이면서 동시에 지역의 문제가 되도록 주변국들을 설득

함으로써 남북협력을 지역적 협력구도 속에서 안정화시키고 제도화하는 방안을 모색하여야 하며, 동시에 남북협력이 새로운 지역협력의 모티브를 촉발시킬 수 있도록 확장성을 고려하는 사업구도를 담보할 수 있어야 할 것이다.

이를 위하여 남북 에너지협력 방안은 장기적으로 동북아시아의 자원개발 및 에너지시장 형성에 공동으로 참여하는 국제적 차원의 경제성을 고려해야 할 것이다. 소련이 붕괴한 이후 막대한 자원이 매장된 시베리아는 동북아시아의 새로운 에너지 공급원으로 부상하고 있다. 시베리아에서 천연가스를 개발하여 중국과 남·북한 및 일본 등에 파이프라인을 연결하여 가스를 수송하는 프로젝트에 관련국들이 지대한 관심을 가지고 있다는 점은 극동과 시베리아에서 수력자원 등을 이용해서 전력을 생산한 다음 중국과 한반도 및 일본을 연결하는 전력망을 통해 공급하는 구상이 하나의 틀 속에서 고려되어야 함을 보여준다. 이 같은 국제적 협력 사업에 대하여 북한이 적극적으로 참여함으로써 북한의 에너지전환을 달성하고 정상적으로 경제발전을 담보할 수 있기 위해서는 폐쇄적 에너지체제를 벗어나 동북아와 연계된 개방형 에너지체제를 구축해야 하며, 그 이후에는 다양한 친환경프로젝트와도 연계하는 협력 방안을 단계적으로 모색해 나갈 필요가 있다.

IV. 북한 에너지체제 구축을 위한 남북 및 국제적 협력 방안

최근까지 논의된 남북 에너지협력 방안은 국제협력을 통한 대북 전기 공급과 남북협력 그리고 북한 내부 역량 강화 등의 방향에서 논의되었다. 북한 밖에서 생산된 전력 및 에너지를 북한으로 공급하는 방안, 북한 내에 대규모 발전소를 건설하는 방안 등이다. 하지만 외부의 전기 공급은 북한의 열악한 송·배전 시설 때문에 상당한 시간과 비용이 투여되어야 하는 선결과제를 안고 시작하여야 한다. 그래서 최근 들어서는 신재생에너지 기반 분산형 전력망을 북한 내부에 구축하면서 이 같은 문제를 피해갈 수 있을 뿐만 아니라 최근 변화하고 있는 에너지체제의 외부 환경에 잘 적응할 수 있는 체제를 북한에 구축할 수 있다는 주장들이 제기되고 있다. 이런 의미에서 재생에너지를 중심으로 한 남북 에너지협력에 대한 기대가 커져가고 있는 것이 사실이다(『에너지데일리』 2018.6.15).

심각한 전력난을 겪고 있는 북한이지만, 단기적 처방 이외에도 중장기적인 재생에너지 확대 정책을 추진하고 있는 것은 고무적이다. 북한은 2013년 「재생에네르기법」을 제정하였고, 이에 따라 2044년까지 재생에너지를 통한 발전용량을 5GW로 확대하겠다는 목표를 설정하였고, 풍력과 태양광 등의 활용방안을 모색하고 있다. 또한 파리기후협약과 관련하여 유엔에 제출한 국가기여감축(INDC) 신고를 통하여 향후 태양광 발전용량을 1000MW로 늘리고 해상 및 육상과 풍력을 이용한 발전량을 각 500MW로 확대하려는 계획을 가지고 있다(『에너지데일리』 2018.6.15).

따라서 대북 에너지협력 정책을 수립함에 있어서 북한의 에너지 현황과 부존하는 자원 및 재생 가능한 자원 등을 정확히 파악하여 적절한 수준의 재생에너지 활용의 확대에 초점을 맞춰야 할 것이다. 하지만 북한을 단순히 남한의 재생에너지사업 성장의 도구로 활용하는 데에 과도하게 쏠리는 현상이 나타나서도 안 되며, 과도한 경제논리에만 따른 접근을 경계해야 한다. 또한 남북한의 전력 협력은 이러한 북한의 에너지 발전계획을 충분히 이해한 상황에서 진행되어야 하며, 향후 제도적인 차원에서도 합의를 이끌어내는 방향으로 진행되어야 할 것이다 (박정원 2016).

이러한 이해를 바탕으로 북한 에너지체제의 전환을 위한 협력방안들을 크게 북한 에너지 역량을 강화하기 위한 남북협력과 거시적 지역 및 국제 에너지협력 구도 속으로 북한을 포합해 내기 위한 국제협력으로 나누어 구체적으로 살펴보도록 하자.

1. 남북 양자 간 협력 방안

1) 남북 전력협력

북한의 전력난을 해결하기 위하여 한국 정부의 적극적인 역할은 필수적이다. 최근 정부는 북한 전력난 해소를 위한 '중장기 협력방안'을 수립하고 적극적 대북 에너지협력 정책을 구상하고 있는 것으로 알려지고 있다. 정부는 남북 접경지역에 현재 평양에서 사용 중인 전력의 2배에 해당하는 전력을 생산하는 '평화발전소' 건설계획을 수립한 것으로 알려졌다. 또한 정부는 북한 주요 공업지구에 인접한 해주, 원산, 김책시 등지에 북한의 산업 성장을 견인하기 위해 신규 석탄화력발전소 건설도 추진할 예정이다. 남북 접경지역인 경기 연천군 또는 비무장지대(DMZ)에 복합화력발전소인 평화발전소를 건설하는 안이 제시된 것이다. 액화천연가스(LNG)를 연료로 사용하는 500MW급 발전소로 북한 내 산업 인프라 구축용 전력 공급을 목적으로 하고 있다(『에너지데일리』 2018.5.8). 평화발전소 건설 사업은 2013년 10월 연천군과 동서발전 사이에 업무협약이 체결된 상태여서 사업 진척이 수월할 것으로 예상된다. 동서발전에 따르면 이 발전소가 건설되면 260만 명 인구의 평양시 수요의 2배에 달하는 전력공급이 가능하다. 또한 정부는 장기적인 차원에서 북한의 경제성장을 이끌 공업지구에 신규 화력발전소를 건설할 계획이다. 화력발전소 건설 후보지는 황해남도 해주시와 강원도 원산시, 함경북도 김책시 등이 검토된 것으로 알려졌다. 화력발전소가 해주시에 건설되면, 개성공단과 해주공업단지 개발이 용이해질 것이며, 원산시에 건설될 경우 주변 원산공업지구와 금강산관광지구가 발전될 것으로 보인다. 해당 지역에는 300MW 규모 화력발전소가 2기씩 건설될 예정이다. 광공업, 수산업, 관광업이 주요 산업인 김책시에는 500MW 규모 화력발전소 2기가 건설될 것으로 알려졌다.

한편 정부는 북한 내 화력발전소 건설이 남북 간 경제협력 여건이 충족되었을 때를 상정하고 아이디어 차원에서 검토된 것이라고 해명하였다(산업통상자원부 2018.5.8). 하지만 이는 곧 향후 양국 간 에너지 협력이 이루어지게 되면, 초기 단계에서 위와 같은 형식으로 협력이 이루어질 가능성이 높다는 것을 시사한다.

풍력, 태양광 등 신재생에너지 발전소는 6~8년가량 건설기간이 필요한 화력발전소에 비해 건설기간이 3년으로 짧아 비교적 빠른 시간 내북한 주민의 전력난을 해소하는 데 활용될 수 있을 것으로 보인다(김영윤 2010). 이와 관련하여 국내에서 북한 풍력단지 건설은 중소규모 풍력단지를 먼저 건설하고 이후 대형 육·해상 풍력발전단지로 확대하자는 방안이 제기되었다(『에너지데일리』 2018.7.16). 이에 따르면 남북 풍력발전단지 건설 협력은 소규모 용량의 풍력·태양광 복합시스템 시범사업을 시행할 것을 제안했다. 유망지역을 선정해 풍력자원 정밀조사를 먼저 시행하고 100~20kW급 풍력발전기와 태양광 복합발전시스템을 독립형으로 해 시범사업을 추진할 경우 계통 연계망이 설치되기 어려운 오지마을이나 낙도지역이 산재해 있는 북한에 적용하기 좋은 대안이 될 수 있다는 것이다.

대형 육상 풍력발전단지 조성과 관련 40~1000MW급 육상 풍력단지를 조성하고 남한의 제품을 설치해 청정 전력을 공급할 수 있으며, 라선지구, 개마고원 등이 유망하며 그 외의 지역에도 풍력자원이 매우 우수한 곳이 많은 것으로 알려지고 있다. 또한 대형 해상 풍력단지 건설과 관련해서는 고정식 혹은 부유식으로 대단위 500MW급 이상의 해상 풍력단지를 조성해 북한에 전력을 공급하는 방안도 가능하며, 장산곶 및 라선지구 등이 유망하며 대단위 풍력단지 건설로 북한의 심각한 전력난 해소에 기여할 수 있을 것으로 기대된다. 이 같은 구상을 확장해 보면 남북 접경지역 휴전선 인근에 대단위 육상 풍력단지를 조성하고 남한의 전력망과의 계통 연계 후 안정적으로 전력을 북한에 공급하는 방안으로 연결해 볼 수도 있을 것이다(『에너지데일리』 2018.7.16).

2) 신재생에너지와 풍력발전 협력

정부가 북한지역 에너지자립도 향상을 위해 남북 신재생에너지 협력 방안을 모색하고 있는 것으로 알려지고 있다. 산업부는 이와 관련 지난 5월 14일 '2018년도 1차 전력정보화 및 정책지원사업(신재생에너지 분야)의 신규지원 대상과제'를 공고했는데, 공고 과제 중 '북한지역 에너지자립도 향상을 위한 남북 신재생에너지협력방안 수립에 관한 연구' 과제가 포함돼 있다. 이 과제는 4·27 판문점 선언 이후 남북 간 긴장이 완화될 것으로 예상되는 가운데, 향후 본격적인 경제협력 시 신재생에너지를 중심으로 한 에너지협력이 중요한 역할을 수행할 것으로 기대되어 공고되었다. 이에 따라 신재생에너지 협력이 북한지역의 에너지자립도 향상과 함께 국내 관련 산업 육성을 담보할 수 있도록 체계적인 진출 전략을 수립할 필요가 있다는 판단이 작용한 듯하다. 이 같은 연구는 북한 신재생에너지 자원 잠재량 조사·분석과 남북 신재생에너지 협력 방안을 만들기 위해 북한지역 신재생에너지 자원 잠재량 조사·분석, 북한지역 진출을 위한 여건 분석, 북한지역 진출을 위한 국내제도 개선사항 제시, 남북 신재생에너지 협력 사업 등을 검토하게 될 것으로 예상되었고, 많은 관심을 받았다. 그런데 산업부는 이와 관련 "6월 12일까지 연구용역 수행업체 신청 접수를 받는 등 현재 연구용역 준비단계에 있다"며 "관련 법령제도 개선, 단계별 시나리오 제시 등 남북 신재생에너지 협력과 관련된 사안은 아직 구체적으로 확정된 바가 없다"고 밝혔다(『에너지데일리』 2018.5.28). 구상 차원에서 연구가 시작되면서 관련된 제도를 개선하는 등의 준비가 동시에 진행되어야 할 것으로 보인다.

이외에도 여러 가지 방식으로 남북 환경 관련 협력이 가능하다는 주장은 이미 다양한 연구자들에 의해 제시되고 있다. 특히 유엔기후변화협약(UNFCCC) 차원의 재정메커니즘과 기술메커니즘을 연계하는 방안을 모색하는 것이 남북한의 기후변화 대응사업을 촉진시킬 것이라는 전망도 제시되었다. 국회 기후변화포럼이 개최한 '기후기술 개발 및 확산을 위한 기후재원 연계 강화 방안' 심포지엄에서는 "유엔기후변화협약 차원의 재정메커니즘과 기술메커니즘 연계 추세에 따라 국내에서도 기후재원과 기후기술 연계를 위한 새로운 기회가 증가할 것이며, 이러한 여건 변화를 배경으로 남북 공동의 기후변화 대응사업이 기후재원-기후기술 연계를 촉진하는 동력이 될 것으로 기대된다"는 의견이 피력되었다(『에너지데일리』 2018.6.19).

특히 녹색기후기금(GCF: Green Climate Fund)은 남북관계가 개선되고 북한을 도울 수 있는 여건이 조성된다면 절차에 따라 지원이 가능하다고 밝힌 바 있으며 북한도 국가감축목표(NDC: Nationally Determined Contribution) 달성, 기후변화 대응 등과 관련한 기후기술 협력에 관심을 표명하고 있는 만큼 남북한 공동으로 기후변화 대응사업이 추진될 가능성이 있다(장우석 2015). NDC를 보다 효과적으로 달성하고자 하는 남북한 정부와 북한 청정개발체제(CDM: Clean Development Mechanism) 사업에 동참하고자 하는 국내외 기업에게 이러한 사업구상은 좋은 기회를 제공해 줄 수 있을 것이다. NDC를 보다 효율적으로 달성하기 위한 국가 전략 차원에서 기후재원과 기후기술 간의 연계가 강화될 수 있을 것이며, 이는 개도국 필요에 부응하는 기후기술의 확산을 위한 연계가 우선적으로 촉진되는 데 기여할 것으로 예상된다. 이와 관련하여 GCF도 자본투입이 적고 규모 확대가 용이하며 수익성이 있는 기술에 대한 지원을 우선적으로 확대할 예정이기 때문에 개도국 여건에 보다 친화적인 기후기술을 식별하는 것도 I&A(기후기술 중개혁신기관)의 역할 중 하나라고 할 수 있으며, 기술보증기금과 기후기술평가모형 및 기후기술정보시스템의 연계가 도움이 될 것이다. 따라서 북한에 대한 소규모 친환경에너지 사업의 전망은 새로운 협력의 장을 열고 있다고 할 수 있을 것이다.

사실 우리가 남북 에너지협력과 관련하여 친환경 사업에 주목할 이유는 분명히 있어 보인다. 남북 화해모드로 남북 에너지협력이 화두로 떠오르면서 다양한 방안의 에너지협력 방안이 관심을 모으고 있는 가운데, 북한 밖에서 생산된 전력 및 에너지를 북한으로 공급하는 대북 송전방안, 북한 내 대규모 발전소 건설에 투자하는 방안이 거론되어 왔다. 하지만 대북 송전과 북한 내 발전소 건설 투자 방안은 북한의 취약한 송전망 등이 결정적인 약점으로 꼽히면서 재생에너지 중심의 협력 방안이 대안으로 제시되고 있다. 현재 거론되고 있는 방안으로는 NLL에 대규모 해상풍력단지 건설, 독립형 가정용 재생에너지 기기 지원, 마을 규모의 소규모 전력망 구축 등이 논의되고 있다.

이 같은 상황에서 환경재단이 개최한 '남북 에너지 협력방안' 세미나에서 CDM 프로젝트를 활용해 북한의 신재생에너지 지원을 해야 한다는 의견이 강하게 피력되었다. 이 방안은 친환경 에너지 시설 건설에 남측 기업이 참여하고 이를 통해 확보한 탄소배출권을 나눠 가질 수 있는 CDM 프로젝트를 통해 장기적인 신재생에너지 보급을 지원하자는 것이다. 이를 통해 북한이 정상국가화되면 공적개발원조(ODA)를 통한 신재생에너지 보급지원도 고려할 수 있다는 것이다(『에너지데일리』 2018.7.13).

이 같은 CDM 프로젝트 활용 주장은 상당한 공감을 모으고 있다. 북한의 에너지 수급구조가 석탄과 수력중심으로 새로운 에너지원 개발에 대한 수요가 높아서 CDM사업에 유리한 조건을 갖추고 있기 때문이다. 북한의 태양광 등 재생에너지 보급 촉진 정책이 CDM사업에 유리한 환경으로 작용하는 것도 이유로 꼽히고 있다. 북한의 탄소배출권 잠재량은 태양광발전이 연간 107억 5천만 톤(연간 경제적 가치 111조 원에 해당), 풍력발전은 연간 965만 톤(경제적 가치 1001억 원), 소수력 발전 연간 635만 톤(경제적 가치 658억 원) 규모에 달하는 것으로 추정되고 있다.

따라서 남북재생에너지 CDM협력 사업은 실질적으로 남북 에너지협력을 현실화할 수 있는 유력한 방안으로 평가된다는 점에서 적극적으로 고려해 볼 만한 정책이다. 특히 CDM협력 사업은 북한지역의 친환경 개발과 한반도 평화를 동시에 추구할 수 있을 것으로 기대된다는 점에서 더욱 그렇다. 다만 성공적인 CDM협력 사업을 위해서는 민간기업이 선도적인 투자에 나서기 어려운 만큼 에너지 관련 공기업이 먼저 투자하고, 민간기업이 후에 참여하는 방법이 바람직해 보인다.

아울러 중국, 러시아 등 주변국들에게 북한 개발 주도권을 빼앗기지 않으면서 국제적인 협력틀을 발전시킬 수 있도록 남북 당국자 간의 대화도 지속적으로 이뤄져야 할 것이다. 이를 위해서는 북한이 에너지 문제를 해결하고 경제 회생의 발판을 마련하도록 지원함으로써 남한이 대북 투자의 주도권을 확보할 수 있어야 한다. 이 같은 과정을 통해 남북 CDM 협력사업이 성공적으로 진행되고 발전량이 증가하게 되면서 북한의 소득수준도 향상되는 것은 물론 남북 통일 내지 통합을 위한 비용도 크게 감소될 수 있을 것이다.

2. 국제적 협력 방안

1) 동북아 슈퍼그리드와 북한

'동북아 슈퍼그리드 구축' 구상은 러시아와 중국, 몽골, 한국, 일본 등 동북아시아 국가 간 전력망을 연계하는 사업이다. 몽골과 중국의 풍부한 풍력과 태양광 에너지를 한·중·일 전력망과 연계해 공동 활용하는 가로축과, 러시아 극동지역의 수력, 천연가스 등 청정에너지를 활용하는 세로축, 두 개의 축으로 구성된다. 몽골 고비사막의 재생에너지 활용 잠재량은 풍력이 연간 1110Twh, 태양광이 1500Twh로 추정되며 러시아 극동지방의 수력은 연간 1139Twh로 이를 동북아 국가들이 활용한다는 방침이다(『연합뉴스』2018.5.5).

동북아의 전력망 연계 논의는 2016년 3월 한국 전력공사와 일본 소프트뱅크 그리고 중국 전력회사 간의 양해각서를 바탕으로 진행된

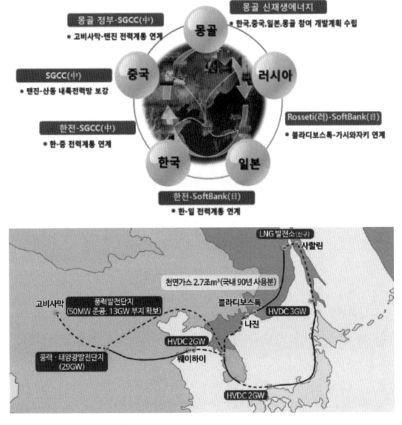

그림 2 동북아시아 슈퍼그리드 구상
출처: 북방경제협력위원회 홈페이지.

한-중-일 전력연계 사업의 예비타당성조사 결과 경제적 및 기술적 타당성이 검증되면서 주목을 받게 되었지만, 북한과 관련된 문제는 아니었다. 도리어 2006년 한국과 러시아가 한-러 전력협력 합의각서를 교환하고 2009년부터 2016년 사이 세 차례의 공동연구를 통하여 남-북-러 전력망 연계사업의 가능성을 타진한 것이 북한에 대해 직접적인 관련이 있다. 공동연구에서는 남-북-러 3-터미널 고압직류송전(HVDC) 방식의 연계망 구축 등 다양한 계획안이 검토되었다. 해당 계획의 요점은 블라디보스토크와 평양 그리고 서울에 변전소를 설치하여 1000km 내외의 다단자망 HVDC를 구성하는 것이었다. 이뿐만 아니라, 최근 들어서는 이 동서축과 남북축이 동시에 고려되면서 동북아 수퍼그리드 구상이 좀 더 지역적 성격을 띤 프로젝트로 발전해 가고 있다.

한국의 입장에서 동북아 전력협력의 기본축을 슈퍼그리드 구축에 두고 한국의 역할을 강화해 나가려는 구상도 나오고 있다. 최근 한반도 정세의 변화와 더불어 기술적으로는 초고압직류송전(HVDC) 기술의 발전이 가속화되면서 동북아 슈퍼그리드 구축의 현실성이 높아가고 있으며, 동북아 전력시장의 형성을 위한 노력을 통하여 한국은 남북한 및 동북아 전력협력사업 병행을 통해 동북아 에너지 허브국가로 도약할 수 있다는 주장들도 나오고 있다(『에너지데일리』 2018.7.9).

2018년 6월 러시아를 방문한 문재인 대통령은 푸틴 대통령과의 회담을 통해 가스관과 전력망 분야에서의 협력을 위한 연구를 제안하였으며, 이는 북한을 포함하는 남-북-러 삼각협력의 중심축으로 부상할 가능성이 높아 보인다. 이를 실현하기 위하여 한국전력-러시아전력회사(ROSSETI)는 양해각서를 체결하고 공동연구를 추진하기로 했다. 한-러 정상회담 기간 중 경제사절단 일원으로 참가한 한국 측 및 러시아

측 관계자들은 러시아 천연자원을 공동으로 개발·활용하며 한-러 간 전력계통을 연계하기 위해 양국 간 전력망 연결에 대한 예비타당성 조사를 공동으로 시행하겠다고 약속하였다. 또한 배전망 시범사업을 위한 공동연구도 진행하기로 하여 한전의 배전망 기술과 노하우를 러시아에 전수할 수 있는 계기가 될 것으로 기대된다. 이는 북한의 전력망 사업과 관련된 한-러 협력의 틀이 삼각협력으로 확대될 수 있는 기초를 마련하게 될 것으로 보인다. 또한 한전은 동북아 슈퍼그리드 추진을 위해 2017년 12월 중국의 중국국가전망(SGCC) 및 글로벌에너지연계 개발협력기구(GEIDCO)와 한-중 전력연계 사업개발을 위한 양해각서(MOA)를 체결한 바 있으며, 현재 한-중 간 정기적인 회의와 검토를 통해 전력연계의 타당성을 검토하고 있는 것으로 알려지고 있다(『에너지데일리』 2018.6.24; 『에너지데일리』 2018.6.25).

동북아 슈퍼그리드를 구축하는 과정은 남-북-러 전력망을 연결하는 사업을 포함해야 한다. 이미 언급한 바와 같이 남-북-러 전력망은 초고압 광역대용량 송전망을 설치하여 북한을 경유하는 형태로 구축될 수 있다. 이러한 전력망은 러시아에 발전소를 건설하여 러시아 내에서 생산된 석탄과 가스로 전력을 생산하고, 송전선을 통하여 한국에 전달하여 다시 북한으로 공급하는 구조로 구성됨으로써 전력 차단에 대한 우려를 불식시킬 수도 있다. 이 경우, 북한의 송전망 몰수 등에 대응하기 위하여 북한을 경유하는 송전선을 러시아가 소유하는 등 정치적인 위험을 최소화하기 위한 장치를 같이 마련하면 더욱 안전해질 수 있다.

이 같은 전력망 구축에 대한 사업을 포함하여 향후 동북아 지역 내 전력협력을 구체화하기 위해서는 먼저 전력망을 운영할 역내 협의기구를 발족하여야 할 것이다. 이 기구를 통하여 동북아 6개국은 국가별 전력 협력과 관련된 정보와 이익을 조정하고 규범을 구축하여야 한다. 한국은 협의기구 내에서 북한, 중국, 일본을 포섭할 수 있도록 적극적이고 주도적인 역할을 수행할 필요가 있다. 협의기구 구조나 역할은 현재 EU나 UN 내 설치된 다양한 다자기구를 참고할 수 있다(이성규 외 2017). 협의기구가 창설되면, 동북아 6개국은 당사국과 주변국을 슈퍼그리드 공동 투자에 유치하고, 협력에 걸림돌이 될 수 있는 제도들을 해소하는 등 슈퍼그리드 착수를 위한 조건을 조성할 수 있다.

슈퍼그리드 구성으로 동북아 6개국은 역내 평화 정착과 경제적인 이익을 공유하겠지만, 국가별로 얻게 될 득과 실은 다소 달라질 수 있다. 먼저, 한국의 경우 슈퍼그리드 구성으로 물적 인프라가 연결되어, 계통연결은 남북 평화체제 정착에 기여할 것으로 보인다. 한편, 한국은 슈퍼그리드 구축 과정에서 주도적인 역할을 수행하여야 하는데, 이때 역내 국가들을 포섭하고 인프라를 건설하는 과정에서 재정 부담이 커질 가능성이 있다. 북한은 슈퍼그리드 연결로 자국 내 에너지난을 해소할 수 있겠으나, 개방을 체제의 위협요소로 여길 수도 있다(윤재영 2013). 그럼에도 남-북-러 전력계통 연계를 비롯한 동북아 슈퍼그리드 연계는 북한의 개혁, 개방 기조를 유인하고 갈등요소를 제거할 수 있는 정책수단으로 활용될 수 있다는 점도 고려하여야 한다(성원용 2010).

2) 동북아 천연가스망 구축과 북한

러시아와의 남-북-러 파이프라인가스(PNG) 사업도 다시 주목을 받고 있다. 남북 정상회담 직후인 4월 29일 문재인 대통령과 블라디미르 푸틴 러시아 대통령은 전화를 통하여 남-북-러 삼각협력 사업이 필요하다는 것에 합의하였다. 푸틴 대통령은 남북 정상회담의 성과가 남-

북-러 삼각협력 사업으로 이어져야 할 것을 역설하였다.

국내에서도 이 사업에 대한 논의가 다시 활발히 전개되고 있다. 최근 외교부가 주최한 '동북아 가스파이프라인·전력그리드 협력 포럼'에서 전문가들은 여러 가지 난관이 있지만 어느 때보다도 남-북-러 PNG 사업의 가능성이 크다는 데 의견을 같이 했다. 전문가들은 '남-북-러 가스파이프라인'에 참여하는 모든 국가에 이익이 공유될 것을 근거로 프로젝트가 성사될 수 있을 것으로 전망하였다. 러시아는 이 프로젝트를 통하여 동북아시아 시장을 선점하고 대 동북아 수출을 확대할 수 있는 호기로 보고 있으며, 한국의 입장에서 고려해 볼 때에도 러시아산 가스 도입은 가스 수입 다변화를 도모할 수 있고, 북한은 통과 수입을 올릴 수 있다는 장점을 활용할 동기도 충분하다(『에너지데일리』 2018.5.8).

하지만 무엇보다 한반도 주변 상황의 변화가 가장 커다란 호(好)조건이다. 남북 그리고 북미 정상회담이 성사되는 등 한반도의 평화 분위기가 조성됨에 따라 그동안 논의가 중단되었던 '남-북-러 가스파이프라인' 프로젝트 논의가 재개되고 있다. 한 포럼에 참석한 강경화 외교부 장관은 남북 관계가 해빙기를 맞고 있는 가운데 러시아 가스파이프라인 프로젝트가 진전되고 여기에 북한이 참여하게 된다면 한반도 긴장 완화에 획기적 전환점이 될 것이라며 이런 점에서 동북아 가스파이프라인에 대한 논의는 시의적절하다고 평가했다(『에너지데일리』 2018.4.5).

물론 국제 천연가스 시장의 변동, 미국의 셰일가스가 아시아 시장으로 진출하는 등의 변수들이 증대되고 있는 한편, 한국 입장에서는 LNG와 PNG의 활용 방안에 대해 내부적으로 정책적 정리가 안 된 점 등의 변수가 존재한다. 하지만 이 사업을 통하여 북한의 부족한 에너지원에 대한 분명한 해법을 마련할 수 있다는 점에서 남-북-러 가스관사업은 근본적 전제부터 적극적으로 검토되어야 할 것이다(『에너지데일리』 2018.5.10).

러시아와의 남-북-러 PNG사업은 2018년 6월 문재인 대통령의 러시아 국빈방문 시 논의되었다. 한국 가스공사와 러시아 가즈프롬은 한-러 가스관 연결과 관련한 공동 연구에 합의했으며, 양사는 이를 통해 사업의 경제성과 기술성에 대한 검토를 추진해 나갈 계획이다. 또한 가스공사와 러시아 노바텍社는 북극 LNG-2 협력 양해각서를 체결하고 노바텍社가 러시아 기단 반도에서 추진 중인 북극 LNG-2 프로젝트와 관

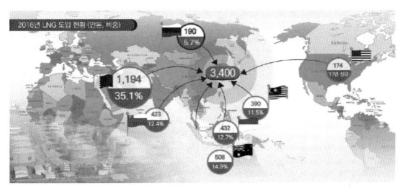

그림 3 2016년 LNG 도입 현황(만톤, 비중)
출처: 북방경제협력위원회 홈페이지.

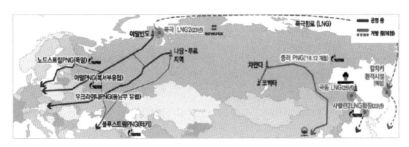

그림 4 러시아 주요 PNG·LNG 프로젝트 현황
출처: 북방경제협력위원회 홈페이지.

런한 협력 방안을 모색하기로 했다(『에너지데일리』 2018.6.24).

이 같은 동북아 가스 시장의 변동과 남-북-러 가스관 사업의 재활성화 가능성으로 인하여 북한에 대한 에너지협력의 중요한 전제들이 바뀌어 갈 수 있는 조건이 마련되고 있다(『에너지데일리』 2018.6.20). 문재인 대통령은 러시아 방문 시 러시아 언론과 인터뷰에서 가스, 전기, 철도분야부터 남-북-러 3각 협력이 빠르게 시작될 수 있을 것으로 내다보면서 향후 남북 평화체제가 구축된다면, 한-러 협력에 북한이 참여할 수 있게 될 것이며, 이는 곧 북한의 경제와 국가발전에도 큰 도움이될 것이라고 설명하였다. 문 대통령은 러시아 천연가스가 가스관을 통하여 북한과 한국으로 공급될 뿐만 아니라 더 나아가 일본에 해저터널로 공급될 수 있을 것으로 내다보았고, 러시아에서 생산된 전력이 북한과 한국으로, 나아가 일본으로까지 공급된다면 이것이 유라시아 대륙의 공동번영을 촉진하는 길이 될 것으로 전망하였다.

총체적인 방안을 정리한다면, 동북아 천연가스망을 구축하고 여기에 북한을 참가시키기 위해서 양자 및 지역 수준의 협력 방안이 필요하다. 먼저 양자적인 차원에서 한국 정부는 북한 핵문제를 해결하고 한반도 평화체제 및 천연가스망 정착을 추진하기 위한 실무팀(TF)을 구성하여야 한다. 해당 팀은 남북 천연가스관 일정과 목표 등을 논의하고, 향후 러시아의 천연가스 수입과 에너지 분야에서 러시아와의 협력의 기본 방향을 설정하는 과제를 수행할 것이다. 한-러 차원에서는 민관 차원에서 전략적인 투자가 진행되어야 한다. 양국 정부와 민간 부문은 급변할 수 있는 한반도 상황에 대비한 에너지협력 방안을 모색하여야 하며, 러시아의 상류 부문과 한국의 하류 부문에 교차투자를 진행함으로써 더욱 협력을 공고화하는 것도 방법이 될 수 있다. 한편 지역적인 차원에서 한국은 북한 및 러시아를 비롯하여 동북아시아 국가들과 PNG와 LNG 모두 통용될 수 있는 동북아 공통의 천연시장을 구축하고 이를 위한 거버넌스 설정과 민관 협의와 조정 과정에서 각국의 협력을 이끌어내야만 한다.

V. 결론

21세기 기후변화의 도전과 신(新)기후체제 발족으로 세계 각국은 에너지 안보의 극대화와 온실가스 배출 최소화를 동시에 달성하여야 하는 상황에 직면하였다. 이러한 상황에서 개별 국가단위로 추진되었던 에너지안보의 관념이 지역적, 국제적인 차원으로 확대되었으며, 개별 이익의 확보보다 기후변화, 신재생에너지, 신성장동력, 지역 간 에너지 연결 등 공동의 이익 창출로 전환되었다. 위와 같은 에너지체제의 환경 변화에 따라 북한의 에너지 문제를 해결하고, 에너지 분야의 남북 협력, 더 나아가 동북아 단위의 지역적 협력을 구축하기 위하여 북한의 에너지 문제를 파악하고 해결 과제를 선정하는 것이 선행되어야 한다.

현재 북한은 대내적으로 자력갱생을 위한 폐쇄적 에너지정책을 장기간 추진하는 한편, 외화 부족으로 인한 설비 노후화, 에너지원 자체의 공급 악화가 산업 생산 저조로 이어지는 전력난의 악순환에 처해 있다. 2013년 북한의 발전량은 전체 발전설비 724만 kW 중 34.8% 수준이며, 이는 남한 설비의 1/12, 발전량의 1/23에도 미치지 못한다. 2016년 기준 북한의 에너지믹스는 석탄과 수력이 70%이상을 차지하고 있는 것으로 알려졌으나, 북한은 외화 확보를 위하여 석탄을 중국에 수출하면서 북한의 에너지원 수급구조가 크게 왜곡되고 있다.

북한이 자구책으로 위에서 언급된 문제들을 해결하기는 한계가 있다. 북한의 경제사정이 어려워 노후화된 설비를 개·보수하기에는 어려움이 존재하며, 송·배전망 정비 사업도 막대한 자금이 투자되어야 하는 상황이며, 대외적 개방을 통한 국제적 에너지협력이 필수적이다. 하지만 북한의 국제적인 에너지협력을 위해서는 비핵화와 신뢰 구축이 선결되어야 한다. 이를 위하여 남북의 전문가들은 사전에 북한의 에너지체제 개선 노력을 이끌어내면서 국제적인 차원에서 에너지 분야의 협력을 이룰 수 있는 방안을 사전에 논의하며, 이를 위한 교류가 재개될 필요가 있다. 남북 에너지협력은 남북 경제적 공동체 건설을 촉진하기 위한 분업체계 구축과 경제성을 확보하는 방향으로 논의되어야 하며, 남북협력의 안정화, 제도화 방안을 모색하고 새로운 지역협력으로 확대될 수 있는 것이어야 한다.

북한 에너지 문제 해결을 위하여 가능한 남북 양자 간 협력은 한국 정부가 북한 내 화력 및 풍력 발전소 건설과 신재생에너지 분야 발전을 지원하는 것이다. 북한은 석탄을 비롯한 풍부한 광물자원과 풍력발전소 건설에 유리한 조건을 갖추고 있어, 양국 간 발전소 건설 사업은 수월하게 진행될 것으로 전망이다. 특히, 풍력발전소는 화력발전소에 비하여 건설 기간이 짧아 단기적으로 북한 주민들이 직면한 전력난을 해소할 수 있을 것으로 보인다. 향후 단계적으로 북한에 소형, 중형, 대형 풍력단지를 구성하여 북한의 전력난 해소와 신재생에너지 전환을 유도하며, CDM 프로젝트를 통하여 북한에 신재생에너지 보급을 장기적으로 지원하는 것도 고려할 수 있다.

한국은 국제적인 차원에서 북한 에너지 문제를 해결하는 데 주도적인 역할을 수행할 수 있을 것으로 보인다. 먼저 동북아 5개국(몽골-중국-러시아-한국-일본)의 전력 계통을 연결하는 동북아 슈퍼그리드에 북한을 참여시켜 북한의 에너지 문제를 해결하고 한반도, 더 나아가 동북아 지역 내 평화체제를 안착시키는 것이 가능하다. 이 과정에서 계통망의 건설을 위한 투자를 유치하고, 제도적 걸림돌을 해소할 수 있는 협의기구가 마련되어야 하며, 한국은 협의기구의 창설과 안건 설정에 적극적인 모습을 보여야 한다. 또한, 최근 남북 간 긴장 완화로 남-북-러 천연가스망 연결에 대한 논의가 재개되고 있다. 문재인 대통령의 러시아 방문 당시 남-북-러 PNG를 통하여 한국의 가스 수급을 비롯하여 북한의 에너지 문제를 극복할 수 있다고 언급하였으며, 더 나아가 동북아 천연가스망으로 확대할 의사를 내비쳤다. 이를 위해서는 한국은 북핵 문제 해결과 천연가스망 건설을 목표로 하는 실무팀을 구성하고, 러시아와는 전략 투자를 통하여 에너지 부문 협력을 강화하여야 한다. 한편, 지역적인 차원에서 한국은 동북아 천연가스망을 운영할 수 있는 민관 차원의 합의와 협력을 이끌어 내야만 할 것이다.

지난 6월 열린 제8차 전기산업 통일연구협의회 세미나에서 한 전문가의 주장은 귀를 기울여 볼 만하다. 남북 간 긴장이 완화되는 상황에서 남북 에너지협력은 전력을 시작으로 소규모 신재생 에너지, 에너지 거점, 동북아 연계 전력망 등으로 단계적으로 확대되어야 하며, 현 시점에서 동북아 슈퍼그리드는 기술적으로도 충분히 구현 가능하다는 것이다. 그에 따르면, 북한은 높은 신재생에너지 및 광물자원 잠재량을 지니고 있으며, 이를 바탕으로 신재생+ESS 중심의 전력 공급이 이루어지는 것이 바람직하다고 설명하면서, 나아가 남북 교류 효과를 극대화할 수 있고, 군 시설 등 위험요소가 없는 원산에 에너지 거점을 두고 이를 중심으로 전력 보급을 활성화하여야 한다고 주장하였다. 또한 남-북-중-러를 중심으로 하는 전력망이 필요하며, 북한의 전력망 사정을 고려한 고압직류송전(HVDC) 방식으로 연계가 이루어져야 한다는 주장은 타당해 보인다(『에너지데일리』 2018.6.27).

이 같은 상황에 기초하여 정책적 고려를 위한 제언을 정리해 보면 다음과 같다. 북한 에너지 문제를 해결하고, 남북한 협력을 위해서는 수준별 정책을 마련하고 종합화할 필요가 있다. 먼저 남북 양자 수준에서 북한의 에너지 문제를 해결하려면, 한국 정부가 주도적인 역할을 맡아 전력과 천연가스망 연계를 추진하여야 한다. 이 과정에서 한국은 북한의 에너지 및 자원 현황을 정확히 파악하고, 남북 대화를 시작으로 단계적으로 협력의 규모를 확대하여야 할 것이다. 남북 간 연계를 성공적으로 안착시키고, 북한 에너지 문제를 더욱 효과적으로 해결하기 위해서는 지역적 수준에서의 협력이 이루어져야 한다. 한국은 전력, 천연가스망이 직접 연결되는 중국과 러시아와의 협력을 통하여 지역 내 전력 및 천연가스 운영을 위한 협의기구를 설치하고, 운영 절차나 법제에 대한 합의를 이끌어 내어야 한다. 이러한 협력을 위해서는 남북협력 전략이 동북아 지역 전력과의 조화가 이루어져야 한다. 한편으로는 북한을 우회하면서도 포괄할 수 있는 체제를 구축하는 방안을 고려할 필요가 있다. 북핵 문제 등 장애 요인이 해소될 때까지 북한 환원주의에 빠지지 않도록 주의하여야 한다. 한국은 북한이 개방을 체제 위협으로 인식하거나 내부 정치 상황 변화로 에너지협력에 유보적인 태도를 취하는 경우를 대비하여 한반도를 둘러싸는 환(環)한반도에너지협력 체계를 구축할 필요가 있다. 이 경우, 향후 북한을 수용할 수 있는 여지를 열어두는 기조를 유지하여 북한에 에너지협력 체계 참여의 유인을 제공하여야 한다.

　북한 에너지 문제를 4차 산업혁명과 연계하여 그 해법을 찾아가는 방안도 매우 시의적절한 접근법이 될 수 있을 것이다. 북한 에너지 시스템(현재 에너지 1.52.0 상황)의 향후 발전 경로를 현재 에너지 4.0에 진입 시도 중인 한국의 발전 경로를 그대로 적용하기는 어렵다. 이보다 4차 산업혁명의 기술적 성취를 활용하면, 북한의 화석연료 활용 시기를 최대한 단축하는 거시적인 전환 구도를 마련할 수 있을 것이다. 남한과 북한은 태양광, 풍력 등 친환경 발전시스템 구축, 마이크로스마트그리드 체제 구축을 통한 효율적 생산-소비 체제 마련, 지역 전력망 연계 체제를 활용한 개방적 전력구조의 확산, 에너지체제 전환 비용을 획기적으로 감축시킬 수 있는 계획 등을 함께 수립하여야 하고 이를 추진해 나갈 수 있을 것이다. 이는 한국에 개발도상국의 에너지전환 과정에 대한 실질적인 경험을 습득하고 확산시킬 수 있는 자산을 확보할 기회가 될 수 있을 것이다. 물론, 전환의 시기 북한의 화석연료 사용을 피할 수 없다면, 가교 연료(Bridging Resource)로 각광받는 천연가스 사용 확대를 고려할 수 있다.

　에너지 문제의 안보적, 경제적 속성을 활용하여 북한 에너지 문제를 해결하고 남북의 협력을 이루는 것도 하나의 방안이 될 수 있다. 과거 한반도에너지개발기구(KEDO)나 9·12 합의를 교훈 삼아 북한의 에너지 문제의 체제전환이 지닌 중요성을 남, 북한이 재인식하고, 해결방안을 모색할 필요가 있다. 위에서 언급한 에너지 문제의 양가적 속성을 활용하면, 에너지협력을 통한 북한의 체제전환을 유도할 수 있을 것이다. 특히 에너지 문제 해결을 위한 대북 협력 청사진은 유인책의 핵심적인 내용이 될 것이며, 북한의 경제 체제전환 시도의 성패를 가리는 실질적 요인으로 작용할 것이다. 이러한 상황에서 한국은 남북협력의 진전에 따른 영향을 최소화하고, 에너지협력을 남북협력 전반으로 확대할 수 있는 전략적 사고에 기초한 접근을 유지하여야 할 것이다.

참고문헌

논문 및 정책보고서

국회예산정책처. 2018. 『NABO 산업동향 & 이슈』 제7호.

김경술. 2018. "남북 전력협력 시대의 대비." 『전기저널』 2018년 7월호.

김경술 외. 2013. 『북한 에너지 소비 행태 조사분석: 가정/상업/공공기타 부문의 에너지 소비형태』, 에너지경제연구원.

김경술 외. 2014. 『북한 민생용 에너지 문제 해결방안 연구』, 에너지경제연구원.

김규륜. 2001. 『남북한 에너지분야 교류·협력 발전방향』 통일연구원 연구총서 2001-18.

김영윤. 2010. "녹색평화의 시각에서 본 남북경협과 대북지원." 『통일과 평화』 2집 1호.

박정원. 2016. "북한의 「전력법」 분석과 남북한 전력법제 통합방향." 『법학논총』 28-3.

성원용. 2010. "러시아 극동지역의 전력공급체계와 남-북-러 전력계통 연계." 『JPI 정책포럼』 2010-36, 제주평화연구원.

윤재영. 2013. "동북아 SUPERGRID 구상과 전망." 『세계 에너지시장 인사이트』 제13-13호.

에너지경제연구원. 2018. "에너지 수급 브리프." 6월호.

이성규 외. 2017. 『동북아 슈퍼그리드 구축사업 관련 해외 사례분석과 시사점』, 에너지경제연구원.

장우석. 2015. 『남북 재생에너지 CDM 협력사업의 잠재력』, 현대경제연구원.

홍순직. 2015. "북한의 전력난 현황과 남북 협력 방안." 『통일경제』 1호.

Smil, Vaclav. 2003. *Energy at the Crossroads,* MIT Press; New Jersey.

Yeo, M.J. & Kim, Y.P., 2018. "Electricity supply trend and operating statuses of coal-fired power plants in North Korea using the facility-specific data produced by North Korea: characterization and recommendations," *Air Qual Atmos Health,* Vol.11.

언론기사 및 사설

김일중. 2018. "한전-러 로세티, '한-러 전력계통 연계를 위한 공동연구 MOU'." 『에너지데일리』 (2018.6.24).

변국영. 2018. "'남-북-러 PNG' 프로젝트가 다시 뜨고 있다." 『에너지데일리』 (2018.4.5).

_____. 2018. "남북 관계 '훈풍' 타고 에너지협력 사업이 뜨고 있다." 『에너지데일리』 (2018.5.8).

_____. 2018. "남북 신재생 협력 모색한다." 『에너지데일리』 (2018.5.28).

_____. 2018. "남북 공동 기후변화 대응사업 가능성 커졌다." 『에너지데일리』 (2018.6.19).

_____. 2018. "가스·전기 남북러 3각 협력 빠르게 진행될 수 있다." 『에너지데일리』 (2018.6.20).

_____. 2018. "북한 풍력단지 조성 "중소규모 독립형 시스템 먼저 보급해야"." 에너지데일리 (2018.7.16).

이진수. 2018a. "남북 접경지에 '평화발전소' 건설 추진된다." 에너지데일리 (2018.5.8).

＿＿＿. 2018b. "북한 에너지 자력갱생 근간 흔들려." 『에너지데일리』 (2018.5.10).

송병훈. 2018. "한전, 한-러 전력연계 공동연구 시작한다." 『에너지데일리』 (2018.6.25).

＿＿＿. 2018. "남북 전력협력, 신재생에서 수퍼그리드까지 가능하다." 『에너지데일리』 (2018.627).

＿＿＿. 2018. "동북아 슈퍼그리드 통해 에너지 허브국가 도약 가능." 『에너지데일리』 (2018.7.9).

조남준. 2018. "동북아 가스시장, 유동적 LNG시장 구축 기회 활용해야." 『에너지데일리』 (2018.5.10).

＿＿＿. 2018. "남-북-러 3각 협력 전력·가스 분야 공동연구 추진." 『에너지데일리』 (2018.6.24).

"전남도 "동북아 국가 간 전력망 연계 핵심 역할 추진"." 『연합뉴스』 (2018.5.5).

[사설] "남북 에너지 협력, CDM프로젝트 주목해야 하는 이유." 『에너지데일리』 (2018.7.13).

[사설] "남북 에너지 협력, 북한 에너지 현황파악이 우선이다." 『에너지데일리』 (2018.6.15).

이미지

북방경제협력위원회 홈페이지(http://www.bukbang.go.kr)

2부

정보통신 분야의 기회와 도전

제4장

북한 IT 현황과
남북 IT협력의 과제

김유향 국회입법조사처

I. 머리말

현재 남북관계는 새로운 전환기를 맞이하고 있다. 갈등과 대결에서 평화공존으로 새로운 전진의 기로에 서 있다. 햇볕정책으로 대표되는 국민의 정부와 참여정부의 대북한 포용정책으로 급격히 확대되었던 남북한 교류협력은 지난 11년의 정권을 거치면서 급속히 냉각되고 단절되었다. 그 결과 남북경제협력은 물론 남북관계의 진전 및 경색의 와중에서도 정치적 요인과 관계없이 간헐적이나마 유지되어 왔던 민간 차원의 사회문화적 교류도 사실상 완벽하게 중단되었다.

그러나 2018년 일련의 남북정상회담과 북미정상회담 이후 한반도를 둘러싼 기류가 급속히 변화되고 있고, 남북한의 평화공존에 대한 희망이 조금씩 싹트고 있다. 최근 북한의 변화에 대해서는 중국의 1980년대 수준으로 시장경제적 요소를 이미 도입한 것으로 평가하는 연구도 있으며, 북한의 남북정상회담, 북미정상회담 추진은 1990년대 중국

정부가 시장개방정책을 펼치던 것과 유사한 것으로 보는 견해도 등장하고 있다(三村光弘, 2018). 지난 단절의 시간 동안 북한의 변화를 짐작케 하는 견해이다. 북한의 변화와 더불어 남북한 협력의 움직임이 이루어지는 과정에서 특히 주목받고 있는 분야가 남북 IT협력이다. IT협력은 현재 IT산업이 세계 경제를 주도하며 이른바 4차 산업혁명을 추동하는 산업이라는 점에서뿐만 아니라, 남북한이 모두 주요 성장동력으로 발전에 주력하고 있는 산업이기 때문이다. 또한 과거 남북한 협력의 시기에 제조업 중심의 경제협력이 북한의 열악한 사회간접자본과 투자환경의 불안정 등으로 인해 기대 수준만큼 발전하지 못하였던 반면, IT협력은 지속적 성과를 냈던 분야였다.

최근 북한IT 부문 및 기술수준에 대한 관심과 더불어 남북 IT협력이 다시 주목받고 있지만, 남북한 협력의 토대가 될 남북한 IT부문의 환경이 이전과는 근본적으로 달라졌다는 것을 명확히 인식해야 한다. 달라진 것은 인공지능(AI), 사물인터넷(IoT), 빅데이터, 블록체인 등으로 대표되는 IT산업의 새로운 기술혁신뿐 아니라, 남북한 IT산업 생태계의 모습도 11년 전에 비해 크게 변화했다는 것이다. 특히 남한은 물론이거니와 북한의 변화는 놀라울 정도이다. 핵무기와 미사일, 경제적 어려움으로 상징되던 이미지와 더불어 인터넷 불통국가, 낙후된 통신과 IT기술 등으로 대표되던 북한은 이동통신의 보급 확대, 해킹 및 소프트웨어 관련 기술의 발전이라는 큰 변화를 보이고 있다. 이러한 변화로 인해 남북한 IT협력의 가능성과 향후 발전방향이 더욱 주목받고 있는 것이다.

남북 IT협력은 단순한 경제협력만이 아니라 남북한 사회문화적 협력까지 포괄하는 것으로, 궁극적으로 남북한 주민의 커뮤니케이션의 진전으로 이어져 남북한의 통합과 평화적 공존에 기여한다. 그리고 무엇보다도 미래 한반도의 국가발전을 주도할 성장동력이 될 수 있다. 본 연구는 남북 IT협력의 과제를 도출하기 위해 현 단계 북한의 IT부문 현황을 정리·평가하고, 이에 기초하여 바람직한 남북 IT협력의 방향을 제시하고자 한다.

II. 남북 IT협력의 필요성과 의미

1. 남북 경제협력의 실태

남북한 교역은 1988년 "7·7선언"과 그해 10월의 "남북 물자교류에 관한 기본지침"을 통해 남북 물자교류를 전격적으로 허용하면서 시작되었지만, 1988-1990년까지 남북교역은 시험단계였기에 2천만 달러에 불과하였다.[1] 이후 남북고위급회담의 진행과 기본합의서 체결, UN동시가입 등의 정치적 관계의 발전과 함께 1991년부터 급격히 확대되기 시작하여 이해에 1억 1천만 달러, 1992년에 1억 7천만 달러, 그리고 2000년 남북교역은 4억 2,500만 달러로 사상 최고치를 기록하였다. 이 기간 동안 남한은 1995년 이후 중국, 일본에 이어 북한의 3대 교역

....

1 남북한 경제교류협력의 역사는 7·4 남북공동성명에서 남북간 합의에 의해 구성된 〈남북조절위원회〉 내에 〈경제분과위원회〉를 두고 경제교류에 대한 구체적 제안들을 논의하였던 시기까지 거슬러 올라갈 수 있다. 그러나 남북한 교역이 실질적인 의미를 가진 것은 남북고위급회담이 본격화된 1991년 이후 "남북기본합의서" "부속합의서" "남북교류·협력 부속합의서"가 채택되면서부터이다.

국으로 자리매김하였으며, 북한의 대남 무역의존도도 약 18%에 달하면서 남한은 북한경제에서 매우 중요한 위치를 차지하였다.

그러나 남북교류의 단절 기간 동안 남한은 북한의 주요 무역 상대국에서 탈락하였으며, 〈그림 1〉에서 알 수 있듯이 그 자리를 중국, 인도, 러시아, 태국 등이 차지하고 있다. 특히 지난 기간 동안 북한의 중국에 대한 교역 의존도는 더욱 확대되어 수출입 양면에서 약 80% 이상을 차지하고 있다.

물론 과거에도 남북 경제협력이 무한정 확대된 것은 아니었으며 오히려 단절적이면서 부진을 면치 못하였다. 이는 남북한 간의 정치·군사적 불안정성이 여전히 존재한다는 것, 그리고 북한의 개혁·개방에 대한 미온적 태도 등 근본적 조건들에 기인하지만, 무엇보다도 북한의

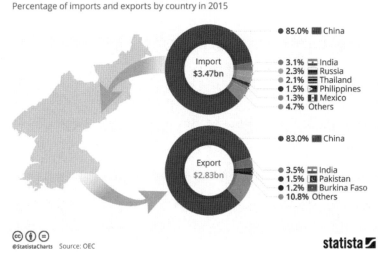

그림 1 북한의 주요 교역 상대국(2015년)

출처: Isabel von Kessel(2017).

열악한 사회간접자본 시설, 자유로운 통행과 통신의 제약, 간접교역 위주의 거래에서 기인하는 채산성 악화, 남북한 경제체제의 차이에 기인하는 북한 시장의 구매력 부족 등의 요인들도 중요하게 작용하였다. 이러한 조건들은 남북관계의 획기적 진전이나 북한의 변화, 그리고 북한 경제의 회복 등이 없이는 극복할 수 없는 요인들이다. 따라서 남북한 경제협력에서는 이러한 조건들의 한계를 제한적이나마 꾸준히 개선해 나가면서 다른 한편으로는 이러한 조건의 영향을 상대적으로 적게 받으면서 남북경제협력을 확대시킬 수 있는 새로운 방식의 경제협력 모델을 모색하는 것이 필요하다. 이러한 측면에서 IT협력은 남북관계의 기본 특징으로부터 완전히 자유로울 수는 없지만, 부분적으로 그 영향을 상대적으로 약화시킬 수 있다는 점에서 중요한 경제협력 모델이다.

2. 남북 IT협력의 의의

남북 IT협력이 다양하게 도모되었던 11년 전에는 IT버블 및 신경제의 실체와 지속성에 대한 논란이 세계적으로 제기되는 상황이었고, 북한정부의 IT전략과 IT부문의 절대적 취약성으로 인해 남북한 IT협력에 대해서도 회의론이 많았다. 그러나 지난 10여 년 세계 경제는 인공지능, 빅데이터, 사물인터넷, 블록체인 등 새로운 정보기술을 중심으로 급격히 변화하고 발전하고 있다. IT기술은 현 단계 세계경제와 각국의 산업을 주도하는 주력 기술이자 산업이면서 또한 기존 산업과 결합하며 기존 산업분야의 생산성 증대 및 첨단산업으로의 변화를 추동하는 분야이다. 북한이 CNC화를 통해 산업의 생산성을 높이기 위해 전 사회적으로 전력을 기울여온 것은 우리가 4차 산업혁명 시대를 주도하기 위한 전략을 고민하는 것과 사실상 같은 맥락이라고 할 수 있다. 인공지능의 시대에는 남한뿐만 아니라 북한에게도 새롭게 등장하는 IT기술을 발전시키고 세계적인 디지털 경제에 적응해가는 것이 매우 중요하다.

2000년대 초반에도 그러하였지만, 최근 들어 남북한 양측의 IT분야 육성 의지는 더욱 공고해져왔다. 북한의 김정은위원장은 당의 새로운 전략적 노선으로 과학기술 집약형 경제개발의 전면적 추진을 선포하였으며[2] 이를 위해 과학기술, 특히 IT분야 교육의 확대는 물론 첨단 과학기술 분야의 발전에 상당한 노력을 기울이고 있다. 남한 역시 현 정부의 '한반도 신경제지도 구상'[3]을 통한 남북한 평화공존이 주된 목표이다. 여기서 남북한의 공통 목표가 도출될 수 있는데, 이는 남북한 간의 경제사회적 협력에 의한 남북한의 발전과 공존이다. 남북한 간의 협력은 어느 일방의 요구와 이익에 기반하기보다 양측 모두에게 실질적 도움을 주는 것이어야 한다고 할 때, 남북한 양측의 이해관계와 목표가 맞아떨어지는 분야가 바로 IT분야이고 따라서 남북한 IT 교류협력이 무엇보다 중요한 과제로 부상하고 있는 것이다.

IT분야는 남북 양측의 정책적 이해가 일치하기 쉬운 부분이라고 할 수 있다. 북한은 외자유치의 어려움과 바세나르체제의 제한으로 인해 첨단기술 도입에 애로를 겪고 있는 상황에서 남한과의 IT협력으로 기술습득과 투자유치 및 다양한 IT분야 프로젝트를 시도하고 그 과정

....

2   조선노동당 중앙위원회 제7기 제3차 전원회의, 2018. 4. 20.
3   한반도 신경제지도 구상은 북핵 문제 해결과 함께 대북 정책의 핵심으로서 남북 간 경협 재개 및 한반도 신경제지도 구상 추진, 남북한 하나의 시장협력을 지향함으로써 경제 활로 개척 및 경제통일 기반 구축을 목표로 한다. 통일부, 「한반도 신경제지도 구상 및 경제통일 구현」 통일부 홈페이지(검색일: 2018. 8. 15).

에서 관련 산업을 발전시킬 수 있다. 남한으로서는 우수한 IT인력의 절대적 부족 상황에서 북한의 훈련된 IT인력을 활용할 수 있으며, 북한과의 다양한 IT 협력을 통해 남한 경제의 성장잠재력을 더욱 극대화할 수 있다. 또한 통신 및 인터넷의 커뮤니케이션 미디어로서의 속성은 한편으로는 북한의 대외협력 확대를 제약하는 측면이 있지만, 다른 한편으로는 북한과의 소통 확대를 통해 남북 간 상호신뢰를 구축하는 데 더유리한 분야라 할 수 있다. 또한 통신, 인터넷 등의 새로운 사회간접자본이자 필수재로서의 속성에 비추어 볼 때, IT협력은 장기적으로 남북한의 격차를 줄이는데도 크게 기여할 수 있다.

즉 남북 IT협력은 장기적으로는 분단 이후 확대되어온 이질화를 극복하고 민족 동질성의 회복에 기여하며, 중기적으로는 사회간접자본으로서의 속성에 비추어볼 때 통일비용의 절감을 가져오며, 단기적으로는 남북 간의 교류과정의 접촉비용을 감소시킨다는 점에서 매우 중요한 의미를 지닌다. IT부문협력의 발전은 정치, 경제, 사회, 문화 전 부문에 걸친 남북한 협력의 확대와 추진에 중요한 역할을 할 것이다.

III. 디지털 북한의 등장 및 IT발전전략

1. 디지털 북한의 등장

남북한 갈등과 단절의 시기였던 지난 10여 년간 북한은 크게 변화했으며, 특히 IT부문의 성장과 변화는 놀라울 정도이다. 이는 사이버공간에서의 북한의 이미지 변화에서 잘 드러난다. 1990년대 후반 이후

2000년대 초반 일시적으로 북한의 IT, 특히 김정일위원장의 소프트웨어 발전전략이 주목을 받았지만, 북한은 전 세계 사람들에게 인터넷 불통국가, IT후진국가였다. 그러나 최근 몇 년 북한은 고도의 사이버전 역량을 가진 국가, 최고의 해커집단과 훈련된 전문 IT인력을 보유한 국가, 이동통신을 비롯한 디지털 기기를 통해 급격히 네트워크화되고 있는 국가로 그 이미지가 급격히 변화되고 있다.

IT분야에서 북한의 이미지를 급격하게 전환시킨 계기는 2013년 구글의 에릭 슈미트(Eric Schmidt) 최고경영자와 빌 리차드슨(William Blaine Richardson) 뉴멕시코 주지사의 방북, 2014년 소니 픽처스 해킹, 2017년 랜섬웨어(Ransomware)인 워너크라이(Wanna Cry)의 세계적 확산과 북한배후설 등장의 세 가지를 들 수 있다.

첫째, 2013년 구글의 에릭 슈미트 최고경영자와 리차드슨 주지사의 방북은 인터넷 블랙아웃(Blackout) 국가 북한이 공식적으로 글로벌 인터넷 공간에 등장하게 되는 계기가 되었다. 이를 계기로 북한은 내부의 3G이동전화를 통해 해외와 연결되었으며, 소셜미디어 공간상에서 북한의 존재를 확인할 수 있게 되었다. 실제로 이들의 방북을 계기로 2013년 1월 21일 북한은 3G 이동전화서비스를 외국인에게도 허용할 것을 발표하였으며, 1월 29일에는 구글의 지도 카테고리에서도 북한 및 평양 지도가 업데이트되는 가시적 변화가 나타났다. 이후 2월 26일에는 북한의 3G망을 이용한 첫 번째 인스타그램(Instagram) 게시물이 북한 주재 AP통신 기자를 통해 이루어졌는데, 이것이 북한 지역에서 발신한 첫 번째 공식적 소셜미디어 포스팅이라 할 수 있다. 이런 일련의 변화를 계기로 암흑 속에 있던 북한의 이동전화 및 소셜미디어 이용환경이 외부세계에 본격적으로 알려지게 되었다.

둘째, 2014년 11월 24일 발생한 소니 픽처스 해킹사건은 세계적으로 북한의 IT역량을 강하게 각인시키는 계기가 되었다. 소니 픽처스 해킹사건은 아직도 해커집단의 정체에 대해서는 명확히 밝혀진 것이 없지만, 당시 소니 픽처스가 북한지도자 암살을 소재로 만든 코미디영화인 '디 인터뷰(The Interview)'의 개봉을 앞두고 있었기에 이를 불편하게 여긴 북한 측 해커의 소행이라는 추정이 많았다. 더욱이 미국의 연방정부수사국(FBI)이 해킹의 배후로 북한을 지목하고, 오바마 대통령까지 북한에 대한 제재를 언급하면서(Miller 2015) 북한의 해킹 및 사이버전 역량에 대한 국제적 관심을 불러일으켰다(Sanger and Perlroth 2014).

셋째, 2017년 5월 전 세계적으로 큰 피해를 입힌 워너크라이의 유포로 다시 한번 북한 IT부문이 세계적 관심의 대상이 되었다. 워너크라이의 무차별 유포로 우리나라를 비롯 74개국에 피해가 확산되었는데, 이 워너크라이 공격이 북한의 소행이라고 지목되면서 역설적이게도 북한의 사이버역량이 다시금 주목을 받았다. 워너크라이 유포의 배후 역시 아직 명확하지 않으며, 다양한 주장과 분석이 제기되고 있다. 그러나 워너크라이를 추적해 온 보안업체들이 소니 픽처스 해킹과의 유사성을 지적하며 북한 배후설을 제기하였고, 미국의 국가안보국(NSA)은 배후로 북한의 정찰총국을 최종 지목하였으며(Nakashima 2017), 미국정부에 이어 영국정부도 12월에 북한을 배후로 지목하였다.[4]

이상의 세 가지 사건을 계기로 북한은 인터넷 블랙아웃 국가에서 그 IT역량을 과시하며 인터넷 공간에 드라마틱하게 등장하였다.

....

4   'Cyber-attack: US and UK blame North Korea for WannaCry', BBC Dec. 19, 2017. 북한은 이를 부인하고 있다. 조선중앙통신, 2018. 1. 27.

2. IT부문 발전전략

북한에서 IT부문 발전이 본격적으로 모색된 것은 1990년대 말부터이다. 이 시기 김정일위원장의 사회주의 강성대국 건설[5]의 실천전략이 과학기술분야 발전과 정보화였다. 김정일위원장은 1998년 2월 8일 '전국프로그램 경연 및 전시회'를 시찰하며 소프트웨어의 개발을 촉진하도록 지시하였으며, 3월에는 최고인민회의 제10기 1차 회의에서 '과학기술발전 5개년 계획'을 발표하였고, 1999년을 '과학의 해'로 지정하며, 전자공학, 컴퓨터 프로그램 등 첨단과학 분야의 발전을 천명하였다.

김정일위원장은 소프트웨어 발전에 기반한 IT입국의 문제의식을 처음으로 고민하고 발전시켰으며 이를 위해 IT관련 정부기관을 정비하고 담당부처를 설치하였으며, 또한 IT인력의 양성을 위한 교육체계 및 연구체계의 정비도 단행하였다(김유향 2001).

먼저, IT 정책 전담 정부기관의 정비를 살펴보면, 북한에서 전자, 정보부문을 담당하는 기구는 전자자동화공업위원회로서 1990년 설치되었으나, IT부문의 발전과 더불어 확대된 전 영역을 총괄하지는 못하였다. 1999년 정보통신부문을 전담하는 기구로서 전자공업성이 설치되면서 산업으로서의 IT부문의 총괄적 관리는 전자공업성이 그리고 통신, 우편부문은 체신성이 담당하는 구조로 정부기구의 재편이 이루어졌다. 또한 1997년 이후에는 '광명'을 중심으로 국가정보망(WAN)이 구축되면서 이의 관리와 국제적 인터넷 접속을 관리하기 위한 기관으로서 중

....

5   북한은 1998년 8월 22일 로동신문 정론을 통해 '강성대국'을 21세기 경제부흥을 위한 국가
    발전전략으로 발표하였다.

앙과학기술통보사와 조선콤퓨터센터(KCC)도 새롭게 정비되었다. 또한 「콤퓨터소프트웨어 보호법」(2003)과 「소프트웨어 산업법」(2004)을 입법하는 등 관련 법제도도 정비하였다.[6]

다음으로, IT인력 양성을 위한 교육 및 R&D의 국가적 체계를 구축하였다. 1990년대 후반 이후 북한은 지식 집약적인 정보통신산업은 인재양성과 교육수준 제고가 필수적이라 판단하고[7] 전문인력을 대대적으로 양성할 수 있는 교육체제를 갖추었다. 실지로 북한은 "과학과 기술, 콤퓨터를 모르면 전진하는 시대의 낙오자가 된다"라는 슬로건하에 전 사회적으로 컴퓨터 교육의 중요성을 강조하였다.[8] 이러한 노력들은 한편으로는 특히 수학교육에 집중하는 기초과학 교육의 강조와 다른 한편으로는 인민학교와 고등중학교 과정에 직접적인 컴퓨터 관련 교육을 강화하는 것으로 나타났다.

북한의 IT전문 인력 양성전략은 크게 연구부문과 교육부문으로 나

....

6   그러나 이런 정책적 전환이 북한에서 통신 및 체신의 의미와 역할까지 근본적으로 변화시킨 것은 아니다. 즉 북한에서 정보통신은 여전히 주민의 생활편익을 위한 수단이기보다는 당의 노선과 정책을 모든 부문, 모든 단위, 모든 노동자들에게 신속 정확하게 전달하는 수단으로 당과 국가의 중앙집권적 통일적 지도를 보장하는 것이다. 따라서 일반적인 통신, 정보통신의 의미와는 여전히 다른 산업으로서의 정보통신만 주목하고 있다고 할 수 있다.

7   조선중앙TV, 2001. 5. 7.

8   북한에서 정보통신산업의 중요성과 이를 위한 컴퓨터 교육의 강조는 특히 2001년 들어 다양한 매체를 통해 이루어지고 있다. 예를 들면, 조선중앙방송은 4월 22일 '과학의 세기'라는 제목의 정론을 통해 '강성대국에로 치달아 오르자면 우리는 반드시 과학을 중시해야 하며 준마를 타고 정보산업의 요새를 점령해야 한다'며 전 사회적으로 컴퓨터 교육의 중요성이 부각되고 있음을 강조하였다. 또한 청년전위는 '당의 신임과 기대에 실력으로 보답하자고 해도, 인민을 위하여 헌신하자고 해도 높은 과학기술을 소유하며 컴퓨터를 알아야 한다'면서 청년들에게 '현대과학과 기술, 컴퓨터 기술을 소유하기 위하여 높은 혁명성과 책임성을 가지고 배우고 또 배워 강성대국 건설에 적극 이바지해야 한다'며 컴퓨터 교육에 적극적으로 나설 것을 당부하고 있다. 연합뉴스, 2001. 4. 24.

누어 진행되었다. 북한의 대표적 IT전문 연구기관으로 대외적으로 알려져 있는 곳은 조선콤퓨터센터(Korea Computer Center, KCC)와 평양정보센터(Pyongyang Informatics Center, PIC), 과학원 등을 들 수 있는데 이들 연구기관은 북한의 IT부문 발전을 선도적으로 이끌어온 기관들이다. 이러한 연구기관들이 사업기관화하면서 분화되고 있는 것이 특징이다.[9]

또한 북한은 인민학교에서 대학에 이르기까지 체계적인 컴퓨터교육시스템을 구축하였는데, 이를 위해 교육성에는 프로그램교육지도국을, 그리고 산하에 프로그램교육센터를 두어 컴퓨터 교육에 대한 연구도 진행하였다. IT전문 인력 양성기관으로는 1999년 김일성 종합대학의 콤퓨터 학부가 콤퓨터기술과학대학으로 확대 개편된 이래 평양전자계산기단과대학이 평양콤퓨터기술대학으로 확대 개편되고, 이후 김책공업종합대학에 콤퓨터공학부가 그리고 리과대학에 콤퓨터과학부가 신설되었다.[10] 2000년 들어서는 평양의 일부 명문대학들 이외에 지방의 대학들에까지 컴퓨터를 비롯한 정보공학강좌가 개설되어 컴퓨터 교육 붐이 조성되는 등 IT전문 인력의 조기발굴 및 양성 시스템을 구축하였다.[11]

....

9   북한의 IT분야 연구개발기관 정비 초기에는 과학원이 명실상부한 북한의 과학기술 관련 최고의 연구 및 교육기관으로서의 위치를 차지하며 리과대학 등과의 연계하에 IT관련 기초부문에 대한 연구 및 원천기술에 대한 연구를 수행하였으며, 조선콤퓨터센터는 정부, 군사 및 공공부문 관련 소프트웨어 개발 및 판매를 주력으로 그리고 평양정보센터는 산업용 소프트웨어 부문을 주요 특화분야로 하여 소프트웨어 개발과 판매를 하는 역할을 수행하였다(김유향 2001).

10   연합뉴스, 2001. 7. 27; 김유향(2001).

11   북한의 컴퓨터, IT부문 영재교육 관련해서는 김유향(2001) 참조.

북한의 IT부문 발전전략은 김정일 정권 아래에서 그 토대를 구축하였으며, 이후 김정은 체제에서는 '새 세기 산업 혁명' 노선으로 계승되었다(변학문 2016). '새 세기 산업 혁명'은 김정은 정권의 경제노선의 핵심개념으로서 새 세기 산업 혁명 실현에는 과학 기술의 발전이 필수적으로 강조된다. 북한에서 새 세기 산업 혁명은 '경제 구조를 최신 과학 기술에 기초한 기술 집약형 경제로 전변시키는 것', "과학 기술과 생산의 일체화를 높은 수준에서 실현하여 경제를 현대화된 지식 산업으로 일신시키기 위한 경제 분야에서의 일대 변혁"[12]이다. 이때 과학 기술에 기초한 경제성장을 추구함에 있어 나노기술(NT), 바이오기술(BT), 환경기술(ET)과 함께 핵심을 차지하는 분야가 IT분야이다. 특히 김정은 정권 들어 기존의 IT교육체계를 통해 육성된 IT인력을 기반으로 다양한 국내적 IT관련 서비스의 제공과 대외적 IT아웃소싱 사업의 확대가 이루어지고 있다.

IT부문만에 특화된 것은 아니지만, 김정은 정권의 가장 대표적인 과학기술관련 정책으로는 첨단과학기술개발구의 지정을 들 수 있다. 현재 지정된 22개의 기술개발구들이 대부분 첨단 과학기술개발구를 지향하고 있지만, 특히 은정첨단기술개발구는 처음으로 평양시 안에 설치된 기술개발구로서 국가과학원 130여 개 연구소, 1만여 명의 연구원이 집약되어 있으며, 이미 싱가포르 등과 협력한 20여 개의 기술기업을 운영중인 것으로 알려지고 있다(현대경제연구원 2018; 강호제 2018).

....

12   강규철, "새 세기 산업 혁명은 과학 기술 혁명." 로동신문, 2013. 2. 21; "사설: 3대 혁명 소조원들은 새 세기 산업 혁명의 척후병, 기수가 되자." 로동신문, 2014. 3. 20.

표 1 김정일 정권의 IT관련 주요 지표

일시	내용	비고
1986.7.15.	평양정보센터(PIC) 설립	(UNDP 지원)
1990.10.24.	조선콤퓨터센터(KCC) 설립(조총련 지원)	
1997.5.5.	김일성종합대 정보센터 설립	
1999년도	프로그램개발 4개년 계획('99~'02) 추진	
2000.3.1.	교육성 산하 프로그램지도국 설치	
2001.4.1.	평양에 컴퓨터 수재양성기지 설립	4개소
2002.4.10.	제1회 조선콤퓨터 국제 전시회 개최(북경)	100여 제품
2002.9.28.	평양정보센터 프로그램 개발실 건립(UNDP 지원)	
2002.11.1.	평양정보센터 프로그램 강습소 개교(연 2,000여 명 교육)	
2003.1.17.	프로그램개발 우수 청년과학자 대거 상훈 수여	51명
2.26.	신의주에 정보센터 건립	
3.22.	김책공대 전자도서관(SW자료 교류·열람실) 건립	
4.18.	러시아와 자동번역프로그램 공동개발 협정체결	러, 방송
5.14.	IT교육 체계 확립(소프트웨어 관련 수재교육 체계 구축)	
6.10.	강계 산업정보센터 건립 운영	
6.12.	전국 공장대학 프로그램전시회 개최	
8.19.	제4차 전국 교육부문 프로그램전시회 개최	
8.20.	전국 학생소년궁전 소조원들의 경연대회	
8.25.	제4차 전국학생프로그램 경연대회 개최	
8.26.	전국 청년 정보기술 성과 전시회 개최	
9.3.	2·16 과학기술상 제정(과학기술분야 최고 권위)	
9.17.	전국 정보학부문 과학기술 발표회	
9.23~	조선콤퓨터센터(SW개발 중심기관) 조직 대폭확대 – 6개센터 → 9개 정보센터, 1품질 센터로 개편	상근직원 2,000여 명
9.30.	제1회 중국 국제 소프트웨어 박람회 참가	
9.30.	전국 프로그램 경연대회 및 전시회 개최	500여 건
12.10.	우수 과학자·기술자 당원자격 부여	

출처: 통일부.

IV. 북한 IT부문 현황

북한의 IT분야는 초기에는 하드웨어를 중심으로 추진되었으며, 1990년대 김정일 체제하에서 소프트웨어 중심으로 전환되었다. 여기서는 북한의 컴퓨터 및 IT기기 분야, 통신 분야, 인터넷 및 서비스 분야를 중심으로 북한의 IT부문 현황에 대해 살펴보고자 한다.[13]

1. 컴퓨터 및 IT기기

북한의 컴퓨터 개발 역사는 1960년대까지 거슬러 올라간다.[14] 1960년대 김일성종합대학에서 컴퓨터 개발연구를 시작한 이래 1969년 제1세대 디지털 컴퓨터인 '전진-5500'를, 그리고 1979년 김일성종합대학에서 제2세대 디지털컴퓨터 '용남산 1호'를 제작하였다. 이후 1982년에는 일본에서 수입한 부품을 조립하여 8비트 컴퓨터 '봉화 4-1'을 조립생산 하였으며, 2003년에는 중국 난징판다전자회사와 합작 설립한 아침-판다콤퓨터합영회사에서 펜티엄 IV를 생산하였다.[15] 또한 북한은

....

13 북한의 IT부문 현황은 하나의 신뢰할 만한 데이터나 통계가 없기에 명확하게 파악할 수 없다. 여기서는 북한 공식 자료 및 국내외 공신력 있는 공공기관 및 언론의 내용을 중심으로 정리하였다.

14 1950년대에는 전후 통신망 복구 차원에서 전신전화망 복구, 전화기 및 교환기 생산에 주력하는 한편, 1960년대까지 당의 홍보 차원에서 라디오, TV의 생산과 보급을 확대하기 위해 생산, 개발에 주력하였다. 한편, 반도체 및 전자계산기 개발에도 착수하여, 김일성종합대학에 반도체 강좌가, 김책공업대에는 반도체 공학부와 '전자계산기 개발집단'이 조직되기도 하였다.

15 "콤퓨터본체 13만5천대를 년산-《아침-panda》, 경제봉쇄망 뚫고 나가는 합영기업." 조선신보, 2003. 3. 15.

표 2 북한의 컴퓨터 개발 현황

분류	주요컴퓨터	개발연도	특징
1세대	전진–5500	1960년대 말	진공관 5500 사용 1세대 디지털 컴퓨터
2세대	용남산 1호	1970년대 말	반도체 소자로 구성 2세대 컴퓨터 오드라 모방
3세대	봉화 4.1(8비트) 백두산 102	1980년	집적회로로 구성 마이크로프로그램방식
4세대	아침–판다	2002년	펜티엄 IV급 중국과 합작 생산
태블릿 (판형콤퓨터)	아침(아침판다) 아리랑(평양기술총회사, PIC) 삼지연(조선콤퓨터중심, KCC) 룡흥(룡악산정보기술연구소) 울림(평양기술총회사) 노을(노을기술합작회사) 묘향(평제회사)	2012 2012 2012 2013 2014 2014 2015	아침판다회사 최초 태블릿PC 삼지연(안드로이드, 1.2GHz CPU, 봉사시장, 조선중앙TV지원, 광명망 연결)

1980년대 후반에서 2000년대에 걸쳐 16M, 64M DRAM 반도체 개발, 전자재료 및 부품 국산화를 도모하였으나, 큰 성과를 거두지는 못하였다. 2002년에는 아침콤퓨터(아침–판다콤퓨터합영회사)를 통해 처음으로 펜티엄급 컴퓨터를 조립·생산했다.[16] 2012년 이후로는 태블릿 생산에 주력하고 있는데, 아침콤퓨터의 '아침', 조선콤퓨터중심의 '삼지연', 룡악산정보기술교류소의 '룡흥', 평제회사의 '묘향'이 대표적이지만, 여전히 중국산 태블릿의 조립수준으로 추정되고 있다.[17]

....

16   아침콤퓨터는 북한의 전자제품개발회사(전 평양계산기공장)와 중국의 남경팬더전자집단 유한회사의 합영회사로서 연간 생산능력은 2003년 당시 컴퓨터 본체 13만 5천 대, 모니터 10만 대 정도였다. KOTRA 북한팀, 「해외시장뉴스」 2003. 8. 12.

북한에서 이동전화가 보급되기 시작하면서 최근 가장 활발하게 개발·생산되고 있는 것이 이동전화이다. 북한의 대표적 이동전화는 아리랑, 진달래, 평양 등이며 가장 최근에 선보인 것이 2018년 출시된 아리랑 171로 현재 북한의 스마트폰 중 가장 높은 버전이다.[18] 또한 가장 최근 출시된 모델은 2018년 5월 푸른하늘전자에서 개발한 '푸른하늘'이며 이 신형 이동전화는 고해상도 지문인증기술과 빠른 처리속도를 특징으로 한다. 대부분의 이동전화는 중국 등에서 부품을 들여와서 조립하는 것으로 알려지고 있으며, OS 등만 북한에 최적화한 OS를 개발하여 제공하고 있다.

이처럼 북한에서 생산된 태블릿이나 이동전화의 경우 대부분 중국 등지에서 부품을 들여와 북한에서 조립하는 것들이 많아, 북한의 기술수준을 제대로 파악하기에는 무리가 있다. 그러나 분명한 것은 태블릿과 이동전화의 제조사들이 다양한 데서 드러나듯이 북한 내에 스마트 기기를 제조하는 조직이 다양하게 산재해 있으며, 이들 조직 간의 경쟁이 이루어지고 있다는 것과, 김정은 체제가 시작된 2012년 이후 매년 새로운 태블릿과 이동전화들이 출시되고 있는 것으로 보아서 스마트기기 부문의 수요에 대비한 기술개발과 진화가 빠르게 진행되고 있음을 알 수 있다.

한편, 북한의 소프트웨어부문 발전정책은 1980년대 말부터 시작

....

17 제21회 평양 국제무역박람회 자료에 의하면, 푸른하늘전자는 휴대전화 이외에도 데스크탑 컴퓨터, 랩탑, LED TV 등을 생산하며, 50인치 및 55인치 평면 또는 곡선 스크린TV를 출시하고 있다고 한다.

18 최초의 아리랑폰은 2014년 중국에서 제작된 Uniscope U1201의 복제품 또는 브랜드 변경 모델로 볼 수 있으며, 진달래 3은 만경대정보기술회사가 독자적으로 제작한 것으로 보인다.

표 3 북한의 태블릿 PC 사양 비교

기기분야	아침	아리랑	삼지연	룡흥	노을	울림	묘향
크기(mm)	196*120*9	242*188*9.7	192*117*12	193*11*12	미상	미상	미상
무게	300g	520g	215g	250g	미상	미상	400g
화면크기	7인치	7인치	8인치	미상	7인치	10.1인치	10인치
해상도	800*480	1024*768	800*480	미상	미상	미상	1280*800
운영체제	안드로이드 2.3.4	Ulrim (Androit 4.0)	아이스크림 샌드위치 안드로이드 4.0	미상	미상	미상	미상
CPU	미상	ARM Cortex-A8	미상	A13.1GHz	미상	1.5GHz 듀얼코어	1.3GHz 쿼드코어
HDD	8Gb	16Gb	8Gb, 16Gb 2종	8Gb	미상	미상	16Gb
RAM	512Mb	DDR3 1Gb	미상	512Mb	미상	미상	DDR3, 2GB
출시연도	2012	2012	2012	2013	미상	2014	2015
제조사	아침판다합작회사	평양기술총회사	조선콤퓨터센터	룡악산정보기술연구	노을합작회사	평양기술총회사	평제화사

출처: 송경준(2016).

표 4 북한의 지능형손전화기(스마트폰) 현황

종류	아리랑 151(2016)	아리랑 171(2018)	진달래 3(2017)
CPU	쿼드코어 1.3GHz	데카코어 2.5(6)GHz	
운영체제	안드로이드 4.4.2(킷캣) 수정버전	안드로이드 7.1.1(누가)	안드로이드 7.0(누가)
ROM	32GB	32GB	32GB
RAM	2GB	4GB	4GB
해상도	5인치 1280x720	5.5인치 1920X1080	1920X1080
제조사	아리랑정보기술교환회사	아리랑정보기술교류회사	만경대정보기술회사

되었다. 북한은 제3차 7개년 계획(1987~1993)에서 생산공정의 자동화, 기계화, 로봇화, 컴퓨터화를 목적으로 기계공업의 기술고도화를 위해 고성능 컴퓨터 개발 및 응용을 강조하였으며, 이를 위해 평양정보센터 (1986년), 조선콤퓨터센터(1990년)를 설립하고 이들 기관을 중심으로 소프트웨어 개발에 박차를 가하였다.[19] 특히 소프트웨어 개발전략은 IT인력 양성정책으로 가시화되었으며, 2000년대 이후 육성된 IT인력은 현재 북한의 IT부문 발전의 중심축이 되고 있다.

북한의 소프트웨어 기술은 컴퓨터 등 하드웨어에 비해 상당한 수준에 이르는 것으로 평가되고 있다. 그중 대표적인 소프트웨어로는 컴

....

19 북한의 소프트웨어 발전을 주도하던 이들 연구기관들은 최근 상당부분 변화가 이루어지고 있는 것으로 보인다. 즉 평양정보센터는 원래 명칭으로는 존재하지 않으며 군수분야에 편입되었다고 하며, 조선콤퓨터센터 역시 산하의 오산덕 정보센터를 제외하고는 분해되어 외화벌이 사업이나 군부 쪽으로 흡수된 것으로 추측되고 있다(김종선 2018; 김종선·이춘근 2015).

146

표 5 북한의 IT부문별 기술 특징

구분	기간망	이동통신	PC	태블릿	휴대전화기기
도입시기	2002년	2008년	2003년	2012년	2013년
특징	평양과 주요 도시만 연결, 2.5Gbps 속도	3G WCDMA, 거주지역 94% 커버	중국산 부품을 수입하여 조립 생산	중국 모델을 도입하여 개량, 현지화	중국 모델을 도입하여 개량, 현지화

출처: KDB산업은행, 「북한 IT산업 기술수준분석 및 남북 협력방안」 재구성.

퓨터 OS(운영체제)인 '붉은별'을 들 수 있다. 붉은별은 오픈소스 기반 리눅스 OS로, 조선콤퓨터센터가 독자 개발했다. 북한은 2000년대 초반부터 리눅스 커널을 기반으로 자체 OS 개발에 나서 2008년 붉은별 첫 제품을 상용화한 것으로 알려진다. 지난해 말에는 최신 버전인 '붉은별 4.0'까지 내놨다. 2014년에 붉은별 3.0을 선보였던 것을 고려하면 3년 만에 새로운 업그레이드 버전을 내놓은 셈이다. 붉은별은 연산 속도 등 일반적인 기능은 마이크로소프트(MS)의 윈도 OS 등보다 떨어지지만 보안 측면에서 매우 강력한 기능을 가진 것으로 알려져 있는데, 실제로 사용자가 언제 어떤 키보드로 어떤 문구를 쳤는지 저장되며 마우스 사용 내역도 기록된다.

북한은 응용 소프트웨어들도 상당수 자체 개발하고 있다. 붉은별에는 오피스 프로그램에 해당하는 통합사무처리 프로그램 '우리21'과 '한글' 프로그램에 해당하는 워드 작성 프로그램 '글'이 탑재되어 있다. 이 외에 파워포인트와 유사한 발표작성 프로그램 '선전물'은 발표물의 동적인 움직임 기능도 지원한다. 그 외 엑셀과 유사한 표 작업프로그램 '표'는 식 계산, 정렬 등 엑셀과 동일한 기능을 제공한다. 웹브라우저 역시 자체 개발 소프트웨어를 사용하고 있는데, 대표적으로 '내나라'는 내

나라 정보센터에서 개발한 것으로 북한의 대표 사이트인 '한마음', '중앙과학기술통보사' 등에 바로 접속할 수 있게 설계되어 있다.

북한의 IT기술 수준을 대략이나마 확인할 수 있는 것은 북한에서 개최되는 각종 전람회나 전시회로서, 전람회의 참가사와 제품 정도를 통해 부분적으로 그 수준을 확인할 수 있다. 대표적으로 2017년 9월 11일부터 15일까지 개최된 '전국정보화성과전람회-2017'에 대한 소개를 보면, 전람회는 정보화, 정보산업, 교육정보화를 비롯하여 5개 부문으로 나뉘어 진행되었는데, 참가단위는 240여 개, 전시물은 820여 건에 이르고 있다. 2017년 전람회에 출시된 대표적 제품으로 전력공업성 전력정보연구소에서 출품한 전력생산과 소비의 효율적 관리 프로그램인 '국가통합전력관리체계(불야경1.0)'가 있는데, 북한이 IT기술을 통해 다양한 산업분야의 생산성 향상 및 효율화를 도모하고 있음을 보여주는 것이다.[20]

컴퓨터 운영체계와 관련된 또는 산업 효율화를 위한 소프트웨어의 기술력뿐만 아니라 첨단 기술인 머신러닝이나 음성인식 등의 기술력도 상당한 것으로 평가되고 있다. 북한은 2000년대 초반부터 해당 기술 개발에 뛰어들었는데, 머신러닝이나 음성인식은 4차 산업혁명의 핵심 산업으로 꼽히는 IoT(사물인터넷)나 AI(인공지능) 등에 쓰이는 기반 기술로 최근 화두가 되고 있어, 북한의 첨단기술에 대한 관심과 노력을 짐작하

....

20 북한에서 IT기술 관련 전시·전람회는 '전국프로그람경연 및 전시회'(2015년 26차)가 있는데, 2016년부터 '전국정보기술성과전시회', '전국정보화성과전람회'로 이름을 바꿔 개최하고 있다. 《전국정보화성과전람회 - 2017》 개막." 로동신문, 2017. 9. 13; "만리마시대를 힘있게 추동하는 정보화의 열풍 《전국정보화성과전람회-2017》을 돌아보고." 로동신문, 2017. 9. 20.

게 한다.

2. 통신부문

북한의 통신부문 현황은 김정은 정권 들어 크게 개선되고 발전하였다. 그러나 여전히 국제적인 수준에서 볼 때는 낙후된 상태를 면하지 못하고 있는 것도 사실이다. 북한의 통신부문 현대화는 1990년대 초반 UNDP의 지원 아래 평양과 주요 도시를 연결하는 광섬유케이블 부설에 착수하면서부터이다. 즉 1992년 4월 북한은 UNDP의 지원을 통해 최초의 광섬유 케이블 공장인 '평양빛섬유통신케이블공장'을 건설하였고, 그 외에 전화기와 교환기 등 통신기계를 생산하는 평양통신기계공장 및 원산통신케이블공장 등을 통해 케이블 생산을 확대하였다. 이를 통해 1995년부터 2002년에 걸쳐 평양과 전국 주요 도시를 연결하는 광통신망 구축을 완료한 것으로 알려지고 있다.[21]

ITU와 CIA의 최근 자료를 보면, 유선전화는 2016년 이래 약 118만 회선 정도를 유지하고 있는데, 이는 2014년 100만 회선을 돌파한 후 큰 변화가 없음을 알 수 있다. 이는 남한도 역시 마찬가지로서 이동전화의 보급과 더불어 유선전화의 보급률은 더 이상 확대되지 않고 정체되고 있음을 알 수 있다.

또한 2002년 2G 이동전화서비스(GSM방식)로 시작한 북한의 이동전화 가입자는 최근 급격히 보급이 확대되어 2017년 기준 약 380만 명(북한인구의 약 1/6)으로 알려지고 있으나, 실제 이동전화 보급률은 더 많

....

21   KDB산업은행.

표 6 북한의 이동통신 발전 현황

기간	사업자	내용
2001–2002	록슬리퍼시픽	평양과 나진–선봉 지역에 이동통신망 건설, 2G서비스(GSM)
2002–2003	동북아전화통신 (NEAT&T)	남포, 개성, 원산, 함흥 등 전국에 40여 개의 이동전화기지국을 설치, 도청소재지 및 주요 고속도로 주변에 서비스를 개시(900MHz 대역 GSM)
2004	SunNet	룡천역 폭발사건으로 사용 중지 NTAT&T 시설 이용하여 조선중앙통신이 일부 외국인 대상 서비스 제공
2008–2009	고려링크	전국에 이동전화기지국 건설 정부기관 및 일부 개인사용자 대상(2.1GHz WCDMA)
2011–현재	고려링크 강성네트 별	개인이용자 확대

으며 약 500만 명에 육박하는 것으로 보는 견해도 있다. 이동전화의 커버리지는 북한의 주요 도시를 거의 포괄하고 있지만,[22] 여전히 소도시 및 교외지역과는 차이가 크고, 접근할 수 있는 콘텐츠가 로동신문 등 제한된 정보에 그치고 비용도 여전히 일반인이 접근하기에는 높은 편이라 전면적 확산에는 한계가 있다고 할 수 있다. 현재 북한의 이동통신사업자는 3개의 사업자가 있으며, 고려링크와 강성네트 그리고 별이 그것이다. 고려링크는 외국인과 현지인 모두에게 서비스를 제공하지만, 강성네트와 별은 현지인만 이용할 수 있다.

....

22   오라스콤의 실적발표에 의하면 2011년 이미 북한 주요 인구 거주지의 94%의 커버리지를 구축하였다고 한다. Orascom Telecom Holdings, 2011년 3분기.

표 7 남북한 통신부문 현황

	남한	북한
유선전화	28,035,600명(100명당 55명, 221개국 중 11위)	1,180,000(72위, 2016.7)
이동전화	61,295,538(217개국 중 25위)	3,606,000(133위)
전화시스템	국가코드 82 수많은 해저케이블 위성지구국 66개(2016)	국가코트 850 위성지구국 2개
방송	지상파, 종편, 유선방송	정부소유 TV방송국 4개
인터넷 국가코드	.kr	.kp
인터넷 사용자	4400만(인구 89.9%) 228개국 중 17위(2016.7)	14,000명(인구 0.1%)

출처: ITU, Country of ICT data, 2017. 5; CIA, WOrld Factbook 참고하여 정리.

북한의 이동전화 소유 및 이용현황을 구체적으로 살펴보면, 이동전화를 소유한 사람은 15~49세에서 남자는 55.7%, 여자는 47.9%로 약 절반 이상이 보유하고 있는 것으로 나타나고 있다. 그러나 이전 3개월 사용 경험은 남자 88.8%, 여자 82.5%로 나타나 남녀 사용경험의 차이는 크지 않은 것으로 나타나고 있다. 북한의 전화는 2개의 위성지구국을 통해 해외에 연결되며, 방송은 정부소유 TV방송국 4개만이 있다. 2017년 현재 북한 일반 가구의 라디오와 텔레비전 수상기 보급률은 각각 94.1%, 98.2%, 컴퓨터는 18.7%로 알려져 있다(UNICEF 2018). 컴퓨터 보급률은 여전히 매우 낮지만, 15~49세의 컴퓨터 사용경험이 남자는 44.2%, 여자는 32.8%로 1/3 이상의 북한인이 학교나 일터에서 컴퓨터를 사용한 적이 있는 것으로 나타나고 있다. 또한 스마트폰 이용 시 필요한 앱 마켓으로 '봉사장터'를 운영하고 있지만, 대부분의 스마트폰 이용자는 인터넷에 억세스할 수 없기에 앱을 설치하기 위해서는 실제 기술서비스센터로 가서 앱을 다운로드해야 한다.[23]

3. 인터넷 및 네트워크 부문

북한의 일반주민은 여전히 인터넷을 이용할 수 없으며, 인트라넷을 통해 북한지역 내에서 네트워크에 접속할 수는 있다. 우리나라를 비롯하여 전 세계 사람들이 보편적으로 인터넷을 이용하게 된 것은 1990년대 중반부터이지만, 북한은 아직까지 공식적으로 일반인이 자유롭게 외부세계와 커뮤니케이션할 수 없다는 측면에서 인터넷 불통국가이다. 그러나 ITU자료에 의하면 현재 2016-2017년 북한에서 인터넷 사용자는 약 14,000명으로 인구의 0.1% 정도가 사용하고 있는 것으로 알려지고 있다.

인터넷을 엄격하게 통제하는 대신 북한 주민은 1997년 개통된 북한 내 인트라넷인 '광명' 등을 통해 북한 전역의 정보 네트워크에 연결하고 정보를 입수하며, 전자메일 등을 통해 온라인 소통을 할 수 있다. '광명'은 각 지역별, 대학별로 연결되어 있으며 북한 주민은 인트라넷을 통해 비디오콜, 로동신문의 구독, 각종 서적 및 자료의 열람, 전자우편 등이 가능하지만 비공개통신망이기 때문에 외부세계의 인터넷 사이트에는 접속할 수 없고 북한 이외 지역의 인터넷을 통해 북한 내부의 인트라넷에 접속할 수 없다. 최근에는 인트라넷을 통한 서비스도 다양하

....

23 북한 주민들은 게임, 책읽기, 음악감상, 카라오케, 요리책 등의 앱을 이용하고 있으며, 최근 가장 인기가 있는 앱은 넷플릭스와 전자책리더의 결합형인 '내동반자'라고 한다(Han 2018).

게 발전하고 있는 것으로 알려지고 있는데, 2015년 자료에 의하면 전자도서관의 인트라넷을 통해 접속할 수 있는 정보센터들은 약 26개 기관에 이른다. 그러나 광명으로 대표되는 네트워크의 접속가구도 여전히 1.4%에 그치고 있어, 인트라넷의 접속마저도 도서관 등 공공시설을 통해서 일반적으로 사용하고 있음을 알 수 있다.

대부분의 북한 주민은 인터넷에 연결할 수 없지만, 북한이 온라인 공간에 등장하기 시작한 것은 남북교류협력이 활발하게 진행되던 2001년으로 거슬러 올라갈 수 있다. 2001년 중국의 퉁티엔 부동산회사의 이름으로 중국 선양과 북한 평양에 각각 인터넷 서버를 구축하여 북한주민과 외국인 사이에 이메일 교환서비스를 제공하는 '실리뱅크'(www.silibank.com) 사이트가 개설되었다. 실리뱅크는 일종의 이메일 중계서비스로 간접적인 방식이지만, 북한에 인터넷서버를 구축해야만 가능한 것이라는 점에서 북한이 인터넷 공간에서 외부와 연결되고 있음을 알리는 사건이었다. 그러나 북한이 기존의 북한내부 신문, 방송 또는 국제

그림 2 북한의 인트라넷

기구나 외교네트워크를 통하지 않고 직접 외부세계와 커뮤니케이션할
수 있는 소셜미디어 공간에 본격적으로 등장하기 시작한 것은 2010년
10월부터이다. 이 시기 북한은 트위터와 페이스북, 유튜브 등에 우리민
족끼리 계정을 일제히 개설하며 북한의 방송 및 신문기사를 게시하기
시작했다.

외부세계와 연결되는 인터넷은 2007년 9월 .kp 도메인이 승인된
이래 현재 약 28개의 kp도메인이 등록되어 있다. 이들 도메인은 고려항
공, 조선중앙통신, 내나라 사이트 등이 있다. 북한에 인터넷 연결을 제
공하는 회사는 2010년부터 운영하고 있는 중국의 차이나 유니콤(China
Unicom)이며, 최근 러시아의 트랜스텔레콤(TransTeleCom)도 인터넷 라
우팅 서비스를 제공하고 있다(Reuters 2017).

V. 남북한 IT협력의 현황 및 과제

1. 남북 IT협력 현황과 과제

남북 IT협력은 지난 11년 동안 완벽하게 중단되었다. 11년의 냉각
기를 거쳐 지난 6월의 남북정상회담 이후 9월 14일에야 개성 남북공동
연락사무소가 공식 개소하면서 남북교류의 새로운 거점공간이 마련되
었다. 앞으로 비핵화와 평화체제 진전에 따라 대북제재가 완화되면 남
북경제협력의 재개와 확대를 준비하는 창구로도 기능할 수 있을 것이
다. 남북 IT협력이 가장 활발하였던 시기는 1990년대 후반부터 2000년
대 초반이었다. 2000년대 초반 남북경제교류는 그 이전 기간에 비해 기

존의 남북교역에서 절반 이상을 차지해온 거래성 위탁가공 교역의 대상품목이 기존 의류·가방·신발과 같은 노동집약형 경공업에서 가전제품·전자제품·컴퓨터 부품 및 주변기기 등으로 변화되는 추세였다는 점에서 특징적이었다.[24] 그 배경에는 활발한 남북한 IT교류협력의 시도가 있었는데 이 시기 남북 IT협력에는 삼성전자와 LG전자 등 대기업에서부터 하나비즈닷컴과 엔트랙 등 중소기업에 이르기까지 다양한 IT기업이 참여하였다. 또한 시기적으로는 2000년과 20001년에 가장 왕성한 교류가 시도되었는데 이 기간에는 총 4회에 걸쳐 남북 IT교류협력사업 방북단이 평양을 방문하였고, 국내 컴퓨터회사 사장이 북한 IT전문가를 대상으로 강연을 하고, 애니메이션을 공동제작하고, 북한 IT인력 교육원을 설립하는 등 다양한 IT협력이 시도되었다.

당시 진행되었던 북한과의 IT협력사업을 부문별로 살펴보면 다음과 같은 특징이 있다. 먼저, 주로 임가공형태의 하드웨어 중심에서, 시간이 경과되면서 소프트웨어 및 각종 IT관련 민간기업 협력 등으로 발전해왔다. 대표적으로 북한인터넷 관련 사업은 기가링크가 평양정보센터와 추진한 북한의 인터넷 및 인트라넷 구축을 위한 협력사업, 북한관련 콘텐츠나 정보제공, 컨설팅 서비스사업, 북한상품의 국내 전자상거래, 북한과의 공동 인터넷 영리 사이트 운영 등이 시도되었는데, 이후 지속되지 못하였다. 그 외 당시 다양하게 추진되던 것이 북한 내 공단조성 및 IT교육사업이었는데, 대표적인 공단조성 투자사업으로는 엔트랙이 2001년 3월 민경련 광명성총회사와 평양에 고려정보기술센터를 건

....

24 대표적으로 2001년 전반적인 남북경협의 침체에도 불구하고, 전기·전자 부문의 위탁가공 반출·입 실적은 각각 892만 6000달러와 830만 달러로 전년 대비 35.1%, 1.0%씩 증가했다. 전자신문, 2002. 2. 6.

표 8 남북 IT협력 주요 현황(1997-2001)

업체	사업내용	사업상대	시행연월
삼성전자	• 평양에서 컬러TV 및 가전제품 임가공 생산 • 유선전화기 임가공 생산 • 삼성조선콤퓨터SW공동개발센터	개성무역총회사 조선콤퓨터센터	1996 2000
LG전자	• 평양에서 컬러TV 및 가전제품 임가공 생산	대동강 테레비죤 수상기 애국 천연색공장	1996
IMRI	• 평양에서 인쇄회로기판(PCB) 위탁가공 • 컴퓨터 모니터 완제품 생산 • 일본의 조총련계 SW개발업체인 CGS(조선은행시스템)와 합작하여 일본에 유니코텍을 설립	삼천리총회사	1998 2000
하나로통신	• ADSL신호분배기 임가공 생산 • 발신자표시 전화기 임가공 계약 위한 합의서 체결 • 애니메이션 공동제작 계약	삼천리총회사	2000 2001
하나비즈닷컴	• 합작으로 단동지역에 SW공동개발센터인 하나프로그램센터 설립, SW위탁개발사업 계약체결	평양정보센터	2001
기가링크	• 초고속망 시범사이트를 평양정보센터에 구축 협의	평양정보센터	2001
허브메디닷컴	• 북한의 의료관련 SW를 남측이 요구하는 사양으로 개작하여 수입(조선콤퓨터센터의 금빛말)	아사히네트워크 (북일합작회사)	2001
규빅테크	• 컴퓨터응용제조(CAM) SW의 공동개발 및 동구권 판매협력 추진	조선콤퓨터센터	2001
우암닷컴	• 영상관련 SW공동개발 및 사이버영상면회시스템 구축 추진	평양정보센터	2001
비트컴퓨터	• 중장기적으로 북한 내에 사이버 IT교육센터 설립 • 위성을 통한 인터넷 중계시스템 구축 합의		2001
엔트랙	• 3D 애니메이션 및 SW 임가공 사업 합의서 • SW교육센터 건립 계약	광명성총회사	2000

출처: 통일부 자료 및 각종 신문기사 참고하여 정리.

설하기로 합의한 것이며, 북한지역 내 그리고 중국 등에 공동 교육센터의 설립도 다양하게 시도되었다.

2000년대 초반 활발하게 시도되었던 남북 IT협력은 일부 IT 임가공사업의 북한 내 공장건설과 생산 추진을 제외하고는 주로 남한이 자본, 기술, 판매시장을 제공하고 북한이 우수한 인력을 제공하여 소프트웨어 공동개발 사업을 추진하는 방식이 많았다. 당시 남북 IT협력을 추동하던 요인은 북한의 IT부문 발전에 대한 관심과 IT 인력 부족에 시달리던 남한의 일부 중소기업들의 필요가 만나면서 가능한 것이었기에 소프트웨어 공동개발이 가장 시도 가능한 방안으로 모색되었다고 할 수 있다. 즉 남북한 당국의 적극적 관심, 남북한 IT기술 및 산업의 차이에서 발생한 협력의 방식이었다.

그러나 10여 년의 시간을 거치면서 IT기술 및 산업의 국제적 동향, 남북한의 기술적, 산업적 수준과 현황 등이 근본적으로 변화하였다. 북한은 지난 10여 년 동안 체계적으로 훈련된 IT인력을 풍부하게 보유하게 되었고, 이에 기반하여 중국, 동남아시아 등에 인력을 파견하거나, IT아웃소싱을 제공하고 있으며, 특히 사이버 보안 영역에서는 상당한 정도의 기술력과 인력을 확보한 국가로 부상하였다. 그리고 기술과 생산력 면에서 아직 한계는 많지만, 북한이 필요한 태블릿과 휴대전화 등을 수입 부품의 조립 등을 통해 자체 생산 조달하는 체계를 갖추었다. 그 점에서 북한의 IT 수준 및 환경은 10여 년 전에 비해 크게 성장하고 변화했다고 할 수 있다.

남한의 IT생태계 또한 지난 10여 년 동안 크게 변화하였다. 여전히 하드웨어부문 중심의 IT생태계이지만, 소프트웨어 부문도 지속적으로 발전하고 있으며, 특히 IT서비스, 게임소프트웨어, 인터넷 소프트웨어 분야가 주력이며, 최근에는 클라우드, IoT, 빅데이터, 인공지능 분야의 신규 추진이 증가하고 있는 상태이다.[25] 따라서 소프트웨어 부문은 앞으로도 남북 IT협력의 주요 관심분야가 될 것으로 전망되고 있다. 즉 북한에 대한 국제적 제약이 여전한 상태에서 북한의 우수한 IT인력과 남한의 자본 및 기획력을 결합하는 협력 방식은 여전히 매우 의미 있다. 즉 북한은 IT부문 발전에 대한 강력한 의지를 가지고 있고, 또 실제로 중국 등에서 IT인력을 통한 외화획득을 다양하게 시도하고 있어 남한과의 협력에도 적극적으로 임할 가능성이 높다고 할 수 있다. 남한 역시 북한의 기술 및 우수한 인력을 활용하고 대기업은 물론 기술기반 스타트업 등을 포함하여 다양한 협력이 가능하기에 매우 전망이 밝은 분야이다.

그러나 IT협력은 남북한의 의지와 협력이 이루어질 경우 발생할 시너지 효과에 비해 그만큼 많은 제약요건을 가지고 있는 것도 사실이다.

첫째, 미국과 유엔을 비롯한 국제적 제제는 IT협력의 가장 주된 변수이다. 남북한 모든 부문의 협력이 그러하지만 특히 남북한 정치 및 국제적 변수의 영향은 사실상 IT협력을 좌우한다고 할 수 있다. 대표적인 국제적 제약요인은 '바세나르 협정'(이중 사용 품목과 일반적인 전략물자의 수출 통제에 대한 바세나르 협정: The Wassenaar Arrangement on Export Controls for Conventional Arms and Dual-Use Goods and Technologies)으

....

25 국내 소프트웨어 산업 현황을 살펴보면, 매출액 면에서 매년 성장하고 있다(2008년 26.6조 원에서 2013년 35.5조 원, 2017년 약 93조 4,499억 원). 한국정보통신진흥협회·한국전자정보통신산업진흥회, 『2014년 ICT실태조사』; 소프트웨어정책연구소, 『2017 소프트웨어 산업 실태조사』, 2018. 4.

로서 이 협정에 따르면 군사용으로 전용될 가능성이 있는 IT관련 장비와 기술의 대북 반출은 불가능하다. 다양한 분야의 IT기술 협력을 위해서는 관련 장비의 대북 반출이 필요할 수 있지만, IT분야에 적용되고 있는 전략물자 반출제한제도로 인해 북한지역에서의 IT협력은 현 단계에서는 사실상 큰 제약 아래에서 진행될 수밖에 없다.

둘째, 북한 측 변수로서 북한관련 정보의 절대적 부족, 북한 체제의 정치사회적 특성에 기인하는 협력의 제한을 들 수 있다. 먼저, 북한 IT분야 정보의 절대적 부족은 남한의 IT분야 종사자들이 북한과의 협력을 진행하는 데 가장 큰 어려움이다. 특히 10여 년 전에는 대표적인 북한의 IT기관이 조선콤퓨터센터나 평양정보센터였기에 이 두 기관을 중심으로 협력이 진행되었음에도 불구하고 정보의 절대 부족과 그로 인한 남한 내 기업들의 과잉경쟁이 문제가 되기도 하였다. 현재 북한은 다양한 IT분야 기업과 연구기관, 대학들이 발전해 있어, 과거에 비해 보다 많은 협력의 상대가 있다고 할 수 있지만, IT기관들의 주력 분야와 주요 연구자 및 담당자 그리고 협력희망 분야 등의 정보는 지난 10여 년을 거치면서 절대적으로 부족한 상황이다.

또한 남북 IT협력에 영향을 미치는 것으로는 북한의 인터넷 및 미디어정책을 들 수 있다. 북한은 아직 대외적으로 인터넷을 개방하지 않고 있는데, 이는 남북 IT협력의 발전 및 다양화에 주된 영향을 미칠 변수이다. 특히 인터넷서비스 분야에서의 소프트웨어 개발 및 관리운영 등에 있어서는 네크워크상의 연결과 소통이 필수적이기에 북한의 인터넷 정책은 IT협력에 큰 장애요인이다.

셋째, 남한 측 변수로서 북한과의 교류를 제한하는 우리 법제도의 경직성, 남한 측 기관의 과잉경쟁 등이 남북 IT협력에 장애로 작용한다.

먼저, 법제도의 경직성은 현재로서는 남북한 주민의 온라인 공간에서의 접촉도 불법이므로 매번 정부의 허가를 받아야 하는데, 이는 IT분야 협력의 속성상 협력의 진행에 장애 요소이다. 그 외에 지난 시기 협력 과정에서도 야기된 문제이지만, 남한 기업이나 관련 기관들이 해당 분야의 내실 있는 협력보다는 협력이 주는 외부적 효과를 더 목적으로 하는 경우가 많으며, 그 결과 연구기관 및 기업간 과잉경쟁이 발생하면서 실제 IT협력의 내실 있는 진전을 막고 있다.

2. 남북 IT협력 발전의 과제

남북 IT협력은 그 특성상 정부차원의 사전 제도정비가 무엇보다 중요하다. 이하에서는 남북 IT협력의 발전을 위한 전제조건으로서 정부차원에서 수행해야 할 개선과제를 살펴보기로 한다.

첫째, 남북한 법제도의 정비이다. 지난 정부에서 내려진 개성공단의 전면중단 결정은 북한뿐 아니라 남한 측 변수로도 남북협력이 얼마든지 중단될 수 있는 취약성을 그대로 노정한 것이었다. 이후 이와 같은 폐해를 막기 위해 정부가 남북교류협력사업을 제한하거나 금지할 경우에는 국무회의의 심의를 거치도록 하는 「남북교류협력에 관한 법률」 개정안이 현재 국회에 제출되어 있다. 이는 남북교류협력의 제한·금지조치와 관련하여 법적 절차를 규정한 것으로 남북경제협력의 지속을 위해서는 반드시 필요하다 할 것이다.

나아가 지난 '9월 평양공동선언'에서는 남북경제협력을 위해 개성공단과 금강산관광을 정상화하고, 서해경제공동특구 및 동해관광공동특구를 조성하는 문제를 협의하기로 결정함으로써 향후 특구 방식의 남북한 경제협력이 확대될 것으로 예상된다. 그러나 이 경우도 남북한 어느 일방이 일방적으로 사업중단이나 금지를 하지 못하도록 법제도적 장치를 마련할 필요가 있다. 또한 IT분야의 협력은 네트워크를 통한 협력도 가능하다 할 때, 온라인 공간에서의 협력을 위한 법제도의 정비는 더욱 절실하다 할 것이다. 이를 위해서는 「남북교류협력에 관한 법률」 제9조의 2(남북한 주민접촉)와 시행령 제16조의 규정도 재검토할 필요가 있다.

둘째, 남북 IT협력을 위한 단일의 정보네트워크와 협력지원기관의 구축이 이루어져야 할 것이다. 지난 남북 IT협력의 경험이 주는 교훈을 통해 볼 때, 남북 IT협력에는 특히 개별 기업수준에서의 정보네트워크만으로는 협력사업의 성공적 진행이 어렵다고 할 수 있다. 북한의 IT부문에 대한 정보의 수집은 개별 기업이나 연구자 차원에서 진행되기에는 무리가 많다. 특히 북한 측 기관에 대한 정보의 불균등은 중복투자, 과당경쟁 등으로 이어지므로, 국내 중소업체들의 IT협력을 지원하기 위한 협력지원시스템의 구축과 그를 통한 정보제공 및 공유가 필요할 것이다. 이를 통해 북한의 기업, 대학, 연구기관별로 특성에 맞게 협력의 성격과 내용을 구체화하고 기관 간의 정보교류를 강화하여 정보 부족에서 초래되었던 과당경쟁, 중복투자, 과다한 부대비용의 발생을 줄일 수 있다. 북한의 IT부문에 대한 정확한 정보 수집을 위한 그리고 바람직한 IT교류 방안에 대한 다양한 학술적 조사가 좀더 활성화될 수 있도록 정부가 지원할 필요가 있다. 통일부가 2000년대 초반 진행하였던 '남북교류협력정보관리시스템'은 그런 점에서 다시 검토할 필요가 있다.

셋째, 협력을 위한 전용 네트워크 연결은 남북 IT협력의 필수조건이다. 과거 북한은 IT협력에는 적극적이었지만, IT협력의 활성화를 위해 선행되어야 하는 남북 정보통신망의 연결은 반대하였기에 IT협력의 원활한 진행에 어려움이 있었다. 이에 따라 북한과 IT협력을 진행하고 자 하는 남한기업들은 중국 등 제3국을 통해 의사소통을 하는 등의 제약조건이 많았다. 현재와 같이 기술혁신이 급속하게 진행되고 또 산업의 생태계가 급격하게 변화하는 현실에서 의사소통의 제약은 남북 IT협력에 결정적 장애요인이 될 수 있다. 따라서 북한의 결단이 필요하겠지만, 초기단계의 연결은 인터넷의 확산경로와 같이 학술기관 등을 시작으로 특구지역의 기업으로, 나아가 남북한 IT협력을 위한 전용네트워크로 확대할 필요가 있다.

VI. 결어: 남북 IT협력의 방향

지난 6월과 9월의 남북정상회담, 그리고 9월 19일의 '9월 평양공동선언'을 계기로 남북한의 평화공존과 협력을 위한 큰 진전이 이루어졌다. 이제 이에 기반하여 어떻게 남북 IT협력을 발전시켜야 할지 고민해야 할 때이다. 이전 시기 IT협력 사업이 주는 교훈은 정치적 차원의 일회성 협력사업이나 단기적인 경제적 이익을 위해 추구되는 협력사업을 지양하고 지속가능성을 가진 협력이 이루어져야 한다는 것, 북한의 발전한 IT부문을 고려한 협력이 이루어져야 한다는 것, 나아가 한반도의 평화공존과 발전을 가져올 협력이 되어야 한다는 것이다.

향후 새로운 기반 위에서 출발해야 할 남북 IT협력의 방향을 부문별로 살펴보면 다음과 같다.

첫째, 협력의 확대방식으로는 대학 및 연구기관의 학술교류에서 기업 간 협력으로 확대해 가는 방식이 바람직할 것이다. 비정치적·비경제적 분야의 IT 분야 협력을 시작으로 남북한 관련 연구자 및 기관 간 신뢰를 증대시키고, 구축된 신뢰에 기반하여 공적, 경제적 협력사업을 확대하는 경로는 성급한 IT협력의 취약성을 감소시킬 수 있다. 지난 9월 리일남 김일성대 교수 등의 국내학회 투고는[26] 이러한 측면에서 매우 고무적인 사건이다. 특히 남북한 당국의 사전협의가 아니라 학회차원에서 그리고 북한 연구자가 먼저 접촉해서 이루어진 성과라는 점에서 일단 북한 측의 적극성이 확인된 분야라고 할 수 있다. 이번 학회 투고는 북한 연구자의 국내 학술지 투고이지만, 향후에는 남북연구자의 공동연구를 통한 학회 기고 및 사업화도 가능할 것으로 보인다. 과학기술 및 IT분야의 특성상 연구가 사업화로 이어질 가능성이 큰 분야라고 할 때 이 분야에서는 상호 학술협력도 경제적 협력으로 진화할 가능성이 매우 크다.

둘째, 협력의 방식 측면에서는 특구를 중심으로 한 다양한 공동프로젝트의 시도가 이루어져야 할 것이다. 평양선언에서는 서해와 동해 주변에 각각 공동특구를 조성하는 방안이 제안되었는데, 남북공동의 IT 집적단지의 형성에 관심을 기울일 필요가 있다. 해외 사례에서도 잘 드러나듯이 IT부문의 발전은 특정한 지역을 중심으로 한 클러스트를 형성할 때 보다 효과적이다. 북한은 2018년 현재까지 22개의 경제개발구를 지정하였으며, 이와 관련하여 「경제개발구법」(2013) 제정과 대외무

....

26 북한 학자들이 투고한 논문은 "Improved Hybrid Symbiotic Organism Search Task-Scheduling Algorithm for Cloud Computing", (최성일 외 5명, 2018.8)이다. 이 논문은 생물학적 인공지능 알고리즘을 적용한 클라우드 컴퓨팅을 주제로 한 최신 분야의 기술을 다루고 있다.

역성 신설(2014) 등 법·제도 정비 등도 단행하였는데, 이는 중국의 개혁·개방 초기와 유사하다는 분석도 나오고 있으나, 그 성과는 여전히 미흡하다고 평가되고 있다.

따라서 대표적으로 싱가포르의 '블록 71'과 같은 스타트업 단지 모델은 '9월 평양공동선언'에서 합의한 경제특구를 통한 협력에서 참고가 될 수 있다. 특히 북한이 인터넷 및 통신연결이 초래할 파급효과에 대해 우려하고 있음을 감안할 때 스타트업 클러스트를 형성하면 북한의 우려도 불식하면서 남한과의 IT협력을 보다 본격화시킬 수 있을 것이다. 중국의 개혁개방 사례에서 보듯이 특구지역을 중심으로 한 폐쇄적 발전전략에도 불구하고 특정지역의 개발은 이후 인근지역으로 확대될 수 있어, 남북한 관계의 진전에 크게 기여할 수 있다.

셋째, 협력의 주체 측면에서는 스타트업 및 중소기업 중심의 협력을 다양하게 시도할 필요가 있다. 스타트업은 혁신적 기술과 아이디어를 보유한 신생 창업 기업으로서 자체 비즈니스모델을 가지고 있는 작은 그룹이나 프로젝트성 회사를 의미하는데, 세계적으로 IT분야를 비롯한 첨단기술분야는 다양한 스타트업을 중심으로 발전하고 있다. 남북한 IT교류에서 스타트업 결성 등의 방식이 의미 있는 것은 어느 일방의 기존 자산에 크게 영향받지 않고 대등한 파트너십에 기반하여 협력할 수 있는 방식이기 때문이다. 최근 국내에서도 다양한 스타트업 지원 프로그램이 시도되고 있으므로 그 경험을 활용하고 남북이 합의한 특구조성을 결합하는 방식으로 시도하는 것도 의미 있을 것이다.

또한 중소기업 중심의 협력이 중요한 것은 현재 남한의 IT부문 중소기업의 인력난 등을 해결할 수 있는 IT아웃소싱기지로서 북한의 가능성 때문이다. IT협력에 있어 자본과 실행력을 갖춘 대기업의 역할이 중요하지만, IT부문의 속성상 대기업보다는 중소벤처기업이 더 다양하고 창의적인 협력모델을 만들 수 있다. 대기업이 중심이 되어 추진하는 사업이라 할지라도 다수의 중소기업을 공동으로 참여시켜 기업 간 상호연계 및 협조를 유발할 때 시너지 효과를 낼 수 있다.

넷째, 협력의 분야로는 소프트웨어 중심의 협력으로부터 가능성을 확인하고 성공사례를 축적하여, 다양한 분야로 확대해나가는 것이 바람직할 것이다. 현재 남한의 소프트웨어 부문은 IT서비스, 게임SW, 인터넷SW 분야를 중심으로 지속적으로 발전하고 있으며, 최근에는 클라우드, IoT, 빅데이터, 인공지능 분야의 신규 추진이 증가하고 있는 상태이다. 그러나 남한은 급증하는 수요를 충당할 기술적 아웃소싱이 필요한 상태이고, 북한은 뛰어난 개발인력의 사업참여 기회 증대와 소프트웨어 부문 발전을 위한 투자가 필요하다. 남북한의 IT발전 수준과 환경의 차이는 오히려 소프트웨어 협력에 도움이 될 수 있다. 따라서 소프트웨어 부문은 앞으로도 남북 IT협력의 주요 관심분야가 될 것으로 전망되고 있다. 북한에 대한 국제적 제약이 여전한 상태에서 소프트웨어 공동개발을 위한 협력사업은 북한의 정보통신 기술인력의 양성에 실질적인 도움을 줄 수 있고, 높은 임금의 일자리를 창출하고 수출을 촉진하는 전략적 산업분야로서 북한으로서도 유용한 사업이다. 즉 북한은 IT부문 발전에 대한 강력한 의지를 가지고 있고, 또 실제로 중국 등에서 IT인력을 통한 외화획득을 다양하게 시도하고 있어 남한과의 협력에도 적극적으로 임할 가능성이 높다고 할 수 있다. 남한 역시 북한의 기술 및 우수한 인력을 활용하고 대기업은 물론 기술기반 스타트업 등을 포함하여 다양한 협력이 가능하기에 매우 전망이 밝은 분야이다.

참고문헌

강호제. 2018. "4차산업혁명시대의 남북 교류협력전략." 2018 정보통신방송 3학회 공동심포지엄
　　자료집.
김민관. 2015. "북한 IT산업 기술수준분석 및 남북 협력방안." 북한이슈, KDB산업은행, 2015.10.20.
김유향. 2001. "북한의 IT부문 발전전략-현실과 가능성의 갭."『현대북한연구』제4권 2호.
＿＿＿. 2018. "남북한 평화공존시대 디지털 북한과 커뮤니케이션 변화." 이슈브리핑 No. 36,
　　서울대 국제문제연구소.
＿＿＿. 2018. "디지털 북한과 남북한 IT협력의 미래." 정보통신방송3학회 공동심포지엄 자료집.
김종선. 2018. "북한의 정보전자기술 발전과 수준."『과학과 기술』4.
김종선 · 이춘근. 2015. "북한의 IT산업의 개발역사와 시사점."『과학기술정책지』제25권 8호.
변학문. 2016. "김정은정권 '새 세기 산업혁명' 노선의 형성 과정."『한국과학사학회지』제38권
　　제3호.
소프트웨어정책연구소. 2018.『2017 소프트웨어 산업 실태조사』.
송경준. 2016. "북한이 올해는 어떤 태블릿PC를 출시할까?" NK테크브리핑, 2016. 6. 29.
한국정보통신진흥협회 · 한국전자정보통신산업진흥회.『2014년 ICT실태조사』.
현대경제연구원. 2018. "북한의 경제개발구와 '통일경제특구' 구상의 연계 가능성."『경제주평』
　　18-34(통권 809호).

BBC. 2017. "Cyber-attack: US and UK blame North Korea for WannaCry." Dec. 19.
Han, Tia. 2018. "Call me, comrade: the surprise rise of North Korean smartphones."
　　NKNEWS.ORG, July 30th.
Kessel, Isabel von. 2017. "Who Is North Korea Trading With?" *Statista*, 2017.8.15.
Kim, Yoo Hyang. 2004. "North Korea's Cyberpath." *Asian Perspective*, Vol. 28, No. 3.
Miller, Zeke J. 2015. "U.S. Sanctions North Korea Over Sony Hack." *Time*, January 2.
Nakashima, Ellen. 2017. "The NSA has linked the WannaCry computer worm to North
　　Korea." *The Washington Post*, June 14.
Reuters. 2017. "Russian firm provides new internet connection to North Korea." Oct. 2.
Sanger, David E. and Nicole Perlroth. 2014. "U.S. Said to Find North Korea Ordered
　　Cyberattack on Sony." *The New York Times*, Dec. 17.
UNICEF. 2018. "2017 DPR Korea MICS."
三村光弘. 2018.「北朝鮮経済は開放途上日本は市場化で役割を.」『週刊東洋経済』2018.7.21.

통일부, KOTRA, 연합뉴스
CIA, ITU 통계자료
로동신문, 조선신보. 조선중앙통신

제5장

4차 산업혁명 시대의 남북관계

북한의 정보통신(ICT) 인프라, 전자상거래 현황 및 과제

강하연 정보통신정책연구원

I. 들어가며

변화하는 한반도 정세에 맞추어 남북경제협력을 위한 다양한 아이디어가 제기되고 있다. 북한의 김정은 정권은 이전보다 외부세계와의 경제적 교류에 적극적인 것으로 보이며, 대부분의 사람들은 철도, 교통, 전력 등 전통적 인프라 부문에서 남북경협이 추진될 것으로 기대하고 있다. 그런데 4차 산업혁명으로 설명되는 최근의 경제·기술·환경적 변화는 기존 경협 분야 외 다른 영역 또는 다른 방식으로 정보통신(ICT)[1] 기술 기반 경제협력 시도가 가능해졌음을 뜻한다. 세계은행(World Bank)은 전통적 제조업 기반 성장모델이 전 세계적으로 한계에 직면하게 되면서 개발도상국들에게 디지털 기술 활용을 통한 혁신

....

1 본 논문은 '정보통신기술', 'ICT(Information Communications Technology)', '디지털기술' 개념을 혼용하여 작성하였다.

성장을 제시한 바 있다. 지난 20여 년 우리는 인터넷 및 관련 디지털 기술의 부상으로 인해 경제패러다임의 질적 변화를 목도한 바 있다(World Bank 2016). 전 세계적으로 빅데이터, 사물인터넷, 인공지능, 센서기술 등 새로운 ICT 기술의 등장으로 다양한 산업현장에서의 생산성 증대 및 고도화가 가능해졌으며 이제 디지털 기술은 경제성장에 필요한 핵심 기술로 자리 잡았다. 세계은행은 디지털 기술 또는 정보통신 기술로 인해 저개발 국가들도 세계시장에의 접근을 보다 효과적으로 할 수 있으며 경제활동의 위험과 비용을 낮추고 혁신을 통한 새로운 성장 활로를 찾을 수 있다고 주장한다. 경제개발에 사활을 걸고 있는 북한은 ICT 기술을 활용한 성장전략에 관심이 있으며, 남한은 경제침체의 활로를 남북경협을 통해 풀 수 있는 기회를 마주하고 있다.[2] 인터넷, 컴퓨팅 등 디지털기술을 활용한다면 이전보다 더 효율적이고 저렴한 비용으로 새로운 분야에서의 남북경제협력을 추진할 수 있다.

과거에 추진되었던 ICT 분야 남북경협은 주로 물리적 네트워크 구축 또는 통신기기나 부품 등 하드웨어 제조 위주 사업으로 진행되었다. KT의 개성공단 통신 인프라 구축사업이 그 대표적 사례이다. 물론 북한은 낙후된 인프라 개선이 절대적으로 필요하며, 에너지, 철도, 통신 등 기간산업 인프라 구축은 남북경협 제1순위에 해당될 것이다. 그런데 북한도 관심이 있고 개발의지가 있는 분야는 북한의 우수한 기술 인력의 투입이 가능하고 상대적으로 자본투자가 적게 드는 소프트웨어, 컴

---

2   남북협력 분야 전문가들이 모인 자리에서 남북경협 어젠다에 정보통신기술(ICT) 분야를 추가해야 한다는 주장이 나왔다. 최근 과학기술과 ICT 분야에 대한 북한의 관심이 높고 세계적으로 제조업 중심의 경제발전 모델이 한계에 부딪힌 만큼, 민간 주도 ICT 분야 교류협력을 정부가 장려해야 한다는 의견도 제기됐다(한국일보 2018.7.17. 기사).

퓨팅 등 ICT 기술개발 및 응용 사업들이다. 이러한 분야는 남한의 기업들에게도 매력적이며 특히 새로운 활로가 절대적으로 필요한 ICT 중소기업과 국내규제 때문에 어려움을 겪는 대기업들에게도 매력적일 수 있다. 요약하자면 ICT 기술기반 사업들이야말로 남북한 협력이 용이하고 양측의 수요에 맞는 다양한 경협 아이템 발굴이 가능하다. 더군다나 분단 70년으로 인해 남한과 북한의 정치사회 및 문화적 간극도 상당할 텐데, ICT 기술은 그 특성상 남한과 북한의 경제에 새로운 활력을 줄 뿐만 아니라 양측의 시간적·공간적 간극을 좁히는 데도 기여할 수 있을 것이다.

본 논문은 4차 산업혁명 시대의 새로운 남북경제협력 아이템을 고민하는 데서 출발하였다. 북한은 전통적으로 사회주의 국가 비전의 실현에 있어 과학기술을 강조하였으며 다른 저개발 국가와 달리 인터넷, 컴퓨팅 기술, 특히 소프트웨어 기술개발에 노력해왔다. 폐쇄적 인터넷 환경임에도 불구하고 ICT 기술 및 관련 서비스에 대한 수용도가 높다. 북한의 3G 서비스 가입자는 450만 명을 넘겼으며, 평양 등 대도시와 나진·선봉지역에서는 70% 이상 주민들이 스마트폰을 사용한다고 알려져 있으며, '만물상' 등 전자상거래 서비스가 등장하였다고 한다. 이러한 배경에서 ICT 기술이 적용된 서비스 분야에서의 남북경협을 고민하고자 하며, 특히 북한에서 부상하고 있는 전자상거래를 주목하고 이와 관련한 새로운 남북경협 아이템 및 경제협력 가능성을 제시하려 한다. 이 고민은 북한의 정보통신기술 수용도, ICT 정책 등 전체적 현황 파악이 전제되어야 하는바, 본 논문의 앞부분은 북한에서의 ICT의 위상과 북한경제에서의 역할, 그리고 ICT로 인해 변화하는 북한정치경제 분석을 다룬다. 후반부에서 북한의 전자상거래 현상을 분석하고 향후 ICT

서비스 분야 남북경협 아이디어 및 방향성을 제시한다.

참고로, 본 논문은 북한의 전자상거래 현황을 주목하고 있지만 궁극적으로 인터넷 기반 서비스 또는 ICT 서비스 분야 경제협력 가능성을 염두에 두고 작성되었다. 전자상거래 개념은 일반적으로 인터넷을 매개로 한 상품과 서비스의 거래에 초점을 두고 있는 좁은 개념[3]으로 인터넷 및 디지털 기술을 기반으로 하는 다양한 상품 및 서비스를 다루지 못하는 한계가 있다. 따라서 결론 파트의 논의는 단순히 전자상거래 분야 경제협력뿐만 아니라 ICT 서비스 분야와 관련된 남북 경제협력 아이디어를 포괄함을 미리 밝힌다.

II. 북한에서의 ICT의 위상 및 역할[4]

북한에서의 정보통신산업 및 정보통신기술의 위상은 적지 않다. 해방 이후 김일성 체제부터 지금까지 과학기술을 사회주의 경제 강국을 달성하는 중요한 수단으로 여기고 중앙정부의 본격적 지원 아래 정책을 추진하고 있기 때문이다. 이미 1960년대 말 '전진 5500'로 불리는 1세대 디지털 컴퓨터를 개발하고, 1970년대-80년대에는 중노동과 경노동, 공업노동과 농업노동의 차이를 해소하는 산업의 기계화 및 자동화를 강조하는 정책을 추진하였다. 기술기반 개발에 대한 강조와 함께 정권의 이념적 목표에 부응하는 기술전문인력의 양성도 강조되어 전국에

....

3   Webster 및 Oxford 대사전에서 가져온 정의이지만, 사실 전자상거래에 대한 국제적으로 합의된 정의는 존재하지 않는다.
4   박은진(2017) 및 김종선 외(2014)를 주로 참고하였다.

20여 개의 과학기술 관련 대학이 설립되는 등, 과학기술을 활용하여 경제부흥을 꾀하는 전략을 꾸준히 추진하였다.

김일성 정권에서 과학기술개발의 물적 토대를 다졌다면, 김정일 정권부터 정보통신기술 관련 정부정책이 본격화되었다. 김정일 정권은 'IT 단번도약 정책' 그리고 'CNC(Computerized Numerical Control)화 정책'을 적극적으로 추진하였다. 'IT 단번도약 정책'은 1994년 세계적인 정보통신기술 발전 붐에 편승하여 의욕적으로 추진되었는데, 과학기술 발전을 단계적으로 추진하였던 선대의 김일성 정권과는 달리 IT 산업에서의 중간 단계를 생략하고 단번에 국제사회와 같은 수준의 최고 단계 도약을 목표로 관련 기술의 개발이 추진되었다. 이 정책에 따라 1995년 컴퓨터 통신망인 '광명' 인트라넷이 개통되었으며, 이후 1998년에는 전국적 통신네트워크의 구축이 이루어졌다. 2000년대 들어서는 대학에 컴퓨터공학부, 정보공학과가 신설되었고, 정보공학강좌도 개설되기 시작했다. 2001년 김책공업종합대학에 정보과학기술 대학이 설치되었으며, 2002년 1월에는 국가과학원에 '정보기술학교'가 신설되었다. 또한 지방대학에도 컴퓨터를 비롯한 정보공학 강좌가 개설되는 등 북한 전역에 컴퓨터 교육 붐이 조성되었다. 그러나 김정일 정권의 'IT 단번도약 정책'은 북한의 폐쇄적 대외정책으로 인한 한계를 뛰어넘지 못하며 큰 성과를 거두지는 못하였다고 한다(박은진 2017, 198-200).

이후 추진된 'CNC화 정책'은 'IT 단번도약 정책'의 실패가 북한 경제 전반에 걸친 낡은 기계 설비와 생산기술·공정의 문제 때문이라는 인식에서 출발하였다. 사실 이 시기는 UN안보리 결의 1874호가 채택되어 대북제재가 더욱 강화되는 배경에서 새로운 경제개발 전략을 모색할 수밖에 없는 상황이었다. 'CNC'라는 용어는 북한에서는 2009년 로동신문에 처음 등장했는데, 공작기계공업부문에서 컴퓨터제어로 가공물을 자동 절삭하는 최신 공작기계를 지칭하는 용어로 사용되었다. 김정은 정권은 생산 공정의 현대화·자동화·무인화·정보화를 통해 경제 강국을 건설하겠다는 목표로 모든 산업의 CNC화를 추진하였으며, 다양한 생산현장에서 정보화된 설비들이 적용되도록 하였다. 이 시기에 프로그래밍 등 소프트웨어 개발인력 육성을 위한 교육기관 설립 등 제도적 환경을 구축했으며, 북한의 독자적 OS, 응용프로그램, 판형컴퓨터로 불리는 태블릿PC를 개발하였다. 북한은 고난의 행군이 끝난 1998년도부터 과학기술발전 5개년 계획을 연이어 수립, 과학기술발전을 통해 북한의 생산현장의 문제점을 극복하려고 노력하고 있으며, 2022년까지 과학기술 강국 실현 목표로 IT, BT, NT 분야 기술고도화를 추진하고 있다(박은진 2017, 201-203). 흥미로운 것은 김정일 정권부터 과학화를 사회주의 헌법에 규정할 정도로 과학 기술정책을 모든 산업에 적용하겠다는 의지를 보이고 있는 부분이다. 북한의 사회주의헌법은 과학기술발전을 통해 노동자들이 힘든 노동에서 해방되어야 하며, 과학연구는 주체성을 가져야 하고, 과학자와 생산자들의 창조적 협조가 필요함을 명문화하고 있다(표 1 참고). 한 나라의 헌법에 과학기술의 역할을 구체적으로 명시한 것은 매우 드문 일이며 대부분의 사회주의 및 자본주의 국가 헌법에선 발견되지 않는다. 북한이 자국의 하위법령이 아닌 헌법에 상세하게 명문화한 것은 그만큼 과학기술정책을 중요하게 여기고 있다는 증거일 것이다.

김정은 정권에서도 ICT를 포함한 과학기술정책은 여전히 강조되고 있다. 선대의 김일성식의 '단계별 성장'이 아닌, 김정일식의 '단번도약' 전략을 추구하고 있는데, 이는 북한의 각 산업별 발전 속도가 다른

표 1 북한 사회주의 헌법 과학기술 관련 규정

[제27조]
국가는 언제나 기술발전문제를 첫 자리에 놓고 모든 경제활동을 진행하며 과학기술 발전과 인민경제 기술개조를 다그치고 대중적 기술혁신운동을 힘 있게 벌려 근로자들을 어렵고 힘든 노동에서 해방하며, 육체노동과 정신노동의 차이를 줄여나간다.

[제50조]
국가는 과학연구사업에 주체를 세우며, 선진과학기술을 적극 받아들이고 새로운 과학기술분야를 개척하여 나라의 과학기술을 세계적 수준에 올려 세운다.

[제51조]
국가는 과학기술발전계획을 바로 세우고 철저히 수행하는 규율을 세우며 과학자, 기술자들과 생산자들의 창조적 협조를 강화하도록 한다.

출처: 박은진(2017), 저자 재정리.

현실에서 기인한다. 북한은 CNC화를 통해 2차 산업혁명의 자동생산라인 도입 등의 근대화를 추진하고 있으나 사실 그 실적은 분야별로 많은 차이가 있는 것으로 알려져 있다. 그렇다고 세계적 흐름인 4차 산업혁명도 무시할 수 없는 현실에 직면하고 있다. 이러한 배경에서 김정은 정권은 자본주의 사회에서 일반적으로 순차적으로 진행된 1차, 2차, 3차 산업의 발달을 기반으로 추진되는 4차 산업혁명이 아닌, 2차 산업의 기계화·현대화 전략과 동시에 물리, 디지털기술, 바이오 기술 등 4차 산업혁명 관련 산업도 동시에 발전시키겠다는 전략을 추진하는 것으로 보인다.

북한의 정보통신기술과 산업의 위상을 간단히 살펴보자. 북한의 ICT 분야의 개발은 1990년 후반부터 본격적으로 추진되었다는 것이 일반적 평가이다. 잘 알려져 있듯이 이 시기는 북한이 자력경제개발 전략, 즉 강성대국 전략을 추진하던 시기이다. 북한은 자본과 노동력 추가 투입의 한계에 직면한 상황에서 기술진보 등의 총요소 생산성 증가에 의한 경제회생 및 경제발전을 도모하였는데, 정보통신기술은 이러한 국가목표 달성 측면에서 매우 용이한 정책수단이었다. 디지털 기술 후발국이란 약점은 오히려 관련 기술의 초기개발 비용을 줄일 수 있는 장점으로 작용하였으며, 낙후되어 보급률도 낮은 유선전화분야(2000년도 당시 10%대)를 뛰어넘어 세계적 수준의 전국 무선통신서비스 구축 전략으로 바로 진입하여, '단번의 도약'을 실현할 수 있는 계기로 삼을 수 있었던 것이다. 가혹한 '고난의 행군' 시절에서도 전국 광섬유케이블 구축사업을 꾸준히 추진할 정도로 김정일 체제에서 정보통신기술발전이 강조되었다. 북한은 UNDP 원조자금과 태국계 록슬리퍼시픽(Loxely Pacific)사의 투자를 받아 나진선봉 지역에 현대식 광케이블 생산 공장을 건설하였으며, 2002년 전국에 광케이블망을 깔아 전국 무선통신산업의 기반을 만들었다.[5] 북한의 통신네트워크의 구조는 평양을 중심으로 각 도청 소재지에 지역 센터가 구축되어 있으며 지역 센터 근처의 중소도시들이 해당 센터에 방사형으로 연결되어 있는 구조이며, 광케이블은 리 단위까지 연결되어 있다(정보통신정책연구원 내부자료). 북한의 기간망은 국제적으로 고립되어 있는 인트라넷으로, 내외부 공격으로부터 철저히 통제되어 있다.

무선통신분야는 해외자본 유치를 통해 북한 내 투자를 유도하기에 매우 적합한 분야였다. 록슬리퍼시픽에게 부여한 사업독점권을 통해 얻는 해외투자자금 및 서비스·단말기 판매 등으로 발생되는 수입은 중

....
5   록슬리퍼시픽사는 북한 체신성 산하 조선체신회사와 합작으로 동북아전화통신회사(NEAT&T)를 설립하고 30년간 북한에 2G GSM 서비스를 제공하는 허가를 획득하여 서비스를 제공하였다.

양정부 재정에 도움이 되는 등 강성대국 전략 추진에 도움이 된 것으로 보인다. 이후 북한은 2008년 이집트의 오라스콤(Orascom)사와 북한 체신성 산하 조선체신회사와 설립한 합작회사 '체오'(오라스콤 75 : 조선체신회사 25)에게 3G 서비스 허가를 부여하였다. 대주주인 오라스콤은 25년 사업허가 및 4년 사업독점권을 획득하였고 '고려링크'라는 이름으로 서비스를 제공하였다(정보통신정책연구원 자료, 이석기 외 2017).

북한의 이동통신서비스는 초기에는 북한 권력고위층과 엘리트 사회 내에서만 사용되었지만 북한의 시장화와 함께 국민의 일상생활에 필요한 필수아이템으로 자리 잡았다. 서비스개시 첫 해인 2008년 당시 2000명을 밑돌던 가입자 수가 3년 후 2012년엔 100만 명, 4년 후인 2016년에는 370만 명을 돌파하였으며, 이동통신 단말기 보급률은 북한 전체 약 35%, 평양지역의 경우 80% 정도인 것으로 파악된다(오라스콤 통계 인용, 이석기 외 2017, 180). 물론 고려링크의 3G서비스는 제약이 많다. 북한 주민은 해외(국외) 인터넷 및 데이터 사용이 금지되어 있으며 인트라넷서 제공되는 서비스만 사용할 수 있다. 단말기에는 북한당국의 검증을 통과한 앱만 설치할 수 있어 내장된 로동신문 앱이나 북한기관이 만든 날씨, 기차시간표 등 정보앱의 사용만 가능하며 새로운 앱을 깔기 위해서는 국가공인 상점을 방문해 구입해야만 설치할 수 있다. 단 북한 내 외교관, 등록된 외국인 등은 인터넷 사용이 가능한 것으로 알려져 있다. 북한은 2014년에 오라스콤이 갖고 있던 서비스독점권을 종식시키고 북한이 독자적으로 설립한 제2 이동통신사 강성네트 및 '별'이라는 경쟁 서비스를 제공하고 있다. 별은 고려링크보다 저렴한 가격에 서비스를 제공하고 있어 출시 후 곧바로 100만 이상의 가입자를 확보하였다고 한다.[6]

북한의 정보통신산업 중 소프트웨어 분야를 살펴보면, 무선통신분야와 마찬가지로 당국의 적극적 지원하에 육성되었다. 사실 소프트웨어 분야는 자본이나 기반시설 투자 없이 우수한 기술인력만 가지고 육성이 가능하기 때문에 김일성 정권부터 기초과학기술을 강조해온 북한이 나름의 성과를 이루어낸 분야이다. 특히 김정일 정권에서 '단번 도약' 전략을 계기로 소프트웨어 기술개발과 관련된 정부기관 및 제도들이 정비되었으며 다양한 소프트웨어 개발 국가프로젝트들이 가동되었다(박은진 2017; 이춘근 외 2014). 대표적 ICT 기관을 소개하자면, 조선콤퓨터센터(Korea Computer Center)는 북한에서 가장 유명한 기관으로 북한의 .kp 도메인 운영 및 다양한 프로그램 개발을 담당하고 있으며, 유엔개발계획(UNDP)의 지원으로 설립된 평양정보기술국은 해외에서도 잘 알려진 소프트웨어 개발기관이다. 1963년 설립된 중앙과학기술통보사는 북한의 전국망 '광명'망을 개발·운영하고 있는 전통 깊은 과학기술 정보 공급 기관이다. 북한은 이러한 기관들을 통해 수학적 처리기법에 기초한 언어처리, 영상처리, 보안 및 암호화, 인식기술 및 애니메이션 분야 기술개발에 주력하고 있다.

주목해야 할 것은 상업적 측면에서는 미흡한 측면이 많으나 '우리식 소프트웨어 개발'을 강조하는 등 외국의 소프트웨어에 의존하지 않는 독자적 기술개발에 주력하였다는 점이다. 앞서 언급한 평양정보기술국에서 개발한 대표적 프로그램으로 조선어처리 프로그램 '단군', 워드프로세서 '창덕', 자료관리 프로그램 '고향', 3차원 CAD프로그램 '산

....

6   김유향(2018); 이석기 외(2017). 북한의 제2 및 제3 통신사의 등장으로 무선통신서비스 사용자가 최근 400만을 넘은 것은 분명해 보인다.

악', 전자출판체계 등이 있다. 이 외에도 은별콤퓨터기술연구소가 개발한 장기와 바둑 등 게임 프로그램 그리고 국가과학원에서 개발한 교육용 학습프로그램이 잘 알려져 있다(이석기 외 2017, 214). 북한의 자주적 소프트웨어 개발의지는 '붉은별' 오픈소스 리눅스 기반 공식 운영체계(OS) 프로그램에서 확인된다. 2000년도에 들어서면서 컴퓨터교육 붐을 타고 다양한 태블릿PC를 직접 만들었으며, 여기에 '노을' 등 안드로이드 기반 자체개발 OS 프로그램을 탑재하였다. 2012년 세 종류의 태블릿 PC를 출시하였는데, 그 이후 한 가지가 추가로 출시되어 현재 네 종류의 태블릿 PC가 시판되고 있다고 한다. 이들 기기는 안드로이드 운영체계를 기반으로 만들어졌으나 기기마다 운영체계의 활용방식에 차이가 있어 호환성 문제가 있다. 또한 외국어 입력의 문제, 시스템 불안전성 및 응용 프로그램과의 충돌 문제 등으로 인해 아직은 조립 수준이라는 평가를 받고 있다. 한편 스마트폰 사용자가 늘어나면서 북한은 자체적으로 아리랑(2013), 평양터치(2014), 진달래3(2017) 등을 개발하기도 했다(이춘근 외 2014). 북한의 소프트웨어 산업은 아직까지 내수시장용으로 글로벌 경쟁력 측면에서 미흡한 점이 많다. 다만 지난 20여 년간 꾸준히 추진한 기술인력 육성 정책으로 ICT 기술인력의 수준(3만 명 정도)이 높으며 이 중 절반 이상이 중국 북경, 상하이 대련, 단동 연길 지역에 해외취업을 하고 있어 북한의 외화벌이에 기여하고 있다고 한다.

정리하자면 북한의 정보통신산업은 대내외적 경제적 어려움 속에서 자력으로 경제발전을 도모하는 데 정치경제적으로 중요한 산업이었다. 선대부터 강조한 과학기술 정책은 정권의 사회주의 노선과 독자적 경제개발을 추진하는 데 중요한 역할을 하였으며, 1990년대의 어려움 속에서도 변함없이 추진될 정도로 정치적 가치 또한 컸다. 무선통신

서비스의 도입을 통해 북한 집권층은 당시 김정일 정권의 대내적 정당성 확보뿐만 아니라 절실히 필요하던 해외투자 유치도 할 수 있었다. ICT 기술을 통한 '단번도약' 실험은 독자적 하드웨어 및 소프트웨어 개발, 그리고 기술의 산업현장 적용 방식으로 추진되었다. 그 성과는 대내외적 악조건 속에서 큰 결실을 보지 못하였지만, 북한에 기간망 구축 등을 통해 확립된 ICT 환경은 2000년도부터 진행되고 있는 북한의 시장화를 돌이킬 수 없도록 영향을 준 것으로 판단된다. 왜냐하면 정보통신기술은 북한경제의 비공식 부문, 즉 시장의 확대를 촉진하고 있으며 특히 다양한 서비스가 도입되면서 북한 주민의 삶을 질적으로 변화시키고 있기 때문이다.

III. ICT로 인해 변화하는 북한의 정치경제

잘 알려져 있듯이 북한은 고난의 행군 시기(1994년~2000년)를 거치면서 혹독한 경제침체를 겪었다. 국가기반 유통시스템(배급제)이 붕괴되면서 주민들은 쌀, 기름 등 생활필수품을 스스로 조달할 수밖에 없는 상황으로 몰리게 되면서 북한주민 간 생산물 거래가 이루어지는 시장(장마당)이 지역마다 암암리에 등장하기 시작하였다. 사회주의 계획경제를 표방하는 북한은 국가가 각 기업 등 생산주체에게 지표별 생산계획을 주고 그에 필요한 원자재를 국가자재유통시스템을 통해 공급하며 이렇게 만들어진 생산물(생산재, 소비재)은 국가가 운영하는 유통망을 통해 소비되는 일원화된 국가생산 및 유통체계를 지향한다. 따라서 주민 간 생산물의 거래는 북한의 계획경제체제에서 용납할 수 없는 것이다.

그러나 혹독한 경제난 속에 한정된 국가 자원을 핵개발 등 전략부문에 집중하고 민생경제를 제대로 살필 수 없는 상황에서 당국은 시장의 부상을 묵인할 수밖에 없었다. 점점 성장하는 비공식 시장은 북한 경제에 상당한 비중을 차지하게 되면서 이제 북한의 대표적 비공식 시장은 소비재, 생산재, 주택, 노동, 심지어 금융 시장까지 포함한다(김영희 2017). 북한은 2009년 비공식 시장을 종식하고자 화폐개혁을 추진하였으나 참담하게 실패하였다. 화폐개혁은 사회주의 계획경제시스템을 유지하려는 북한 당국의 정책적 승부수였으나 시장화의 대세를 거를 수 없었던 것이다(이종규 2016). 화폐개혁의 실패 이후 북한 경제의 시장화는 거스를 수 없는 대세로 보인다.

이러한 배경에서 김정은 정권은 이전 정권보다 적극적으로 변화한 경제 및 시장화 현상을 수용하고 있다. 기업의 경영 자율권을 일부 인정하는 등 개인 및 기업의 시장참여를 허용하는 일련의 경제개혁조치를 추진하였는데, 2012년 발표된 '우리식경제관리방법'('6·28 방침')에서 기업 단위의 판매권과 이윤본위주의를 인정하고 노동자에 대한 평균 분배정책을 폐기하였다. 2014년 '5·30 담화'에서는 '기업책임관리제'를 도입하여 기업이 국가가 공급하지 않는 영역의 시장을 대상으로 하는 생산과 판매, 그리고 시장 가격의 역할을 인정하였다. (물론 소유권은 여전히 인정하지 않고 있으며, 당 및 군에 소속된 기업들은 해당되지 않음.) 또한 노동에 대한 평가 및 분배를 인정(차등임금제, 즉 일한 만큼 번 만큼 분배)하였다. 전국에 우후죽순처럼 생겨난 장마당을 인정하고 이를 체제 차원에서 인정하고 북한주민들이 합법적으로 장사할 수 있도록 하였다.[7] 이

<hr />

7   북한 주민들이 자릿세를 내고 장사를 할 수 있는, 북한당국이 공식적으로 인정한 종합시장

러한 정책들은 아직 일부 지역이나 농업 등 특정 분야에만 적용되고 있으나 시장의 영역을 인정하고 계획경제와 공존하게끔 시장을 유도하고자 하는 정책당국의 노력이 돋보인다. 물론 많은 전문가들은 김정은 정권이 시장화를 받아들인 것으로 보이나 중국 및 베트남이 자본주의를 전격적으로 수용한 것처럼 시장중심적 경제변화를 추구할지에 대하여 뚜렷한 결론을 내리지 못하고 있다(KIET 2018; 이종규 2016; 김병연 2018). 그러나 분명한 것은 김정일 정권 때부터 그 모습을 드러낸 시장의 모습은 무시할 수 없으며 향후에도 북한경제에서 시장화 또는 시장 메커니즘의 작동이 뚜렷해지는 현상은 계속되어질 것으로 보인다.

본 논문은 북한의 시장화 과정에서 ICT의 역할에 주목하고자 한다. ICT 기술, 특히 무선통신은 북한의 시장화 확산에 핵심적 역할을 하였다(이석기 외 2017, 160-220). 북한의 계획경제가 붕괴되면서 상업, 유통, 운수, 개인서비스들이 등장하였는데 이 과정에서 무선통신이 핵심적 역할을 하였기 때문이다. 이미 고난의 행군 시대부터 중국 휴대전화를 통해 북중 국경지대 밀무역을 하던 장사꾼들에게 휴대폰은 북한 내 시장 수급상황과 가격정보를 파악하기에 매우 용이한 필수품이었다. 2000년대 들어서면서 장마당이 확산되자 북한 내 장마당 도소매 상인들에게는 각 지역의 시장정보를 수집하고 시장상황 변화에 즉각적으로 대응할 수 있으려면 휴대전화가 필요했다. 거래 당사자들이 굳이 시장에서 직접 만날 필요 없이 전화 한 통으로 흥정이 가능해진 것이다. 무선통신은 북한당국으로부터 공식적으로 인정받지 못하여 불안요소가 남아 있는 비공식 시장 내 정보접근성을 용이하게 하여 유통비용을 획

....

은 전국에 400여 개가 넘는 것으로 파악되고 있다(이석기 외 2017, 91).

기적으로 인하하고 궁극적으로 상업의 효율성을 증대하는 데 기여하였다. 직접 물건을 장마당에 갖고나와 거래하는 현상이 줄어들고 전화로 물건의 가격, 수량, 운송 및 배달 방법까지 흥정할 수 있게 된 것이다. 한마디로 이제는 장마당의 장사꾼들에겐 휴대폰 없이 장사를 할 수 없으며 개인이 여러 개의 휴대폰을 보유하여 시장의 정보파악 및 주문거래를 하는 것이 보편적 현상이 되었다.

무선통신의 중요성은 민간 수송수단인 '써비차'의 등장으로 더욱 빛을 발한다. 국가 유통망인 체신청 없이도 소화물의 배달이 가능해졌다. 소포발송자는 수신자에게 써비차의 정보와 운전사의 휴대전화 번호를 알려주고, 운전사에게는 수신자의 전화번호를 알려준 뒤, 소포를 배달하는 운전사가 도착지에 도달하면 수신자에게 전화를 걸어 물건을 직접 찾아가게 하는 것이다. 우리의 택배와 비슷한 서비스로, 북한의 열악한 물류유통 환경을 감안하면 상당히 빠르고 정확한 서비스가 이뤄지고 있는 것이다. 휴대전화를 통해 시장정보가 빠르게 전달되고 유통의 범위가 크게 향상되면서 주민의 일상생활이 많이 개선되었다. 상인들은 시장상황에 대하여 빠르게 대응하게 되었으며 장마당의 상품공급이 원활해지면서 상품가격도 안정화되어 요새 평양서 구매한 중국공산품의 가격과 중국 현지의 가격 차이가 많이 나지 않는다고 한다(이석기 외 2017, 129-130).

휴대전화는 물류유통의 혁신뿐만 아니라 금융에도 영향을 미쳤다. 장마당을 통해 부를 축적한 민간금융자본가('돈주')들이 무선통신을 활용하여 자금을 송수신하고 있다. 북한의 주민들은 공식 은행체계를 불신하며, 은행에 돈을 맡기기보다 장롱에 감추거나 사적 네트워크를 통해 융통하고 있는데, 돈주들이 등장하게 되면서 휴대전화를 통해 공식

금융체계를 우회하고 사인 간 송금 및 결제를 할 수 있게 된 것이다. 돈 주들은 지역마다 일종의 정산센터(이관집)를 운영하여 지역 간 송금 또는 결제 시 일부 수수료를 받고 자금을 융통해주고 있으며, 돈을 송금한 자와 수신한 자는 전화로 송금과 수취사실을 확인한다. 이관집 간 별도의 청산 시스템이 있으며 상품거래를 수반하지 않는 현금서비스도 가능하다고 한다(임을출 2017).

종합해보면, 북한의 시장화 현상은 대내외적 악조건에서 한정된 자원을 군수부문이나 발전소 등 전략적 부문에 투입하고 여타 민생경제로 투자를 하지 않는, 즉 정치적으로 왜곡된 자금분배구조를 갖고 있는 북한의 정치경제에서 나타난 독특한 현상이다. 북한의 시장화는 당국의 제재 노력에도 불구하고 확산되어 가고 있으며 아이러니하게 역대 정권부터 강조해온 ICT 기술로 인해 발전하고 있다. 흥미로운 점은 북한의 시장화 현상에 대응하는 방안으로 북한당국 또한 ICT 기술을 활용하려고 하는 것이다. 최근 김정은 정권은 ICT 기술을 활용하여 민간 또는 비공식 영역에 축적되어 있는 화폐자금을 공식적 영역으로 유입하고자 하는 노력을 하고 있다. 아래에서 설명하겠지만, 최근 북한의 전자상거래 현상은 이러한 맥락에서 이해되어야 한다.

IV. 북한의 전자상거래 현황

북한 계획경제의 붕괴는 2009년 화폐개혁의 실패로 더욱 가속화되었다. 화폐개혁의 실패로 공식금융 기능이 붕괴되고 주민들은 보유한 현금이 휴지조각이 되어버리는 경험을 한다. 이로 인해 북한 주민들은 외화(달러, 위안화)를 선호하고 저금을 기피하게 되었으며, 사금융이 발달하게 되었다. 화폐개혁의 실패로 정부의 자금 분배 능력이 크게 약화되면서 기업들은 공식금융기관이 아닌 민간금융, 즉 돈주를 통해 고리대로 자금을 조달할 수밖에 없었고 이러한 사금융은 개인 간 거래뿐만 아니라 기업 간 또는 기업 및 은행 간 거래까지 확산하였다. 사금융의 역할이 커지면서 사회주의 경제의 운영원칙인 '국가은행을 통한 화폐자금의 계획적 융통'이 크게 훼손되었고, 여기에다 당시 북한에 가해진 대외적 경제 압박까지 더하여 국가금융은 제대로 작동하지 못하였다.

이러한 배경에서 북한은 시장주의적 금융의 개념과 역할을 받아들였다. 중앙은행과 상업은행을 분리하는 이원적 은행체제를 수용하는 등 금융의 역할을 살리려는 일련의 조치[8]를 취하였다. 특히 주목되는 부분은 과거 체제전환국가들과 달리 ICT 기술을 접목한 금융기법을 사용하여 비공식 영역에 잠재된, 즉 주민이 사적으로 보유한 자금(사금융)을 공식 영역으로 전환하는 것을 목표로 전자화폐(카드) 사용의무화 정책을 추진한 점이다. 북한은 2012년을 기준으로 평양을 중심으로 원화전용 전자화폐가 급여와 연동되어 사용되고 있으며 모든 국영상점에서 전자화폐를 사용하지 않으면 물건을 구입할 수 없다. 즉 모든 공식거래를 카드로 결제하도록 의무화하고 있어 국가은행이 자금순환의 역할을 할 수 있도록 하는 것이다. 이론적으로 카드 사용 의무화를 통해 북한원화의 기능회복[9]뿐만 아니라 공식금융의 회복도 가능하다. 카드결제 의무화를 통해 북한 개인 및 기업의 경제행위(은행계좌에서 현금이 이체되는

....

8   임을출은 이 조치가 중국의 인민은행에서 상업은행의 기능을 분리한 이원은행제도와 유사한 것으로 평가하고 있다.
9   즉, 북한의 달러라이제이션의 진전을 막는 것을 의미한다.

과정)가 투명하게 관리되어 사금융과 지하경제를 축소하는 효과를 기대할 수 있기 때문이다.

김정은 집권 후 북한에 다양한 카드(전자화폐)의 이용이 이루어져왔다. 개인 명의로 된 은행계좌를 근거로 발행하는 카드라는 측면에서 우리나라와 비슷하지만, 북한의 금융시스템에서는 신용거래가 존재하지 않기 때문에 신용카드는 없다. 대신 '예불카드'로 불리는 다양한 카드가 있다. 예불카드는 은행에서 발행하는 카드, 상점에서 발행하는 상품구입카드, 상업협회나 특정회사가 발행하는 예불카드 등이 있다. 은행에서 발행하는 카드로는 2010년 12월에 도입된 '나래카드',[10] 2014년 도입된 '전성카드', 2016년 도입된 '금길카드' 등이 있다. 언급된 모든 예불카드는 은행의 계좌를 근거로 발행하지만, 사실 북한 예불카드의 특징은 익명성이다. 개인명의 은행계좌에 유치된 현금을 기반으로 만들어지지만, 소유자의 이름이 적혀 있지 않아 카드를 소지한 임의의 사람이 이 카드로 소비하거나 현금을 찾을 수 있어 사실 현금처럼 사용할 수 있다. 나래카드의 경우 카드의 충전 및 사용을 달러나 위안화로 할 수 있는데, 아직까지 공식금융에 대한 신뢰가 부족한 북한에서 실명 금융거래가 어려운 현실을 보여준다. 북한당국은 주민편의를 구실로 공

....

10   이 카드는 북한 내 외화 서비스단위들의 상품 및 서비스에 대한 대금결제에서 널리 사용되고 있다. 나래카드의 최대 장점은 무현금 결제 방법이기에 신속하고, 잔돈처리가 깨끗하며, 환전이 편리하다는 것이다. 또한 유동자금이 결제과정에 머무르는 시간을 대폭 줄이고, 자금회전 속도를 높혀 상품유통을 원활하게 만들고 있다. 나아가 카드-카드 사이 송금과 핸드폰에 의한 대금결제를 진행할 수 있는 점도 나래카드의 장점으로 분석되고 있다. 2유로 혹은 3달러의 수속비만 지불하면 북한주민이든 외국인이든 누구나 카드를 발급 받을 수 있다. 따라서 카드소지자의 카드거래와 관련한 비밀은 철저히 보장된다. 카드를 분실하면 처음에 받은 티켓(存根)을 제시하면 언제든 재발급 받을 수 있다. 임을출(2017); 최문(2017) 참고.

그림 1 북한의 전자결제카드 '나래'

출처: 최문(2017).

장기업소 종업원들에게 2017년 8월부터 현금카드를 의무적으로 발급 받도록 하였으며, 평양시를 시작으로 각 도 소재지에 있는 기관기업소 직원들에게 현금카드를 만들도록 강요하고 있다. 월급도 현금카드로 지급되는 것으로 전해지고 있다. 중국에 파견된 북한 근로자들에게 지급되는 월급도 조선중앙은행에서 발급되는 '미래현금카드'로 지급된다고 한다(임을출 2017, 66).

북한당국은 비공식 경제, 특히 사금융을 공식 경제의 틀 안으로 포괄하고자 노력해왔다. 그러나 당국이 원하는 성과를 얻으려면 두 개의 전제가 충족되어야 하는데, 첫째 북한의 ICT 인프라(인터넷 네트워크)가 전국적으로 작동되어야 하며 전자결제가 모든 분야에서 가능해야 한다. 그러나 아직까지 전자카드는 국가기관의 물건구매만 가능한 것으로 보이며 북한의 인트라넷은 국가가 운영하는 기관의 상품이나 서비스만 허용하고 있다. 아직까지 장마당 등 부상하는 시장 영역에서도 인터넷을 기반으로 하는 거래가 가능한지 파악이 필요하다. 둘째, 전자카드로 급여를 받거나, 현금을 충전하거나 물건을 구매하려면 상점 또는 기관마다 카드단말기 및 금융거래 전산시스템 등 금융거래 전용 통신 인프라가 필요한데 이러한 결제시스템이 일부 기업 및 지역에만 구축된 것으로 보인다. 사실 전자결제 관련 인프라는 평양 및 대도시 지역에서만 구축·운영되고 있는 것으로 보는 것이 현실적일 것이다.

최근 주목받는 북한의 전자상거래[11] 현상도 앞서 설명한 비공식 영역의 자금을 공식 영역으로 유입하고자 하는 북한당국의 정책 측면에서 설명된다. 전자상거래는 정보통신시스템(망 및 소프트웨어)의 지원이 필요한 산업이다. 상품 및 서비스를 탑재할 웹기술 기반 인터넷 플랫폼, 전자결제시스템 및 관련 소프트웨어 기술, 이를 뒷받침할 물류 유통관리 시스템 등이 필요하기 때문이다. 김정은 정권부터 ICT 기술을 사용한 수익사업이 폭넓게 허용되면서 정부기관, 기업소 소속의 정보기술 회사에서 다양한 상품 및 서비스들이 출현하고 있다. 인트라넷 광명망 내부는 인터넷 쇼핑몰, 교육 콘텐츠 등 대부분 북한 콘텐츠가 탑재가 되어 있으며 이들의 상업화가 급속도로 진행되고 있다. 다만 앞서 언급하였듯이 북한 인터넷 인프라의 구조적 한계 때문에 북한의 전자상거래가 우리에게 익숙한 G마켓, 11번가, 아마존과 같은 전자상거래 서비스와 동일한 것으로 생각하면 무리가 있다.

북한에서 제일 처음 출현한 전자상거래 서비스는 '옥류'이다. 조선인민봉사총국에서 2014년 말부터 시험 운영하다가 2015년 정초부터 정식으로 운영을 시작하였다. 북한의 전자상거래는 PC보다 모바일 기반에서 활성화되었는데, 그 이유는 북한 가정 내 PC 보급률이 휴대폰 보급률보다 낮고 인터넷망이 개별 가정까지 확보되어 있는 환경이 아

....

11   북한에서는 전자상거래를 '전자상업봉사체계'로 부른다.

니기 때문이다. 옥류는 2017년 2월부터 휴대폰 기반 서비스를 제공하기 시작하였으며, 휴대폰을 통해 가입 후 상품들을 검색, 선택하고 구입할 수 있다. 옥류 사이트에는 각 지역의 유명한 상점, 류경관 등 식당, 상업서비스 단위들의 인기상품들이 탑재되어 있다. 주민들은 평양양말 공장, 선흥식료공장 등 평양시내 공장, 기업소들에서 생산하는 인기 상품과 평양목란비데오상점, 해당화관, 창전해맞이식당 등의 음식, 화장품과 의약품, 신발류 와 가방류, 약품 등을 홈페이지에서 검색하고 선택할 수 있다. 구입할 때에는 전자카드로 금액을 지불하며, 전화로 상품의 기능, 성격 등에 대해서 문의할 수 있다. 주문상품의 송달을 보장하기 위하여 인민봉사총국 산하의 여러 운수사업소들이 주문상품을 주민구역에 운송하는 사업도 진행하고 있다.

북한에서 가장 인기 있는 전자상거래 사이트는 2016년 11월경에 조선연풍상업정보기술사에서 개발한 '만물상'으로 알려져 있다(최문 2017). 만물상 홈페이지는 카테고리별 메뉴기능이 탑재되어 상품에 대한 정보 메뉴뿐만 아니라 상품이나 상점에 대한 소개홍보, 주문결제확인 메뉴 기능이 있다. 만물상 홈페이지 내 전자상점 메뉴에는 보건의료품, 건재/공구, 악기/체육기계, 류전기재/차부속, 조명기구, 기계/설비, 묘목/화초, 사료/먹이첨가제, 소프트웨어/DVD, 전기전자제품, 원료, 용기, 인하상품, 관광, 특산물 등 수십 가지 부류에 달하는 상품들에 대한 상세한 정보자료들이 있다. 생산기업소들과 상점들은 자사의 제품, 상품에 대한 정보를 홈페이지에 자체로 필요할 때마다 올릴 수 있고 구매자들도 인트라넷 및 이동통신망에 접속하여 아무 때나 열람할 수 있다. 업무자들은 판매하려는 상품을 직접 홈페이지에 올려 관리할 수 있고 통보문 기능을 이용하여 판매자와 구매자 간 의견교환도 진행할 수

그림 2 만물상 홈페이지

출처: 최문(2017).

있다. 이 밖에도 만물상은 홈페이지 가입자들이 필요한 경제정보의 열
람 및 교환서비스도 제공하고 있다. 요구하는 제품을 공급하는 상점의
위치 및 가격 비교, 새 제품에 대한 정보 등이 제공된다. 만물상이 북한
에서 큰 인기를 얻고 있는 것은 분명한 것 같다. 북한 관영 선전매체인
'조선의 오늘'은 2017년 6월 24일 기사에서 만물상 사이트의 성장에 대
하여 "만물상이 생긴 지 얼마 안 되었지만 하루에 등록되는 제품 수가
100개가 넘는다"면서 "국내 컴퓨터망과 휴대전화망을 통해 접속하는
방문객이 하루에 6만 명에 달하고 그 수는 계속 늘고 있다"고 밝히기도
했고, 6월 13일자 '조선의 오늘'은 누적 방문객이 526만 명이라고 보도
하였다.[12]

　'은파산'은 북한이 선주문과 배달 시 지불이 가능한 신규 전자상거

래 사이트이다. 은파산에서는 북한의 이전 전자상거래에서는 불가능했던 배달 시 지불과 예약 주문도 가능하다. 은파산 또한 인기를 얻고 있으며 각 지역 상점의 개점 시간 등 검색 기능도 제공한다. '은파산' 홈페이지에서는 가입자들에게 전자상점을 통한 상품봉사를 진행해 열람자와 상품구매자들의 편의를 위해 상품검색 기능, 바구니에 담기 기능, 전자결제, 송달 후 지불, 구매예약 형태의 봉사주문 기능들을 제공하고 있다. 특히 봉사망들의 운영날짜와 시간, 생활에 필요한 상업정보 등을 임의의 시간에 열람할 수 있어 가입자들 사이에서 호평을 받고 있으며, 가입자들 사이에 활발한 정보기술교류와 전자상업활동도 진행할 수 있다고 한다. '은파산' 홈페이지에는 전자제품, 여자옷, 남자옷, 신발 가방, 천, 섬유, 일용잡화, 문예도서 등의 상품을 분류하고 있으나 정확한 상품 종류는 소개하지 않고 있다. 눈길을 끄는 것은 '은파산'은 www. un-phasan.com.kp라는 인터넷주소를 사용하고 있다는 점이다. 하지만 북한 외부에서는 접속이 불가능해 북한 국내에서만 접속할 수 있는 인트라넷을 이용하는 것으로 파악되고 있다(최문 2017). 이 외에도 2012년 출시된 '내나라 전자백화점'은 다양한 소프트웨어제품(513개)과 IT기기들(디지털 LED TV 모니터 등), 화상압축과 패턴인식, 리눅스 해킹과 보안, 리눅스 관련 서비스 등을 제공하고 있는 것이 흥미롭다. 북한이 개발한 백신 SW 클락새와 참빗을 판매하고 있으며 이 밖에도 장기, 영어회화 프로그램을 비롯해 게임인 '원숭이권투'도 있다.

....

12   "인기를 끌고 있는 전자상업홈페지《만물상》", 메아리, 2017년 7월 2일 기사; "나날이 인기가 높아지는 전자상업홈페지《만물상》", 조선의 오늘, 2017년 6월 24일 기사; "인기를 모으는 전자상업홈페지《만물상》", 조선의 오늘, 2016년 11월 12일 기사. 모두 최문(2017)에서 인용.

위에 소개된 전자상거래 사이트들은 북한의 PC나 휴대폰을 통해 사이트에 접속해야 이용할 수 있는 반면, 휴대폰 자체에 탑재된 어플리케이션(앱)을 통해 이용할 수 있는 서비스도 등장하고 있다고 한다. '새별' 앱이 있는 것으로 알려져 있는데, 이 앱을 통해 식품(음식) 주문이 가능하나 전자결제가 가능한지 확인은 되지 않는다. 새별 앱으로 식당 음식을 주문하면 구매자는 배달된 음식을 현금으로 직접 결제하는 것으로 보인다.[13] 3G 휴대폰 보급률이 높아지면서 앱기반의 다양한 서비스들이 출시될 수 있겠으나 아직은 휴대폰 탑재 앱이 철저히 통제되고 있는 것으로 보인다. 사실 북한의 모바일 기반 서비스는 초기 단계로 봐야 할 것이다. 일부 해외언론에서 북한의 SNS라던가 ICT 서비스 사용을 보도하고 있어 흥미를 유발하고 있으나, 북한의 '조선의 오늘', '우리민족끼리'와 같은 선전매체들은 트위터, 유커, 인스타그램, 웨이보 등에서 체제선전을 목표로 활동하고 있으며 실제로 북한의 일반주민들이 소셜미디어 서비스를 사용하고 있는지 여부는 확실치 않다.[14]

---

13   Daily NK 기사(2017.06.15).
14   김유향(2018). 북한의 ICT 개발자들 또는 대외사업을 하는 주체들은 외부인터넷을 사용하고 있는 것으로 알려져 있다. 북한 조선콤퓨터쎈터의 경우 링크드인에 가입해 활동하고 있다. 450여 명이 연결돼 있으며 50여 개 그룹에도 참여하고 있다. 북한은 링크드인을 통해 SW 사업을 논의하고 있는 것으로 추정된다. 조선콤퓨터쎈터는 링크드인뿐 아니라 유럽의 비즈니스 SNS인 비아데오 서비스도 이용하고 있으며 일부 직원들은 페이스북을 쓰기도 한다. ICT 기술 개발의 특성상 일부 예외가 허용되는 것으로 보인다.

V. 마치며: 전자상거래 및 ICT 서비스 분야 남북협력, 그 가능성을 보다

최근의 한반도 내외의 호의적 분위기에도 불구하고 북핵 문제가 생각보다 상당한 시간이 걸려 해결될 것이기 때문에 남북경협은 조금 긴 호흡으로 추진해야 한다. 결국 우리가 고민해야 할 남북경협은 북핵과 같은 정치적 변수에도 영향을 덜 받는, 보다 지속가능하고 비가역적인, 남한과 북한 모두에게 이득이 되는 분야에서의 경제협력일 것이다. 이러한 맥락에서 ICT 분야의 남북경협은 모두에게 윈-윈 되는 분야이다. ICT는 생산현장에서의 효율성과 혁신을 촉진하기 때문에 한 국가의 경제개발에 필수적 요소인데, 21세기 디지털 기술의 특성상 글로벌 경제와의 연동 없이는 경제개발 효과를 누리기 어렵다. 즉, 북한이 지금처럼 국제적 ICT 추세에서 고립되어서는 낙후된 경제의 재건은 요원한 일인 것이다. 북한은 첨단기술 수입이 어려운 대외적 환경[15]에도 불구하고 자체적 ICT 역량을 발전시키기 위한 다양한 노력을 해왔다. 이러한 북한이 동일 언어, 지리적 장점, 과거 경제협력 경험 그리고 무엇보다도 세계적 ICT 기술 수준을 갖춘 남한과의 협력을 추구한다면 다양한 선진기술 습득과 프로젝트 경험, 외자유치, 및 ICT 기술 인력의 외화벌이 효과까지 기대할 수 있다. 남한에게도 ICT 분야 경제협력은 여러 가능성을 내포하고 있다. 지난 몇 년 동안 어려움을 겪고 있는 중소기업의 입장에서 북한의 우수 기술 인력과 낮은 인건비를 통해 새로운 활력을 찾을 수 있을 것이며 복잡한 국내규제에 막혀 어려움을 겪는 국내

....

15   바세나르체제(WASSENAAR)는 북한에 ICT 관련 첨단기술의 이전을 불허하고 있다.

벤처나 대기업들도 북한과의 협력을 통해 새로운 서비스 개발이나 해외시장 개척의 가능성을 기대해볼 수 있다.

그렇다면 전자상거래를 포함한 ICT 서비스 분야의 남북경제협력이 가시화되기 위해서 고려해야 할 변수들은 무엇일까. 첫째, 북한의 낙후된 경제현실을 감안하면 당분간의 남북경협은 북한 내 통신망 재개통 및 네트워크 고도화 등 인프라 개선 중심으로 추진될 것이다. 실제로 KT는 개성공단에서 통신망 구축 사업을 추진한 경험이 있어 개성공단 재개 시 주도적 역할을 할 것으로 보인다. 통신망 고도화는 장기적으로 개성공단 이외에도 북한의 22개 경제개발구 등 다른 지역까지 확대되어 추진될 가능성이 있다. 우리 정부가 주도하고 국내 사업자들이 참여하는 북한 망고도화 사업은 매우 바람직하다고 본다. 인프라 고도화를 통해 북한 산업경제의 실질적 개선에 기여할 뿐만 아니라 효율적 인프라가 전제되는 전자상거래 등 ICT 서비스 관련 사업들이 원활히 추진될 수 있기 때문이다. 둘째, 북한의 인터넷 인프라는 여전히 폐쇄적인 것을 염두에 두어야 한다. 광명망은 북한 내에서만 가동되는 인트라넷이며 외부세계(외부망)와 연동되어 있지 않다. 남한과의 인터넷 기반 경제협력이 싹을 틔우려면 인터넷망 간 연동성 문제가 해결되지 않으면 한계가 많을 것이다. 체제 보전 차원에서 엄격한 통제정책을 고수하고자 하는 북한이 과연 자국 인터넷망을 외부세계와 연동할지 두고 볼 일이다. 중국이 그랬던 것처럼, 외부망과 연계는 하되 체제를 위협하는 콘텐츠나 서비스를 차단하는 방식을 택할 가능성이 높다. 북한의 폐쇄적 인터넷환경이 쉽게 개선되기 어렵겠지만, 남북경협이 실제적 성과를 내기 위해서라도 남한 인터넷 네트워크와의 연동성만이라도 확보하는 것은 매우 중요한 만큼 북한당국과의 협의를 위한 적극적 노력이 필요하다. 셋째, 북한의 전자상거래는 결제와 유통이 북한의 공식기관을 통해서만 가능하여 사실상 국가가 운영하고 있다. 즉, 북한의 전자상거래는 남한에서처럼 인터넷의 발달로 부상한 새로운 시장이 아니라, 북한 민간분야 자금을 공식 금융체계로 끌어들이는 기능이 강조되는, 국가가 운영하는 서비스의 일종이다. 더군다나 현존하는 북한 전자상거래 사이트는 국가기관 상점의 물건만 판매하고 있는 것을 감안하면 남한기업들이 북한의 전자상거래 시장에 접근하는 것은 정부 차원의 지원 없이 불가능할 것이다. 설사 남한 기업들이 북한시장에 접근할 수 있다고 하여도 북한에 인터넷 기반 결제와 유통에 필요한 기반이 확립[16] 되지 않은 상태에서 새로운 형태의 남북경제협력은 쉽지 않을 수 있다. 무엇보다도 인터넷 기반 경제활동이 원활하게 이루어지려면 거래환경에 대한 신뢰와 안정성이 담보되어야 하는데, 북한은 의욕만 앞서 있을 뿐 인터넷 기반 경제에 필요한 기술적·제도적 기반을 갖추고 있지 못하다.[17] 사실 인터넷을 기반으로 하는 전자상거래 포함 다양한 경제행위는 디지털 기술의 특징상 중앙통제적 방식보다는 자발적 시장메커니즘에 기반을 둔, 소비자(개인)의 권력이 작동하는 개방성과 다원성 원칙에 기초하고 있다. 그런데 체제보호가 중요한 북한당국이 이를 어느 선까지 허용할지는 두고 봐야 할 것이다. 마지막으로, 북한 내 ICT 서비스로 국한하여 추진하는 경협사업은 실패할 확률이 높은 점이 고려되어야

....

16 전자상거래가 원활히 이루어지도록 인프라 (망) 차원 문제 −전용 결제망, 표준 호환성 등− 그리고 상거래 차원의 준비− 금융결제시스템, 결제기능이 탑재된 단말기관련기술 (RFID 무선인식, NFC근거리무선통신 등), 구매관리 시스템 (고객DB관리 배송관리), 결제 및 대금 시스템− 그리고 인터넷 기반 상거래가 원활히 작동되기 위한 제반 법제도의 문제 등이 있겠다.

17 "北, 휴대폰으로 어디서든 결제 가능?…신뢰 구축이 관건." NKDaily 기사(2018.07.11).

한다. 앞서 언급한 북한의 제약조건이 문제겠지만 무엇보다 인터넷 기반 서비스 활성화에 필수적인 규모의 경제가 존재하지 않기 때문이다. ICT 서비스가 특정지역(경제개발구나 평양 등 중심도시)에만 도입될 경우 그 상업적 한계는 분명하다. 과연 외국투자자나 기업들이(남한기업 포함) 북한 내수시장만을 바라보고 ICT 서비스 분야 투자에 뛰어들지 회의적이다.

위에 언급한 변수들을 고려하면 ICT 서비스 분야 남북경협은 다음과 같은 방법으로 추진되는 것이 바람직해 보인다. 일단, 남북경협은 아마도 인도적 지원 및 원조를 시작으로 원조와 투자의 결합 형태로 진행될 가능성이 높고, 처음에는 우리 정부가 주도적으로 추진하나 민간기업의 참여가 점점 확대되는 방향으로 진행될 것이다. 그렇다면 당분간의 남북경협은 북한의 기초 인프라 개선사업과 개성공단의 재가동 및 공단의 확대 위주로 추진될 개연성이 높다. 정부는 북한의 인프라 개선사업을 적극 돕고 인프라 구축의 실무를 담당하는 기업들에게 북한 진출 시 투자불확실성과 위험을 최소화하는 노력을 기울여야 할 것이다. 최근 10년 전에 개성공단에 진출했던 다수의 ICT 기업들이 개성공단 재개 시 다시 진출하겠다는 의견을 밝힌 바 있듯이,[18] 북한 리스크의 최소화만 가능하다면 관심을 가질 기업들은 의외로 많다. 남북경협 초기 단계에는 개성공단을 포함한 북한의 경제개발구 진출에 집중하는 것이 합리적으로 보인다. 대북경제재제 완화가 이루어지면 폐쇄일보 직전까지 간 북한의 22개 경제개발구의 부활 가능성이 높은데, 경제개발구에 입주할 다양한 기업들을 지원할 ICT 서비스에 대한 수요를 타깃으로

....

18   "개성공단 복구시 통신망 연결 필수적…ICT 교류 재개되나." 머니투데이 기사(2018.05.08).

하는 협력사업을 우선적으로 추진하는 것이 바람직해 보인다. ERP 등 기업관리 솔루션, 유통관리 및 데이터처리 시스템, 기기원격 관리 시스템, 소프트웨어 현지화 서비스 등을 생각해 볼 수 있다. 한편 앞서 언급한 역사적·정치적 맥락에서 북한은 정보통신기술과 인력에 대한 주도권을 외국기업 또는 외국기술에 의존하지 않으려 할 것으로 보인다. 북한의 기술주권을 존중하면서도 같은 언어를 공유하는 남북한 ICT 기술인력의 활용을 통한 사업기회가 다양하게 있을 것으로 생각되며, 우리측 중소기업들에도 좋은 기회가 될 것 같다. 자본력이 있는 대기업이나 벤처들도 북한의 경제개발구의 활용을 고려해 볼 필요가 있다. 북한의 경제개발구는 새로운 서비스나 기술개발을 추진하거나 국내규제에 가로막혀 상용화가 어려운 사업들의 테스트베드의 역할을 할 수 있으며 중국시장을 포함한 세계시장 진출을 목표로 다양한 사업적 시도(소프트웨어 실험 및 개발, 신규 서비스 개발 등)가 가능하다고 본다. 장기적으로 이러한 노력들이 문재인 정부가 추진하는 한반도신경제구상 및 최근 발표한 통일경제특구 정책과 연계하여 추진된다면 그 시너지 효과는 분명할 것으로 보인다.

남북한 초기 경협은 4차 산업혁명의 이름과는 다소 어울리지 않은 분야와 형태로 진행될 개연성은 높다. 아직 소비자 기반 경제가 확립되지 않은 북한에서 고차원 인터넷 기술(빅데이터, 인공지능 등)의 적용에는 한계가 있을 것이다. 그러나 모바일 분야에서의 기회는 생각보다 빨리 발생할 수 있다. 북한은 경제활성화에 ICT의 중요성을 충분히 인지하고 있는 만큼 4G 이상 망 구축 사업은 신속히 진행될 것으로 예상된다. 구축된 인프라 위에서 제공되는 콘텐츠나 서비스의 구현은 조금 더 시간이 필요할 수 있겠으나, 경제개발구나 평양, 나진·선봉 등 특정 지역중심으로 추진되면 북한 전국에도 진출할 수 있을 것이다. 이 밖에도 ICT 기술 활용을 통한 에너지, 복지, 의료, 재난대응, 기후 분야의 정부 간 협력 및 사업들이 탄력을 받을 것으로 보인다. 다시 강조하지만, 남한 정부와 기업은 북한 내 투자 및 협력에 적극적으로 임하여 우리에게 유리한 ICT 환경 우선선점에 노력을 기울여야 한다. ICT 서비스 관련 기술들은 한번 도입하면 쉽게 변경하기 어려운, 즉 엄청난 시장선점 효과가 발생하며 남한의 디지털 환경과 연동할 경우 상당한 시너지 효과도 기대할 수 있다.[19] 이를 위해 남북한 상이한 규제와 제도적 환경의 조율 작업을 반드시 같이 추진해야 하며, 남한 정부는 적극적으로 나서 우리 기업들의 대북 진출 비용을 제거하는 노력을 아끼지 말아야 할 것이다. 아직까지 북한의 인터넷 환경이 중국의 거대 플랫폼이나 글로벌 플랫폼에 흡수되지 않았기에 남북한 ICT 환경 호환성 확보를 위한 시간은 있다고 본다.

북한의 ICT 서비스 환경은 분명 아주 초보적이다. 그렇지만 오라스콤 통신사가 2010년 3G 서비스를 제공하였을 때 주변의 회의적 의견에도 불구하고 3년 내 100만 명을 돌파한 것처럼, 북한의 ICT 기술 및 서비스의 수용도는 놀라울 만큼 빠르다. 더군다나 북한의 ICT 기술의 수용은 젊은 신세대 위주로 진행되고 있다. 이들은 고난의 행군 시대를 경험하지 않았으며 2000년대 진행된 시장화를 직접 겪은 새로운 세대이며 인터넷과 모바일 환경을 능숙하게 다루어 외부세계와의 접촉경험을 직·간접적으로 한 세대이다.[20] 우리가 장기적 안목으로 북한과의 경

....

19　남북한 협력이 미진하고 그 사이 중국 ICT 기업이 북한에 진출하게 된다면 우리에겐 있는 기회마저 사라질 가능성은 매우 높다.

20　북한의 시장화를 본격적으로 경험(1994~2000년도 출생)한 세대는 좁게는 276만 명, 넓게는

협을 꾸준히 추진한다면 북한의 ICT 역량이 제 궤도에 오르는 데 많은 시간이 걸리지 않을 것이다. 인터넷 기반의 다양한 사업들은 단순히 남북한 경제협력 측면의 효과만 있는 것이 아니라 북한사회의 정보화에도 영향을 미칠 수 있는 분야이다. 분단 70년이란 세월로 융화되기 어려운 남한과 북한 사회의 소통에 기여할 부분도 있는 경제적, 사회적 가치가 큰 분야이다. 향후 남북한 간 교류는 다양한 분야에서 추진되겠지만 북한의 ICT 서비스 관련 경제협력에 시간을 아끼지 말아야 할 이유가 바로 여기에 있다.

....

960만 명이 되며 이는 북한 전체인구의 11.2% 또는 38.7%에 해당한다(이종규 2016, 89).

참고문헌

김병연. 2018. "김정은의 경제재건 전략과 모델." 공감한반도 2018-07-19. no.3.

김영희. 2017. "북한의 5대 시장형성과 작동 메커니즘을 통해 본 시장화 실태." KDB 북한개발연구.

_____, 2017. "김정은 정권 6년 경제정책 노선과 대북제재 영향." KDB 북한개발연구.

김유향. "남북한 평화공존시대 디지털 북한과 커뮤니케이션 변화." 서울대 국제문제연구소 이슈브리핑 2018.06.25.

김종선 외. 2014. 『북한 환경기술 연구현황과 남북 과학기술 협력방안』. STEPI 정책연구 2014-18.

박은진. 2017. "북한의 과학기술정책과 주요산업별 추진현황." KDB 북한개발연구

이석기. 2018. "북한의 기업관리제도 변화와 남북경협에 대한 시사점." KIET 산업경제포커스.

이석기 외. 2017. 『북한의 서비스산업 연구보고서』. KIET 연구보고서 2017-859.

이종규. 2016. 『최근 북한의 경제정책 평가 및 향후 전망』. KDI 정책연구시리즈 2016-08.

이춘근·김종선·남달리. 2014. 『남북 ICT협력 추진 방안』. STEPI 정책연구 2014-28.

임을출. 2017. "김정은 시대 금융활성화 정책의 특징과 전망." KDB 북한개발연구.

최문. 2017. "조선의 경제개선조치와 금융현대화와 전자상거래의 발전." 정보통신정책연구원 제출 연구보고서(미발간).

KDI. 2018. "북한경제리뷰"(2018.5).

KIET. 2018. "16년도 북한경제 종합평가 및 17년도 전망."

_____. 2018. "북한의 기업관리제도 변화와 남북경협에 대한 시사점." 산업경제포커스.

KISDI 자료(방송정책연구 보고서).

Lankov, Andrei. 2016. *The Resurgence of a Market Economy in NK*. Carnegie Endowment.

Brown, William. 2018. *NK's Shackled Economy 2018*. National Committee on North Korea.

World Bank. 2016. *World Bank Development Report 2016: Digital Dividends*.

제6장

디지털 커뮤니케이션 시대의
남북한 문화콘텐츠 교류협력

북한의 국제평판 개선과 한반도 한류의 창출

송태은 서울대학교

* 이 글은 『정치정보연구』 제21권 3호(2018)에 게재한 필자의 논문 "디지털 커
뮤니케이션 시대 남북한 문화예술 교류협력의 모색"을 편집하여 수록한 것임을
밝힙니다.

I. 서론

2018년 2월 평창올림픽과 남북 예술단의 교환 공연은 2017년 말 극단으로 고조되었던 한반도 군사안보 위기를 극적으로 완화시키며 이후 4월과 6월의 남북회담과 북미회담이 개최될 수 있는 분위기를 조성했다. '평창의 봄'이 '한반도의 봄'으로 연결된 이 과정은 국제정치의 하위정치(low politics) 영역인 예술·스포츠 교류가 국제정치의 상위영역(high politics)에 영향을 끼친 흥미로운 사례이다. 물론 남북, 북미 간 외교적 협상 공간이 만들어지고 북한이 핵 프로그램과 관련하여 태도 변화를 보여준 데에는 미국이 주도한 국제사회의 북한에 대한 강력한 경제제재가 결정적인 역할을 했다. 하지만 마이크 펜스(Mike Pence) 미국 부통령이 "평창올림픽이 북한의 정치선전의 장이 되지 않게 할 것"이라고 말하면서 북한의 올림픽 참가에 우려를 표하고 미국 선수단의 올림픽 참가 여부도 불확실했던 일을 회고해보면 올림픽을 계기로 남북

대화의 모멘텀이 마련되지 않았다면 북미회담 개최는 결코 쉽지 않았을 것임은 자명하다.

비정치 영역에서의 남북한 교류가 군사안보 영역에서의 대화와 협상의 분위기를 마련한 경우는 이번이 처음이 아니며 과거에도 비슷한 사례가 있었다. 1991년 남북고위급회담에서 「남북기본합의서」와 「비핵화공동선언」이 12월 13일에 채택되기 전이었던 1991년 봄과 여름 남북한은 다수의 국제스포츠 행사에 단일팀으로 출전하면서 남북관계 회복의 분위기를 조성했다. 탈냉전의 시작과 함께 국제적 고립과 미국으로부터 핵 개발 의혹에 놓였던 1991년의 북한은 남한과의 스포츠 교류를 통해 정권 존립의 위기를 타개할 협상 분위기를 만들려 했던 것이다.

핵과 미사일 기술과 같은 극히 제한된 하드파워(hard power) 변수를 통해 정권의 생존을 담보하고자 했던 북한에게 있어서 문화와 스포츠 같은 소프트파워(soft power) 변수는 북한이 국제무대에서 자국의 평판을 제고하기 위해 사용할 수 있는 몇 안 되는 대외정책의 중요한 수단이다. 그런데 현재의 북한이 문화·예술 등의 소프트파워를 통해 정상국가 이미지를 구축하는 과정은 과거에 비해 더 많은 도전과 기회를 동시에 제시하고 있다. 그것은 21세기의 급변하는 디지털 커뮤니케이션 기술과 인터넷 네트워크의 전 지구적 연결과 확장이 세계 인터넷 망으로부터 단절되어 있는 북한을 이전보다 더욱 국제사회로부터 고립시키고 있기 때문이다.

북한의 이 같은 세계 커뮤니케이션 네트워크로부터의 단절은 북한의 인터넷 기술이나 기반시설의 취약성 때문이라기보다 근본적으로 인터넷을 통한 해외정보의 국내유입이나 유통을 북한 스스로가 차단하고 있기 때문이다. 하지만 앞으로의 남북한 교류협력과 북한의 비핵화 이행, 그리고 북한 경제의 개방 및 국제사회로의 정상적인 재진입 과정에서 북한 주민들의 한국 및 해외 대중과의 접촉과 온라인 커뮤니케이션, 그리고 다양한 외부 정보에의 접근은 불가피한 일이다. 그리고 북한의 이러한 국제사회로의 정상적인 합류 과정에서 그동안 체제존립과 지도자 우상화에 집중되었던 북한의 문화예술 및 언론의 기능과 역할은 상당히 과도기적인 딜레마에 놓일 가능성이 크다. 북한의 한국 및 국제사회와의 커뮤니케이션과 문화예술 교류는 어떻게 보면 남북한의 경제협력이나 북한 시장의 개방과 북한의 세계경제 체제에의 참여보다 본질적으로는 가장 어려운 일이 될 수도 있다.

이와 같은 맥락에서 이 글은 남북한의 오랫동안 진행된 이질화를 해소해 나가면서도 상호 문화확산 효과를 도모할 수 있는 방안으로 문화예술 교류협력에 대해서 논하고자 한다. 특히 남북한 공동의 디지털 문화콘텐츠 발굴과 제작은 성과와 이윤을 공동으로 누릴 수 있는 영역이며 과거에 이미 협력과 성과 사례가 있었던 분야이다. 미래 남북한 대중의 자유로운 온라인 커뮤니케이션을 염두에 둔 남북한 디지털 문화콘텐츠 교류협력은 단순히 남북한의 이질화 극복이나 이윤 창출을 넘어 남북한 공동의 한류를 창출하고 한반도 평화프로세스가 지향하는 통일 한반도의 목표와 비전을 국제사회에 공동으로 제시하는 데에도 효과적일 수 있다.

이러한 맥락에서 이 글의 II절 1항과 2항에서는 북한의 이중적 커뮤니케이션 구조에서 북한의 공식적 문화콘텐츠는 정권의 프로파간다 도구로서 기능하고 있지만 북한 주민들은 다양한 커뮤니케이션 매체를 통해 접할 수 있는 외부 문화콘텐츠를 향유의 대상으로서 누리고 있음을 논한다. III절은 과거 남북한이 문화콘텐츠 교류협력 사업을 통해 어떠한 성과를 만들어낸 경험이 있었는지 살펴보고, 왜 다른 분야에 비해서 애니메이션 합작 사업과 같은 디지털 문화콘텐츠 협력 사업에서 남북한이 완성된 결과물을 만들어내고 해외 수출도 도모할 수 있었는지 그 이유를 짚어본다. 이 글 IV절 1항은 남북한이 어떤 성격의 디지털 문화콘텐츠를 발굴, 생산할 것이며 그러한 교류협력이 남북한 간 상호 문화 확산에 어떤 영향을 끼칠 것인지 논한다. IV절 2항에서는 남북한의 문화콘텐츠 교류협력이 그동안 군사도발의 부정적인 이미지로 비춰진 북한의 국제평판 개선에 어떤 긍정적인 영향을 끼칠 것인지 논한다. 또한 2항에서는 남북한의 문화예술 협력 사업을 통한 남북한 공동의 한류 창출이 앞으로 북한 비핵화와 맞물려 진행될 한반도 평화프로세스에도 긍정적인 동력을 제공할 수 있음을 짚어본다. 마지막으로 결론에서는 앞으로의 남북한 문화예술 교류협력은 남한발 한류의 일방적인 북한 진출에서 벗어나 현재의 디지털 커뮤니케이션 환경의 역동성과 팬덤 문화가 북한 내에서 자발적으로 작동하게 하는 방향으로 나아갈 것을 주문하는 것으로 이 글을 마무리한다.

II. 북한 문화콘텐츠와 커뮤니케이션의 이중성

1. 당의 프로파간다 도구로서의 문화콘텐츠

북한에서 시와 소설과 같은 문학, 영화와 연극, 미술과 체육은 모두 문학예술의 장르로 간주된다. 문화는 정치사상적으로 근로대중을 교화하고 사회를 혁명화, 노동계급화하는 수단이며, 수단으로서의 역할이 강조되는 이러한 북한 문화의 목표는 사회주의 체제의 정당화와 사회주의 혁명과 건설의 참여 독려, 수령에 대한 충성심 고취 및 대남 선전에 맞춰져 있다. 따라서 북한 문화는 문화예술을 창작하는 주체의 창조성이나 독창성보다도 작품의 체제유지 효과를 우선시한다(통일교육원 2017, 205).

북한에서 문학적 내용의 일반적인 서적과 출판물은 서로 구분된다. '출판물'은 당과 대중을 연결하고 혁명과업에 주민을 동원시키는 역할을 수행하며 통신, 방송 등의 보도물과 출판물은 합쳐서 '출판보도물'로 불린다. 출판보도 부문의 기자, 편집원, 언론인들은 모두 당 정책을 대변하고 옹호하는 혁명의 '붓대' 역할을 감당한다. 북한의 유일사상 10대 원칙 중 4조 7항은 "보고, 토론, 강연을 하거나 출판물에 글을 쓸 때에는 언제나 수령님의 교시를 정중히 인용하고 그에 기초하여 내용을 전개하며 그와 어긋나게 말하거나 글을 쓰는 일이 없어야 한다"고 기술하고 있다(이경하 2018). 그러므로 북한에서 문학과 출판물의 목표는 사실상 근본적으로는 동일한 것이며 다만 문학은 예술의 성격이 더해진 장르로 간주할 수 있겠다.

북한 문학은 1990년대에는 김일성의 사망을 추모하는 추모문학, 조선민족의 우수성과 민족정통성을 강화하는 단군문학, 백두혈통의 위인상을 예술적으로 형상화한 태양민족문학, 그리고 김정일의 선군혁명 업적을 반영한 선군혁명문학이 주축을 이루었다. 1990년대 후반에는 북한 정권이 선군정치를 전면에 내세우면서 '선군'이 문화예술 활동의 지침이 되었고 2000년 말에는 선군혁명문학이 등장했다(통일교육원 2017, 205-210).

북한 영화는 1990년대 탈냉전이 시작되면서 자본주의 사회의 모순과 부패를 강조하고 체제유지를 위한 자주성을 강조했다. 2000년대에는 선군정치에 초점을 두어 모범군인의 삶을 그리는 영화가 다수 제작되었고 김정은 시기에도 북한의 영화는 자본주의를 배척하고 인민대중의 혁명위업을 위해 당에 충성하고 희생하는 숨은 영웅의 모습을 그려냈다(한승호 2014, 357). 북한 영화도 관객의 흥미 유발을 중요시하지만 흥미 유발의 목적은 이윤 창출에 있기보다 선전선동의 효과를 극대화하는 데 있다(한승호 2014, 348). 북한의 텔레비전 드라마도 지도자의 항일혁명투쟁이나 사회주의 혁명 과정에 초점을 두고 있으나 부부갈등이나 세대차이 등의 일상생활도 함께 다룬다. 북한의 연극, 무용은 선군혁명과 체제결속을 주요 메시지로 내세우는 정치적 내러티브가 강하게 나타나므로 북한 문화예술 분야 중 이념성이 가장 두드러지는 영역이다(문화체육관광부 2013, 41).

북한에서 음악 작품은 "음악은 정치에 복무해야 하며 정치가 없는 음악은 향기 없는 꽃과 같다"는 김정일의 음악관에 따라 창작되고 있다. 김정은도 로동신문에서 "노래가 천만자루의 총검을 대신하기도 한다"고 언급했듯이 북한에서 음악과 선군정치는 서로 불가분의 관계에 있다(오철훈 2012; 김두일 2010). 대중이 가장 쉽게 접하고 즐기는 음악이 북한에서는 순수예술이 아닌 정치적 수단으로서 존재하는 것이다(정철현 2008). 흥미로운 것은 국가적으로 중요한 행사가 있거나 어떤 정치적 사건에 특정한 의미를 부여할 필요가 있을 때 로동신문 1면에 악보가 게재되기도 한다는 것이다. 김정은 시기 강성대국 건설을 강조하거나 선군청년총동원대회 등 사상 결집이 필요할 경우 혹은 장성택 처형 직후 등 국가적 차원에서 북한 주민들에게 특정 메시지를 전달할 경우가 그러한 사례이다(하승희 2015, 257).

김정은 시대의 문화예술도 과거와 동일한 정치적 역할을 수행하는 데에 초점이 맞춰져 있다. 2011년 12월 김정일 사망 이후 북한 내 조문 정국으로 2012년 영화 제작 편수는 급격하게 줄어들었으나 2012년 신년공동사설은 당의 문예방침에 충실한 다수의 명작을 제작할 것을 주문했다(한승호 2014, 345). 김정은 시대의 영화인 〈들꽃소녀〉, 〈최전연의 작은집〉, 〈포성 없는 전구〉 등은 군부와 군부 가족의 자본주의적 욕망 혹은 성적(性的) 문란과 같이 자본주의 사회에서 문제되는 가치에 대한 경계를 강조하고 있으며 개인의 욕망 추구 대 전체를 위한 헌신의 대립구조 등을 그려내고 있다. 김정은 시대의 문화예술 작품도 개인 욕망의 억제와 외부세계에 대한 경계를 여전히 중시하고 있는 것이다(김정수 2018).

북한의 애니메이션은 다른 예술문화 분야에 비해 사업화가 진척되어 있고 사업의 조직체도 비교적 잘 알려져 있다. 북한에서 애니메이션 제작을 위해 설립한 '조선 4·26 아동영화촬영소' 등 7개의 촬영장에는 한 곳에 수백 명이 근무하고 있으며 내각문화성 산하기관인 '5·18 시험소'는 컴퓨터 그래픽 기술을 개발하고 편집, 촬영, 녹음하는 등 영화 제작의 제반 기술을 제공한다. 이 밖에도 조선콤퓨터센터, 김일성 종합대학, 김책공업종합대학, 조선예술영화촬영소 등도 비슷한 역할을 감당한다(이찬도 2005, 197-198). 북한 애니메이션은 주로 아동을 대상으로 제작되므로 다른 문화예술 분야보다 정치사상 메시지를 직접적으로 다루지 않고 권선징악, 지덕체, 과학을 강조하는 등 흥미를 추구한다. 정치사상이나 북한 체제의 우월성을 표현하는 경우에도 동물 캐릭터를 통한 의인화 기법을 사용하고 고구려 역사와 인물, 전설 등을 소개하여 자주적 역사의식을 고취하는 방식을 택한다(이찬도 2005, 198-200).

III. 향유 대상으로서의 외부 문화콘텐츠

평창올림픽 기간에 이루어진 북한 삼지연 관현악단의 한국 공연
은 세계의 다양한 명곡과 한국의 현대 가요, 〈오페라의 유령(Phantom of
the Opera)〉과 같은 해외뮤지컬 등을 노래하고 연주하며 수준 높은 공
연 실력을 보여주었다. 북한에는 2009년 김정일 위원장이 창립한 삼지
연 관현악단을 비롯하여 김정은 위원장이 2012년과 2015년에 각각 창
립한 모란봉악단과 청봉악단 등 고위층 자제로 구성된 공연단이 다수
존재한다. 한국에서 보여준 북한 악단의 공연은 지극히 정상적인 향유
대상으로서의 예술이었지만 정치적 도구로서의 역할을 최우선으로 한
다. 북한에서 모든 공식적인 예술문화가 정치적 성격을 띠기 때문에 자
연스럽게 북한 주민들은 개인의 향유 대상으로서의 문화콘텐츠(culture
contents)를[1] 장마당과 같은 시장을 통해 소비한다. 특히 2000년대에 북
한 경제가 전반적으로 시장화되면서 이윤활동을 통해 부(富)를 축적한
계층이 나타나기 시작했다. 새로운 경제적 계층질서의 출현은 기존의
정치적 성분에 의한 계층질서를 대체하고 있으며 경제력을 갖춘 상류
계층과 그렇지 못한 대부분의 북한 주민 간의 소비생활과 정보환경 격
차는 두드러진다(조정아 2017, 6-7).

특히 북한 지도부가 금기시하는 한국의 드라마, 영화, 음악 등의 한
류 문화콘텐츠를 포함한 해외 문화콘텐츠는 사실상 북한의 상류층에
더 광범위하게 확산되어 있고 김정은 정권이 들어서기 전까지만 해도

....
1   한국콘텐츠진흥원의 정의에 따르면 문화콘텐츠란 '문화, 예술, 학술적 내용의 창작 또는 제
    작물뿐만 아니라 창작물을 이용하여 재생산된 모든 가공물, 그리고 창작물의 수집, 가공을
    통해서 상품화된 결과물들을 모두 포함하는 포괄적 개념'을 말한다.

북한 당국의 처벌도 벌금형 수준이었다. 같은 한국어를 사용하는 북한 주민들에게 있어서 장마당과 같은 비공식 채널을 통해 접하는 남한의 문화콘텐츠는 오로지 향유 대상으로서의 문화로 기능하는 역설적인 상황인 것이다. 실제로 탈북자들과의 인터뷰에 의하면 한국의 드라마나 영화는 북한의 젊은 세대가 여가를 즐기는 문화생활 방식에 상당한 영향을 끼치고 있다고 한다. 한국 드라마를 접한 젊은이들은 연인 간 데이트를 즐기는 방식도 다르며 한국의 문화콘텐츠를 접할 기회가 많은 대도시 젊은 세대들이 지방의 젊은 세대들보다 더 개방적이라고 한다(조정아 2017, 11-12).

당국의 관리하에 있는 공식적 문화콘텐츠의 지속적인 생산과 당국이 금기시하는 비공식적 문화콘텐츠가 꾸준히 소비되는 상황은 북한의 이중적 커뮤니케이션 구조를 오랫동안 고착시켜왔다. 즉 당국의 지휘, 통제하에 정치적 성격의 문화콘텐츠가 유통되는 선전 커뮤니케이션 네트워크와 외부 문화콘텐츠가 장마당 거래 등을 통해 은밀하게 유통되는 메신저 커뮤니케이션 네트워크가 북한의 이중적인 커뮤니케이션 네트워크를 형성하고 있는 것이다. 이러한 북한의 정보커뮤니케이션 환경은 북한의 인터넷 망이 지구적인 디지털 네트워크에 연결되어 있지 않아도 사실상 외부 문화콘텐츠가 북한 국내로 지속적으로 유입되고 소비되게 하는 열린 커뮤니케이션 네트워크로서 기능하게 하고 있다(송태은 2013, 2015).

〈봄이 온다〉의 테마로 자유분방한 다수의 곡을 준비한 한국 예술단의 평양 방문 공연을 환영한 김정은 위원장의 최근 행보와 달리 김정은 시대에 들어 해외 영상물이나 서적과 같은 외부 문화콘텐츠를 접근하는 데 대한 통제와 처벌은 더욱 강화되었다. 2013년 11월 북한 당국은 한국 영화 CD를 유통한 15명을 공개 재판하여 주동자 2명을 총살하고 13명은 노동단련형을 선고했다. 북한 당국은 외부 문화의 유입을 통제하기 위해 내각 산하 인민보안성을 국방위원회 산하에 배치하고 인민보안부로 명칭을 바꾸는 등 조직적으로 효율적 통제를 강화시켰다. 김정은 시대에 들어 반정부·사상 범죄를 전담하는 국가안전보위부는 당, 보안기관, 검찰소 등도 검열, 수사하는 등 막강한 권력을 부여받아 외부 문화 유입 차단에 주력하고 있다. 또한 김정은 집권 이후 탈북자 문제를 다루는 국경 경비 업무도 국가안전보위부로 이관되어 북중 접경지역의 탈북 단속이 강화되어 2010년 이후 탈북자 수가 실제로 급감했다(홍민 2018, 107-109).

또한 2015년 개정된 형법은 퇴폐문화를 반입, 유포, 불법 보관하거나 퇴폐행위가 적발될 경우 5년 이상 10년 이하의 노동교화형에 처하도록 명시하고 있다. 하지만 과거 북한 주민들이 VCR이나 CD를 통해 외부 문화콘텐츠를 접했던 시기와 비교하면 최근 북한 주민들은 보관이 쉽고 단속 시 적발의 위험이 적은 USB를 통해 한국과 중국 문화콘텐츠를 접하면서 북한 사회에서 해외 문화콘텐츠의 양과 유통 속도가 빠르게 증가했다(조정아 2017, 14-15). 즉 김정은 시대에 와서 단속이 강화되었어도 단속을 피할 방법은 더 쉬워지면서 북한 주민들이 한류 콘텐츠를 접할 기회와 가능성은 오히려 더 높아진 것이다(정은미 외 2015, 99).

커뮤니케이션 수단과 정보의 유통·확산의 속도 및 범위가 밀접하게 연관되는 점을 고려하면 북한 주민들의 휴대폰 사용 증가와 인터넷 접속 환경의 개선은 북한 내 비공식 정보와 문화콘텐츠의 유통과 확산을 더욱 빠르게 할 것임은 쉽게 짐작해볼 수 있다. 한편 북한에서 커뮤니케이션 매체의 사용 가능 여부는 국가의 에너지 공급 여건과도 긴밀하게 연결되어 있다. 에너지난을 극복하고자 2013년부터 북한 당국은 국가 차원에서 자연 에너지 이용을 독려하면서 북한 주민들은 태양빛 판과 태양광 에너지를 보급 받게 되었다. 결과적으로 주민들은 태양에 너지를 통해 소형 노트텔이나 액정 TV, 소형 저장 매체를 이전보다 쉽게 사용할 수 있게 되어 외부 영상물도 더 쉽게 시청할 수 있게 된 것이 다(조정아 2017, 13-14).

휴대폰도 북한 주민들이 외부 문화콘텐츠를 소비하는 주요 매체가 되고 있다. 북한에서 100-400달러의 고가로 구매할 수 있는 휴대폰을 사용하는 인구는 대략 400만 명 정도로 추산되고 있다. 특히 평양의 20대-30대와 상인은 휴대폰 소지를 필수로 여기며 평양에 거주하는 20대-50대의 60%가 휴대폰을 사용하는 것으로 알려져 있다. 흥미로운 것은 삼성의 갤럭시 모델이 품질과 한국어 지원 면에서 중국 휴대폰보다 주민들에게 인기가 많아서 주민들이 갤럭시 로고를 지우거나 위조

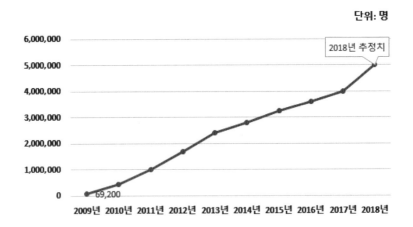

그림 1 북한의 휴대폰 사용 인구 추이

출처: 정보통신정책연구원, ITU.

하여 사용 금지된 한국 휴대폰을 사용한다는 것이다(손해용 2018).

북한 주민들은 휴대폰에 탑재된 게임이나 이미지 편집 앱 등을 사용하며 마이크로 SD 카드에 음악이나 영상, 소설 등을 저장하고 휴대폰에 삽입, 재생하여 문화콘텐츠를 소비한다. 북한 주민들은 직접 촬영한 동영상을 인터넷에 게시하지는 못하지만 SD 카드를 통해 지인들과 영상을 공유한다. 또한 주민들은 한국 드라마나 영화, 뮤직비디오, 음악 등도 이러한 방식을 통해서 접하는 경우가 많은데 특히 젊은 세대는 한국 젊은 세대의 말투나 옷차림을 모방하는 것을 앞서가는 패션으로 인식한다고 한다(조정아 2017, 16-18). 이러한 맥락을 통해 짐작컨대 만약 남한 문화콘텐츠의 북한 내 유입이 당국의 허가를 통해 공식적으로 이루어지고 남한 문화콘텐츠에 대한 북주민의 호응이 좋으면 좋을수록 남한발 문화콘텐츠는 북한에서 지도부와 주민 간 촉발적인 갈등변수로 작동할 가능성을 배제할 수 없다.

일반 북한 주민이 상업적 목적 외 외부 인터넷을 사용하는 경우는 중국이나 한국에 거주하는 가족들과 연락을 주고받기 위해 북중 접경지대에서 카카오톡(kakao talk)과 같은 메신저 앱이 탑재된 중고 핸드폰을 사용하는 경우이다. 하지만 일반적으로 북한 주민들은 북한에서만 사용할 수 있는 인트라넷을 통해 상당히 제한된 북한 당국 개설 인터넷 사이트에만 접속할 수 있다. 2016년 9월 북한의 상위 레벨의 도메인 이름 서버에서 북한 측 실수에 의한 것으로 추측되는 에러가 발생하여 북한 주민이 접속할 수 있는 총 28개에 불과한 인터넷 사이트 정보가 알려진 일이 있었다(McCurry 2016).[2] 하지만 '광명'과 같은 내부 인트라넷

....

2   소프트웨어 개발 플랫폼인 Github에 게시된 북한 웹사이트 관련 자료는 다음을 참고.

을 통한 정보검색이나 학술교류 등 북한 주민들의 인터넷 활동은 활발하다(김문기 2018).

한편 북한의 고위 계층은 인트라넷에 제한받지 않고 자유롭게 인터넷을 사용할 수 있다. 미국의 정보업체 '레코디드퓨처(Recorded Fruture)'는 2017년 4월 1일부터 7월 6일까지 북한, 중국, 러시아의 서버 자료를 분석한 결과 북한 엘리트층이 중국의 관영 뉴스 사이트에서 뉴스를 검색하고 이메일을 확인하며 중국 동영상 공유 사이트 '유쿠'에서 영상을 시청하고 중국 전자상거래 사이트 '알리바바'와 미국 '아마존(Amazon)' 사이트를 검색하거나 페이스북(facebook)을 사용하는 등의 활동을 포착했다(이연철 2017).

자유로운 인터넷 사용이 가능한 북한의 엘리트층이 북한 전체 인구에서 어느 정도의 비율인지는 구체적으로 알려져 있지 않다. 하지만 분명한 것은 북한의 일반 대중은 외부 세계의 다양한 영역에서의 정보 중 문화콘텐츠만큼은 당국의 감시를 피하는 다양한 방식을 통해 널리 소비하고 있다는 것이며, 또한 내부 인트라넷을 통해 휴대폰의 다양한 앱을 다운로드 받는 등 북한 내 주민들의 정보활동은 제한된 수준에서나마 활발하다는 것이다. 또한 철저한 감시사회인 북한이지만 이중적 커뮤니케이션 구조에 의해 북한 주민들은 본인 의지에 따라서는 외부 정보와 문화콘텐츠를 은밀하게나마 접할 수 있다. 따라서 남북한 교류 협력에 의한 한국 문화코드의 북한 사회로의 유입은 북한 지도층과 주민 모두에게 향유의 대상으로서의 문화에 대한 인식을 일깨우는 자연스러운 역할을 할 것이다.

....

https://github.com/mandatoryprogrammer/NorthKoreaDNSLeak.

표 1 북한에서 접속 가능한 28개 웹사이트

사이트 이름	성격
고려항공	국내, 해외 항공 예약 사이트
고려중앙방송사	한국어, 영어, 일본어, 스페인어 지원이 되는 북한 당국 운영 사이트
조선인 보험회사	북한 당국 운영 보험회사 사이트
조선 조리협회	음식 및 조리법에 대한 정보 사이트
고려 청소년 여행사	청소년을 위한 여행 사이트
친구	북한 문화 홍보 사이트
내나라	북한 관련 홍보 사이트
민족 대단결	해외 선전용 사이트
조선해양청	북한의 해양법 소개
조선관광	북한의 관광청 홈페이지
조선 사회과학협회	학술, 교육 관련 사이트
조선 교육기금 재단	교육 관련 사이트
조선 영화	북한 영화, 문화 홍보 사이트
조선 노인기금 재단	노인층을 위한 자선단체 사이트
김일성 대학교	김일성 대학교 공식 홈페이지
로동신문	로동신문 공식 홈페이지
조선체육	스포츠 보도 웹사이트
조선의 소리	해외선전용 뉴스 사이트
http://rcc.net.kp	
http://rep.kp	
http://portal.net.kp	
http://masikryong.com.kp	
http://silibank.net.kp	정확한 성격이 알려져 있지 않은 웹사이트 목록
http://star-co.net.kp	
http://star-di.net.kp	
http://star.co.kp	
http://star.edu.kp	
http://star.net.kp	

출처: McCurry(2016); Gallagher(2016).

IV. 과거 남북한 문화교류 협력사업의 대상과 성과

1. 남북한 문화교류 협력사업의 범위와 추이

1990년대 탈냉전 시대의 남북한 교류는 이전의 체육 분야에 국한되었던 것을 넘어 공연, 학술, 방송 등의 영역으로 확장되기 시작했다. 남북한 간 문화교류 협력 사업의 범위는 문학과 언어, 문화유산, 공연예술, 시각예술, 문화산업의 5개 분야로 볼 수 있다. 통일부의 집계에 의하면 1990년 8월 1일 「남북교류협력에 관한 법률」이 제정, 시행된 후 1991년 이후 2012년까지 통일부가 승인한 5개 분야에서의 남북 간 문화교류 사업은 스포츠와 종교 분야를 제외하고 집계하면 총 96건이었으며 그 중 영화, 애니메이션, 방송 및 대중예술, 출판 등의 문화산업 분야가 43건으로 남북 문화교류 협력의 가장 큰 부분을 차지했다.

남북한 문화예술 교류의 첫 시작이었던 남북 예술단의 첫 교환공연은 1985년 9월에 개최되었다. 남한 공연단이 평양대극장에서 2차례 공연했고 북한 공연단도 서울 국립극장에서 2차례 공연했다. 이후 1999년 12월 평양 봉화극장에서 〈평화친선음악회〉가 열렸고 2002년 8월 15일 북한 예술단이 서울에서 민족통일대회에서 공연을 선보이는 등 남북한 간에는 무수한 예술단 공연이 이어졌다(이현기 2018). TV방송 분야도 남북한 간 교류에서 가장 활발하게 이루어진 영역 중 하나이다. TV 방송은 다양한 남북한 공연을 생중계나 녹화중계의 방식으로 송출하여 남북한의 다수 시청자를 확보하는 일이 가능하므로 대중적 폭발력이 있는 것으로 평가되고 있다. TV방송을 통해 남북한은 공연뿐만 아니라 북한 자연문화재나 남북한에서 동일하게 불리는 노래 등을 다큐멘터리

표 2 남북 문화교류 협력사업 분야와 사례(1998-2012)

협력분야	세부 분야	주요 사례(일부)	집계
문학·언어	문학, 언어 - 매체 발간, 문학발표회, 학술행사	• 민족작가대회 개최(2004) • 겨레말 큰사전 공동편찬(2004) • 6·15 민족문학인 출범(2006) • 〈통일문학〉 창간 및 발간(2008)	6건
문화유산	유적, 유물, 박물관, 민속문화 - 조사, 연구, 발굴, 복원, 전시	• 고구려 유적 남북공동조사(2006) • 북한 문화재 특별전(2006) • 개성 만월대지구 남북공동발굴조사 및 안전조사, 복구보존 조치(2010, 2011)	20건
공연예술	음악, 연극, 무용, 공연장 - 조사, 연구, 공연, 워크숍	• 평화를 위한 국제음악회(1999) • 아시아경기대회 축하 남북합동공연 (2002) • 남북교향악단 연주회(2002) • 조용필 평양공연(2005)	20건
시각예술	미술, 사진, 건축 - 전시, 학술행사, 판매	• 통일미술전(1991)	7건
문화산업 (방송 및 콘텐츠)	영화, 애니메이션, 캐릭터, 방송, 통신, 출판 - 수입, 상영, 공동제작	• 애니메이션 뽀롱뽀롱뽀로로 공동제작 (2002, 2005) • 전국노래자랑 평양편 공동제작(2003) • 드라마 〈사육신〉 주문제작(2005) • 북측 저작권 대리·중개사업(2006)	43건

출처: 통일부(2012) 발간 『남북교류협력의 동향』; 문화체육관광부(2013, 4, 7, 10)의 내용 재구성.

로 제작하여 방영하기도 했다(문화체육관광부 2013, 48).

　　남북한 영화 교류의 경우 1990년대 초반부터 영화라는 장르 자체가 갖는 대중성과 복제 필름의 운반 용이성 등으로 영화제 개최나 TV 방영이 활발하게 이루어질 수 있었다. 1990년 남북한은 미국에서 '제1회 남북영화제'를 개최하여 남한의 영화 〈비 오는 날의 수채화〉, 〈미친 사랑의 노래〉, 〈코리안 커넥션〉과 북한의 영화 〈안중근 이등박문을 쏘

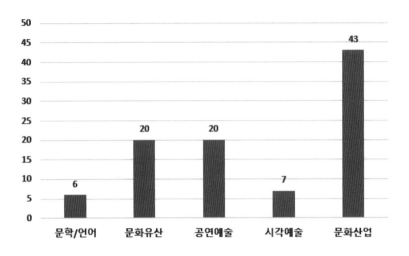

그림 2 남북한 문화예술 교류협력 사업, 1998-2012(단위: 건수)
출처: 문화체육관광부(2013, 63)에서 스포츠와 종교 분야의 교류 제외.

다〉,〈도라지꽃〉등 총 7편을 상영했고〈림꺽정 10부작〉,〈홍길동〉등의 북한 영화는 한국 TV에서 방영되기도 했다. 또한 중국과 일본 등에서 남북한은 학술회의나 남북공동사진전을 개최하기도 했고 종교계의 교류도 이루어졌다(문화체육관광부 2013, 21-22).

　1993년 출범한 김영삼 정부가 1994년 8월 「민족공동체 통일방안」을 발표하여 남북교류가 활성화될 것으로 예상되었으나 북핵문제가 시작되고 김일성 주석이 사망하면서 1990년대 중반 남북한 간 문화교류는 다시 중단되었다. 하지만 2000년 제1차 남북정상회담과 2007년 제2차 남북정상회담이 열리면서 이 기간 동안 남북 간 다양한 공연과 합동연주회 등이 제3국이 아닌 서울과 평양에서 개최되었고 영화와 영상물 분야에서의 교류도 활발해졌다(문화체육관광부 2013, 22-25). 노무현 정부 시기에는 김대중 정부 시기 남북한 문화예술 교류가 일회성 이벤

트로 진행되었던 성격을 벗어나 체계적인 장기 사업으로 진척되기 시작했고 〈표 2〉에서 열거된 바와 같이 다양한 문화예술 영역에서 교류가 활성화되었다(문화체육관광부 2013, 35).

하지만 노무현 정부 시기 북핵문제를 둘러싸고 부시 행정부와 북한 정권 간 갈등이 고조되면서 남북한 문화교류는 안정적으로 지속되기 힘들었고 다양한 사업들이 중단되었다. 이후 이명박 정부의 출범 후에는 2009년 북한의 핵실험, 서해에서의 남북한 간 대청해전, 그리고 2010년 북한의 천안함 사건과 연평도 폭격 등의 사태가 발생하면서 남북관계는 극도로 경색되어갔다. 2011년 가을 남북한 간 예술과 종교 분야에서의 교류가 잠시 모색되었으나 2011년 12월 김정일이 사망하고 북한 상황이 권력 승계에 집중되면서 남북한 문화교류는 인적 교류 없이 제3국에서 이루어지거나 한국에서 열리는 국제영화제에서 북한 영화가 소개되는 등 대중적으로 드러나지 않는 최소한의 수준에서 이루어졌다(문화체육관광부 2013, 30-33).

2. 남북한 애니메이션 합작사업

북한과의 문화예술 교류에서 흥미로운 점은 북한이 영화, 문화기술(Culture Technology, CT), 출판, 저작권 등의 문화산업 분야에 대해서는 다른 분야에서보다 적극적이었다는 사실이다. 〈겨레말큰사전〉 편찬사업이나 〈조선향토대백과〉 편찬사업, 그리고 남북 영화 합작을 비롯해서 북한 소설이나 동화의 남한에서의 출판, 저작권 대리업 합의서 체결 등 북한은 남한의 첨단 미디어 기술과 인프라 지원을 통해 부가가치 창출이 용이한 문화산업에서는 성과가 도출되기까지 적극적으로 협력했다

(문화체육관광부 2013, 30). 그것은 아마도 국제사회로부터의 빈번한 경제 제재와 국제적 고립 속에서 지속되는 극단적인 경제난에 처해 있는 북한이 자연스럽게 이윤을 창출하는 데 효과적인 문화협력 사업에 주목했던 것으로 보인다.

이러한 맥락에서 남북한 문화예술 교류 중 단순한 교류를 넘어서 공동으로 제작한 상품을 해외에 수출하기까지 완성된 형태의 가시적인 성과를 도출한 사례는 문화콘텐츠 분야인 애니메이션 사업이 두드러진다. 문화콘텐츠 분야가 성과를 만들어낼 수 있었던 것은 문화콘텐츠 교류의 경우 디지털 형태로 개발, 제작, 유통될 수 있기 때문에 일반적인 물자교역보다 시간과 공간의 제약, 남북한의 정치군사적 갈등 상황 등 부정적 변수의 영향으로부터 비교적 자유롭고 디지털 콘텐츠의 성격상 교류협력 자체가 쉽고 빠르게 이루어질 수 있기 때문이다(이찬도 2005). 게다가 북한은 이미 1980년대 중반부터 유럽과의 교류를 통해 애니메이션 작품의 공동 제작을 시도한 바 있고 동유럽권의 애니메이션 영화제에 출품한 〈호동왕자와 낙랑공주〉(1990) 등의 작품이 호평을 받을 만큼(이찬도 2005, 200) 애니메이션 제작 능력은 소프트웨어 차원에서는 경쟁력이 있는 것으로 평가되고 있다.

남북한은 1999년부터 2004년까지 애니메이션 사업을 함께 진행했는데, 그 중 2001년 말 제작을 완료한 〈게으른 고양이 딩가〉는 남북한 간 첫 애니메이션 합작 작품으로 남한의 하나로텔레콤과 북한의 삼천리총회사가 제작에 참여했다. 북한의 기술회사인 삼천리총회사는 애니메이션 제작 전문회사는 아니었고 실제 작업을 진행한 주체는 당시 북한의 유일한 애니메이션 제작 기관인 4·26아동영화촬영소였다. 한국의 애니메이션업계는 국내 인건비 부담으로 인해 저임금 국가에 재하청하는 경우가 대부분이었는데 〈게으른 고양이 딩가〉의 제작에 참여한 북한의 제작비용은 중국보다 훨씬 저렴하여 제작 경쟁력을 갖췄던 것으로 평가된다. 〈게으른 고양이 딩가〉는 2004년 10월을 기준으로 홍콩, 싱가포르, 말레이시아를 포함한 7개국에 수출한 바 있다(이정·이상구 2004, 17-25).

2003년 EBS 한국교육방송에서 방영한 어린이를 대상으로 한 애니메이션인 〈뽀롱뽀롱 뽀로로〉는 남한의 아이코닉스(ICONIX)가 기획하고 북한의 삼천리총회사와 한국의 SK브로드밴드, 한국교육방송공사가 함께 제작에 참여하여 총 52편 중 12편을 제작했다. 2005년에는 남북이 함께 제작한 〈왕후심청〉이 프랑스 안시 국제애니메이션 페스티벌에서 프로젝트 경쟁부문 특별상을 수상했으며 히로시마, 오타와 애니메이션 페스티벌에서 초청작으로 선정된 바 있다. 특히 〈왕후심청〉은 남북이 공동의 문화원형을 콘텐츠로 활용한 점과 공동의 문화콘텐츠로 세계무대에 함께 진출했다는 점에서 의미 있는 선례이다(동범준 2017, 169-171).

이정·이상구는 한국은 해외 OEM 물량을 인건비가 낮은 중국과 같은 국가들에게 빼앗기므로 하청물량 의존도가 큰 한국 국내 업계에게 사업 파트너로서의 북한은 일종의 출구전략이라고 진단했다. 북한은 애니메이션 분야의 우수인력이 많아 유럽 애니메이션 기업의 유망한 파트너로 인식되기도 했다. 유럽의 대북사업 전문기업인 펠릭스 압트는 2004년 초 개봉된 프랑스 애니메이션 〈아스테릭스〉의 제작에서 작품의 절반 이상을 북한 인력이 제작했다고 밝혔다. 그럼에도 불구하고 2000년대 초반까지의 남북한 간 디지털 문화콘텐츠 합작 사업에서 가장 큰 장애물은 북한의 열악한 정보통신 인프라로 지적되고 있다. 인건비 등 경비절감 효과에도 불구하고 북한의 열악한 하드웨어 부문으로 협력의 범위는 제한될 수밖에 없었던 것이다(이찬도 2005, 196-204; 이정·이상구 2004, 57-58).

북한의 인프라 문제와 남북한 관계의 정치적 변수 등 많은 어려움이 존재했지만 애니메이션 사업에서의 남북한 교류협력은 두 가지 차원에서 의미 있게 평가받고 있다. 첫 번째는 이미 언급한바 애니메이션이 주로 어린이를 대상으로 하므로 남북한 사업 주체가 모두 비정치적이고 대중적인 콘텐츠 제작에 쉽게 협력할 수 있다는 점이다. 두 번째, 애니메이션이 어린이들의 사고에 끼치는 영향이 크므로 남북한이 공동으로 제작한 애니메이션은 남북한의 이질성 해소를 위한 가장 자연스러운 방법이 될 수 있다. 세 번째, 대개 애니메이션 작품은 자본주의나 사회주의 등의 이념을 다루지 않고 상품성과 대중성을 갖기 때문에 남북이 합작해서 제작하는 애니메이션은 남북한 모두에 이익을 주는 산업이다(이정·이상구 2004, 57-58).

아직까지 남북한 간 디지털 문화콘텐츠 교류사업은 2000년대 초반까지의 애니메이션 합작 사업이 유일무이하다. 하지만 현재의 디지털 정보커뮤니케이션 환경에서 빠르게 고도화되고 있는 디지털 기술은 앞으로 남북한 문화예술의 다양한 교류협력 분야의 콘텐츠를 디지털 콘텐츠로 전환시킬 수 있을 것이다. 예컨대 2018년 2월 북한 삼지연 관현악단의 강릉 아트센터공연도 디지털 문화콘텐츠가 될 수 있다. 북한 예술단의 공연을 직접 관람했거나 녹화방송을 통해 관람한 한국 네티즌들은 공연과 관련된 글과 사진, 이미지들을 인터넷과 소셜미디어 공간에 무수하게 게시했고 사실상 대부분의 한국 대중은 북한 예술단의 공연을 디지털 문화콘텐츠로서 접했다.

사실상 예술단 방문 공연은 공연을 위한 조율과 준비 시간 및 인적 이동에 소요되는 막대한 경비를 고려하면 비효율적인 방식의 문화교류이다. 하지만 인터넷과 소셜미디어를 통해 공연 내용이 디지털 문화콘텐츠로 전환되는 데에는 거의 비용이 발생하지 않는다. 과거 북한의 문화유산을 다큐멘터리로 제작하여 방송한 내용도 현대의 디지털 기술 환경에서는 모두 디지털 문화콘텐츠로 전환될 수 있고 온라인 공간에서는 전 세계로도 신속하게 확산될 수 있다. 게다가 이러한 문화콘텐츠에 대한 세계청중의 반응을 인터넷 공간에서는 즉각적으로 확인할 수 있는 점을 고려하면 남북한이 공동 제작한 어떤 문화콘텐츠도 상업성과 대중성, 오락성 등이 갖춰지면 현대의 디지털 기술과 정보커뮤니케이션 환경에서는 세계적인 문화콘텐츠로 전환될 수 있다.

V. 남북한 디지털 문화콘텐츠 협력사업의 기대효과

1. 공동의 문화콘텐츠 발굴·제작과 상호 문화확산

북한은 핵과 미사일 도발로 인해 2000년대 중반부터 미국과 유럽이 주축이 된 국제사회로부터 긴 경제제재하에 놓여왔고 제재 기간이 길었던 만큼 국제사회로부터 철저하게 고립되어왔다. 결과적으로 과거 남북한 문화교류를 통해서 알려진 북한의 문화자원도 경제적 가치의 창출이 가능한 문화콘텐츠 상품으로 발굴, 제작할 수 있는 안정적인 정치적 여건이 조성되기 힘들었다. 남북한 문화예술 사업은 시간과 공간의 문제, 정치적 문제의 해결 없이 뚜렷한 수익성과 지속성을 기대하기 힘들다. 남북한 애니메이션 합작 사업은 그러한 변수의 영향을 상대적으로 덜 받기 때문에 그나마 가시적인 성과를 도출할 수 있었다.

앞으로 남북한의 교류협력 범위가 넓어지고 상호 간 신뢰가 쌓여 교류협력이 지속된다면 북한 문화콘텐츠는 한국의 디지털 기술과 마케팅 전략에 힘입어 빠르게 세계시장에 진출할 동력을 얻을 수 있다. 특히 북한 문화콘텐츠의 원형발굴은 민족의 정체성과 동질성 회복 차원에서 중요한 의미를 갖는다(이찬도 2005, 196). 더군다나 디지털 문화콘텐츠는 문화예술 교류 사업에 직접 참여한 남북한 관계자들에게 한정될 수 있는 남북 간 이질화 해소와 동질성 회복의 효과를 인터넷과 소셜미디어 공간을 통해 확산시킴으로써 국내외 한국과 북한 대중도 경험하게 하는 매개체가 될 수 있다.

북한의 문화예술 분야 중 비정치적 문화콘텐츠는 남한 시민들도 공유하고 공감할 수 있다. 예를 들어 〈고향의 봄〉, 〈눈물 젖은 두만강〉 등 북한은 일제강점기 민족이 겪어낸 수난을 담은 노래들을 '계몽기 가요집'으로 묶어 2000년에 발간했는데 이러한 노래들은 남한에서도 불리는 노래들이다. 또한 북한의 교예극인 〈춘향전〉이나 무용극 〈봉선화〉 등은 이념적 색채가 없고 상품성이 있어 한국에서 공연해도 문제가 없는 작품들이다(문화체육관광부 2013, 43). 특히 북한의 문화콘텐츠 중 한국전쟁 전 남북한이 함께 겪은 공동의 역사를 담은 콘텐츠는 남북한 공동의 문화콘텐츠로 발전시킬 수 있다.

보다 적극적으로는 이념의 색채와 프로파간다의 성격을 갖는 북한의 문화도 남북한이 공동으로 발굴, 개발하는 과정에서 원래의 정치적 내용을 비정치적인 새로운 내러티브로 대체하는 방식으로 북한의 문화콘텐츠를 변형, 재창조, 재생산하거나 한국의 문화콘텐츠를 가미하여 재해석하는 등의 방법을 동원할 수 있을 것이다. 북한도 이러한 방식의 콘텐츠 변형에 대해 융통적인 자세를 보여준 바 있다. 예컨대 2018년 북한 심지연 관현악단은 한국 공연에서 체제 선전이나 수령찬양 내용을 배제 혹은 변경하여 북한 가요 9곡과 남한 가요 11곡 및 다양한 클래식 음악의 공연을 선보였고 남한 시민들이 공감할 수 있는 내용을 시연함으로써 북한이 경제난에도 불구하고 문화빈국은 아니며 정상국가로서의 면모도 지니고 있음을 보여주었다.

아마도 이러한 효과를 기대했을 북한은 현송월 삼지연 관현악단 단장의 노래에서 백두산, 한라, 독도 등 한반도 영토 지명을 언급하면서 민족주의 감정을 고취시키기도 했고 일부 원래 가사를 바꾸기도 하는 등 한국에서 문제가 될 만한 공연 내용을 배제하는 데 적극적이었다. 또한 한국 예술단의 공연은 김정은 위원장이 한국 예술단과 함께 찍은 단체사진을 로동신문 4월 2일자 첫 페이지에 크게 보도했는데, 북한의 국영매체 1면에 한국 대중가수들이 등장한 것은 최초이자 이례적인 일이었다. 또한 한국 취재진의 공연 촬영을 북한 보안요원들이 제지한 데 대해 김영철 통일전선부장이 한국 취재진에게 직접 사과한 일은 북한이 방송과 인터넷 등 한국 미디어 매체를 통해 북한이 외부에 어떤 이미지로 비춰지는지 신경을 쓰고 있다는 것을 말해준다.

디지털 문화콘텐츠의 형태는 아니었지만 2018년 4월 160여 명의 한국 예술단의 북한 동평양대극장에서의 〈봄이 온다〉 테마의 공연도 북한 주민의 남한에 대한 인식에 어느 정도의 영향을 끼쳤을 것이다. 무대연출의 다양한 기술을 시전해 보인 한국 예술단이 선보인 노래들은 슬픈 가사가 포함된 획일적이지 않은 다양한 감정을 표현했고 레드벨벳과 같은 아이돌 가수들의 공연은 남한의 젊은 세대가 갖는 자유분방한 활력과 역동성을 연출했다. 여러 연구에서 진행된 한류에 대한 탈북자 면접에서 북한 주민들은 한국의 예능과 오락 프로그램의 솔직하고 현실적인 내용에 호감을 가지며 이러한 프로그램들을 북한의 문화콘텐츠와 차별된 것으로 받아들인다고 한다. 한국 콘텐츠는 일상의 내용을 담고 비이데올로기적이며 교훈을 억지로 주려하지 않으나 북한 콘텐츠는 교화 중심이므로 당국이 제작한 프로그램에 대한 거부감이 증대하고 있다는 것이다(전희락 2014, 64-66). 이러한 연구결과는 한류를 접하면 접할수록 북한의 선전선동 및 교화 중심, 이데올로기 프로파간다에 대한 저항감이 커질 수 있고 그만큼 북한 문화콘텐츠 개혁에 대한 압력이 증대할 가능성을 의미하기도 한다. 앞으로 북한이 외부 세계와의 접촉이 증가하고 남북한 교류가 지속된다면 이러한 추세는 사실상 불가피해 보인다.

남북한 커뮤니케이션의 통합과 동질성의 회복, 그리고 상호 문화확산은 정부 차원에서의 다양한 프로젝트를 통해서 먼저 이루어지겠지만 또한 동시에 북한 지도층이 남한의 발달된 문화콘텐츠를 북한 사회에서도 적용할 동기와 관심을 유발하는 과정을 통해서도 이루어질 수 있다. 즉 한국 문화코드가 장마당을 통한 은밀한 방식이 아닌, 북한 지도층과 상류층에 의해 자발적으로 북한으로 전파될 수 있게 하는 것이다. 전희락은 한류 문화콘텐츠의 북한 내 확산 현상을 설명하면서 로저스(Rogers)의 개혁확산이론을 소개했다. 한 사회 내에서 어떤 아이디어가 빠르게 확산되는 데에는 일종의 임계치라고 볼 수 있는 결정적 다수(critical mass)가 확보되어야 하는데 보통 최초 채택자(early adopter)가 이 과정에서 중추적인 역할을 수행한다고 한다. 그런데 최초 채택자들은 대개 경제수준과 교육수준이 높고 해외문물에 대해 개방적이며 미디어 접근 수준과 개혁성이 모두 높은 것으로 나타났다는 것이다(전희락 2014, 41; Rogers 1995; Rogers & Goldhaber 2003).

　요컨대 2.5% 수준의 개혁자들에 의해 최초 개혁이 일어난 이후 조기 채택자들의 개혁 채택 수준이 10%-20% 수준을 넘으면 전체 대중에 그러한 개혁 움직임이 확산된다고 한다. 한류의 북한 내 확산에 대한 문화확산이론과 개혁확산이론의 적용에 대한 연구(전희락 2014, 전희락·박종렬 2013)를 적용해보면, 북한의 지도층이 거부감을 느끼지 않는 한국의 문화코드가 북한에 전파되게 하는 것은 장마당을 통해 북한 주민들이 은밀하게 남한의 문화콘텐츠를 소비하여 북한 사회에 한류가 전파되게 하는 것과 반대의 방법이 될 것이다. 요컨대 지도층이 먼저 자발적으로 남한의 문화콘텐츠나 남한의 발상을 받아들여 북한 내 한국의 문화코드가 확산되게 하면 남북한 문화예술 교류 과정에서 발생할 수 있는 갈등 변수를 미리 예방할 수 있을 것이다.

　예를 들어 현재 한국의 출판문화가 복합문화와 문화축제를 지향하는 분위기는 평양에도 도입되게 할 수 있다. 한국 정부는 2017년부터 출판문화산업 진흥 5개년 계획(2017-2021)을 시작했는데, 정부의 사업에는 독서캠페인, 1,100개의 공공도서관 설립, 공공장소 전자책 서비스 개시, 북콘서트, 국제도서전 등 문화축제를 전개하는 프로그램들이 포함된다. 한국의 서점이 점차 강연장, 그림전시장, 박물관, 음악공연실을 갖춘 복합문화공간의 모습을 갖추도록 하는 이러한 계획은 출판문화를 부흥시키기 위한 방법으로서 추진되고 있다(이경하 2018). 이러한 남한의 문화산업은 북한에도 적용할 모범사례가 될 수 있다. 더군다나 김정은 위원장은 북한 주민들의 문화 및 여가생활을 위한 시설 확충에 관심이 많다. 김정은 시대에 들어 대도시를 중심으로 본격적으로 시작된

도시정비사업과 문화·위락 시설의 확충 등 '인민생활 향상'의 일환으로 수행된 많은 사업들은 공원, 유원지 등의 위락시설 및 탁구장, 수영장, 헬스장, 빙상장이나 롤러스케이트장 등의 체육시설, 영화관, 민속촌, 동물원, 박물관 등 문화시설의 개보수와 건설을 포함한다(조정아 2017, 4-6). 즉 문화위락 시설 확충에 관심이 큰 현재의 북한 지도층은 한국의 복합문화공간이나 축제문화와 비슷한 시설과 프로그램을 북한에도 마련할 동기와 유인을 더 많이 가질 것이다.

이러한 맥락에서 디지털 문화콘텐츠를 포함한 남북한의 문화협력 사업에서 북한 지도층과 북한 내 여론의 동향 및 북한 주민들의 필요를 한국이 미리 파악하는 것은 앞으로의 남북한 문화사업 전개를 위해 중요해 보인다. 실제로 북한에서 사회경제적 지위가 높은 상류계층일수록 당국의 통제로부터 자유롭고, 특히 그러한 계층의 중국 유학기간 동안 한류에 대한 노출이 증대했다는(전희락 2014, 66-69) 연구결과를 통해서 볼 때, 현재 북한 내 여론에 대한 파악을 탈북자들에 대한 면담을 통해서 파악하는 것은 일정한 한계가 있다. 더군다나 평양 상류층에 속하는 북한 주민들과 현재 남한에 거주하는 탈북자들 간의 인식에는 차이가 존재할 수 있다. 그러므로 남북한 문화교류 및 다양한 사업을 추진하는 과정에서 남북한 사회의 갈등을 최소화하고 현재 프로파간다 성격이 압도적인 북한의 경직된 문화에 소프트랜딩의 변화를 유도하기 위해서는 북한 주민, 그리고 북한 지도층과 상류층이 문화예술에 대해 어떤 생각을 갖고 있고 어떤 문화욕구와 필요가 잠재되어 있는지 서서히 파악해 나갈 필요가 있다.

문화콘텐츠 확산을 결정짓는 것은 문화콘텐츠의 본질적 속성과 관련이 있다. 즉 특정 문화콘텐츠가 한 사회의 대중에게 수용될 만큼의 오락성이나 상업성과 같은 대중성을 갖는지의 여부가 한 사회 내에서 문화콘텐츠의 확산에서 가장 중요하다(전희락·박종렬. 2013, 265-290). 이러한 의미에서 북한 내 언론과 정치적 의사표현의 자유가 부재함에도 불구하고 북한 내 여론지형을 파악할 필요가 생기는 것이다. 즉 북한 사회의 비공식 여론은 누가 주도하고 이끄는지, 평양시민의 여론은 여타 북한 내 다른 지역의 여론과 어떻게 차별되는지, 북한의 어떤 세대와 직업군, 어떤 성격의 그룹이 주로 한국의 문화코드를 수용하는지 파악하는 것은 장기적으로 남북한 사회의 통합과 한반도 통일을 위해서 조심스럽게 이루어져야 할 선행 작업이다.

2. 북한의 국제평판 개선과 한반도 한류의 창출

현재의 정보커뮤니케이션 환경에서 북한이 국제사회로 합류하여 정상국가 이미지를 획득하기 위해서는 비핵화 이행과 각국과의 정상적인 외교관계 구축 외에도 세계청중으로부터 정상국가로 비춰져야 한다. 인터넷과 소셜미디어의 대중화와 아울러 전 세계인의 양방향, 실시간 커뮤니케이션이 가능해진 현재의 정보커뮤니케이션 환경은 북한이 앞으로 치러야 할 게임이 이전보다 더 복잡해졌음을 의미한다. 그동안 북한은 당의 공식 매체를 통해 북한의 핵 보유와 군사도발 및 인권문제를 비판하는 국제사회에 대해 적대적인 태도를 보이며 공격적인 메시지를 담은 미디어 콘텐츠를 제작하여 인터넷 미디어를 통해 유포해왔다. 국제사회는 극단적이고 공격적인 사고방식이 드러나는 북한 매체의 메시지를 통해 북한을 비합리적이고 호전적인 레짐으로 인식해온 것이다.

그러므로 북한이 비핵화 이행과 아울러 국제사회의 구성원으로서 국제무대에 복귀하고 인류공동체가 추구하는 세계평화와 공동 번영에 기여할 정상국가로서의 자국 이미지를 세계청중에게 제시할 수 있기 위해서는 과거와 차별되는 국가 어젠다와 비전을 담은 문화콘텐츠가 필요하다. 하지만 북한이 비핵화를 완전히 이행하고 현재의 정치체제를 변혁시키지 않는 한 이전의 이미지와 평판으로부터의 근본적인 탈피는 단기적으로는 쉽지 않다. 그러므로 북한이 현 단계에서 구사할 수 있는 가장 효과적인 이미지 제고 수단은 예술, 문화, 학술활동과 같은 영역에서 북한이 가진 북한 나름의 소프트파워를 발휘하는 방법이다. 그리고 이러한 맥락에서 남북한의 경제협력 및 문화, 예술, 학문, 스포츠 등 다양한 영역에서의 교류는 북한이 국제사회에 정상적으로 합류하고 해외에 정상국가 이미지를 전파하는 효과적인 방법이 될 것이다.

국제사회로의 진입에 있어서 북한이 가장 쉽게 접근할 수 있는 해외청중은 다름 아닌 한국 대중이다. 동일한 언어와 역사를 가진 남한 대중은 북한이 다양한 남북한 문화예술 교류를 통해 긍정적인 이미지를 가장 빠르게 알리고 호소할 수 있는 대상이다. 동시에 그동안 북한 사회에서 부정적으로 그려졌을 남한 사회와 문화가 북한 주민들에게 어떻게 인식될 것인지, 그리고 북한의 이미지 변화 시도에 대해 남한 대중이 어떻게 생각할지는 남북한의 상호 소통과 교류에서 관찰할 중요한 부분이다. 즉 서로에 대한 여론의 추세는 앞으로 남북한 사회의 통합과 이질화 극복에서 어떤 노력이 이루어져야 할지 파악할 수 있는 근거가 될 것이다. 이러한 점에서 앞으로 남북한의 문화예술 교류협력은 남북한의 커뮤니케이션과 경제 및 정치사회 통합이 추진되기 전 선행될 수 있는, 관계 회복의 가장 쉬우면서도 중요한 단계이다.

문재인 정부는 2018년 4월 13일 북한이탈주민과 지역 주민들이 함께 도서관, 공연장, 전시관을 이용하며 소통할 수 있는 문화시설인 '통일문화센터'를 강서구 마곡지구에 마련하기 위한 착공식을 가졌다. 탈북민들이 그동안 하나센터를 통해 한국에서의 안정적 정착을 위한 제반 지원을 제공받았다면 이번에 설립되는 통일문화센터는 남북한 주민들이 함께 문화를 즐길 수 있는 공간이다. 또한 정부는 2018년 5월 〈사람이 있는 문화-문화비전 2030〉을 발표하면서 남북 문화교류를 획기적으로 증대하고 문화를 통해 한반도 평화체제 구축과 글로벌 문화산업 시장에 진출할 계획을 밝혔다. 이러한 계획에 따라 정부는 북한과 '남북 문화교류협정'을 체결할 것과 문화예술과 스포츠, 관광 교류를 지원할 법적 근거를 마련할 것을 천명했다. 특히 문화체육관광부는 북한과 남북문화유산 공동 실태조사, 겨레말큰사전 편찬, 통일문화아카데미 추진 등 남북한 문화 동질성 회복 프로젝트를 추진하기로 했다(서애영 2018).

　　앞으로 남북한 문화콘텐츠 발굴과 협력에 있어서 가장 파급력이 클 전환점은 남북한 간 디지털 커뮤니케이션 공간이 통합되는 일이다. 현재 북한 정치체제의 특성상 그러한 가능성은 단기적으로는 예측하기 힘들지만 북한 정권이 가장 정치적으로 예민할 수 있는 온라인 공간을 통한 남북한 대중의 소통은 남북한 이질화 극복에 있어서 반드시 넘어야 하는 관문이다. 또한 남북한 사회와 문화의 이질성을 극복하는 것에서 더 나아가 서로의 문화를 서로에게 확산시키며 경제적 가치를 갖는 공동의 상품을 창출하는 협력은 결국은 대중 차원의 온라인 공간에서의 자발적인 참여와 호응을 통해 가장 강력한 형태로 일어날 수 있다.

　　남북한 문화교류의 다양한 내용은 한국과 해외의 인터넷과 소셜미디어 공간에 네티즌들의 글과 사진 등의 자발적인 게시로 소개, 전파될 것이며 이러한 과정에서 어떠한 문화콘텐츠와 문화상품을 만들지는 남북한이 다양한 아이디어를 통해 도출해낼 부분이다. 특히 한국 젊은 세대의 팬덤 문화의 자발성과 효과, 폭발력을 고려해보면, 남북한의 잦은 교류와 문화사업이 남북 대중으로부터 호응을 얻게 되면 자연스럽게 대중성과 상품성을 겸비한 남북한 공동의 문화콘텐츠는 광범위한 영향력을 끼칠 수 있을 것이다. 남북한 간 문화교류와 공동의 문화콘텐츠 창출 과정은 궁극적으로 남북한 대중 스스로가 이끌어나가야 할 분야이다.

정부가 밝힌 남북한 문화교류에 관한 계획은 세계시장에 진출할 한국 문화상품의 성격이 남북한의 문화유산이 융합된 것이 될 것임을 암시한다. 이러한 계획은 그동안 단절되어온 남북한 문화를 새로운 한반도 문화로 창출하는 것이며 미래의 남북한 사회통합과 한반도 통일을 염두에 둔다면 더욱 공격적으로 추진될 필요가 있다. 따라서 한민족 공통의 디지털 문화콘텐츠 개발은 단순히 남북 문화를 융합하고 디지털화하고 상품화하는 것을 넘어 보다 적극적인 형태의 한반도 디지털 공공외교 차원에서 전개될 수도 있다.

남북한은 국제사회에 대해 한반도의 평화프로세스와 남북한 통일이 세계평화와 번영에 공헌할 가능성을 어필하는 것을 목표로 삼고 정부가 추진 계획을 밝힌 국제 체육대회에의 공동 출전과 개최뿐만 아니라 각종 문화행사와 국제정치적 행사에서도 남북이 공조함으로써 한반도 평화프로세스가 돌이킬 수 없는 수준으로 진행되고 있음을 국제사회에 홍보하고 국제적 관심을 유발할 필요가 있다. 요컨대 남북한의 이질성 극복과 동질성 회복의 문제는 남북한 간의 직접 접촉을 통해서 이루어지는 것이지만 국제무대에서의 남북한 공조는 동질성 회복과 이질성 해소의 더 효과적인 동력으로 작동할 수 있다.

VI. 결론

이 글은 남북한 문화의 이질성 해소와 동질성의 회복이 일방 문화의 상대에 대한 전파보다도 공동의 문화콘텐츠 발굴, 제작과 세계시장에서 전파될 공동의 한류 창출 등 보다 선제적인 방법을 통해 이루어질 것을 주문했다. 그것은 현재의 한반도 평화프로세스가 놓여 있는 정보커뮤니케이션 환경이 쌍방향의 소통과 세계청중과의 지구적 연결에 의해서 과거와는 근본적으로 다른 성격을 갖기 때문이다. 현재의 정보커뮤니케이션 환경에서는 문화의 상호확산과 수용, 채택의 과정이 매스미디어가 지배적이었던 이전의 정보커뮤니케이션 환경과 달리 디지털 커뮤니케이션 매체를 사용하는 메시지 수용자의 자발성과 팬덤의 폭발력 등 문화콘텐츠 수용자의 반응과 호응에 따라 더욱 효과적인 파급력을 보이며 진행될 수 있기 때문이다.

그러므로 앞으로의 남북한 문화협력과 합작 사업에 있어서 정부 행위자들과 남한의 문화사업 관계자들은 북한 지도층과 상류층이 향유의 대상으로서의 문화콘텐츠를 창출해내고자 하는 변화 욕구와 동기부여에 더 초점을 둘 필요가 있고, 남한발 한류의 일방적인 전파보다도 한반도 공동 한류 창출의 효과를 염두에 둔 발상의 전환을 추구해야 한다. 이러한 맥락에서 남북한 문화예술 협력과 문화콘텐츠 사업은 단순히 남북한의 이윤 창출을 넘어 국제사회에 새롭게 합류하려는 북한의 국가 이미지 쇄신과 아울러 한반도의 평화프로세스가 추구하는 비전을 국제무대에 제시하는 역할도 수행할 수 있을 것이다. 더불어, 앞으로의 남북한의 다양한 문화예술 협력과 문화콘텐츠 사업은 국내외 정치적 변수에 의해 끊임없이 좌지우지되지 않도록 사업의 안정성과 지속성을 뒷받침할 만한 국내법적, 제도적, 그리고 인식의 전환을 위한 교육 프로그램 등을 마련할 필요가 있다.

참고문헌

김두일. 2010.『조선사회과학학술집: 주체음악과 인간학』제155권 문학편. 평양: 사회과학출판사.
김문기. 2018. "[ICT 원코리아] 베일 속 북 ICT 기반 수준은?"『아이뉴스』(7월 31일).
　　　http://news.inews24.com/php/news_view.php?g_serial=1111391&g_menu=020300
　　　(접속일: 2018.8.11.).
김성완. 1998. "남북통일의 전망과 커뮤니케이션의 역할."『동서언론』제2집.
김정수. 2018. "김정은 시대 예술영화에 나타난 일상정치."『문화정책논총』32집 1호.
동범준. 2017. "남·북한 문화재 법 제도 비교 분석 및 통일한국 시대에서의 문화콘텐츠 활용을
　　　위한 발전방향 제시."『문화콘텐츠연구』제11집.
문화체육관광부. 2013. "남북 문화교류협력 사업 분석 및 발전 방안 연구." 서울: 문화체육관광부.
박재영. 2013. "통일을 대비한 문화유산 교육의 방향: 디지털 전통문화 콘텐츠를 중심으로."
　　　『중앙사론』제37집.
서애영. 2018. "문재인 정부, 평화 위한 남북 문화협력 힘쓴다." (5월 18일). 해외문화홍보원.
　　　http://kocis.go.kr/koreanet/view.do?seq=10566&RN=1 (접속일: 2018.7.5).
손해용. 2018. "북한의 IT 현황…400만명이 스마트폰 쓰고, 내비 앱·온라인 쇼핑 이용."
　　　『중앙일보』5월 6일. https://news.joins.com/article/22599336 (접속일: 2018.7.3.)
송태은. 2013. "북한 커뮤니케이션 네트워크의 이중구조와 북한정권의 커뮤니케이션 전략."
　　　『통일문제연구』제25권 1호.
　　　　, 2015. "북한의 커뮤니케이션 네트워크와 북한정권의 국제청중 호소전략."
　　　윤영관·전재성·김상배 엮음.『네트워크로 보는 세계 속의 북한』서울: 늘품.
오철훈. 2012. "당보의 1면과 노래."『로동신문』1월 21일.
이경하. 2018. "남북한의 출판문화."『자유아시아방송』2월 29일. https://www.rfa.org/korean/
　　　weekly_program/d1b5c77cbb38d654c0b0cc45/fe-hk-02082018153536.html
이연철. 2017. "북한 엘리트 계층, 인터넷 활발하게 이용" Voice of America (7월 26일) https://
　　　www.voakorea.com/a/3958505.html (접속일: 2018.2.5.).
이정·이상구. 2004.『1999-2004 남북 애니메이션 교류 백서』영화진흥위원회.
이찬도. 2005. "남북한 문화산업교류협력을 위한 동태적 마케팅 전략: 문화콘텐츠를 중심으로."
　　　『북한연구학회보』제9집 2호.
이현기. 2018. "남북예술단 교환공연"『자유아시아방송』5월 4일. https://www.rfa.org/korean/
　　　weekly_program/d1b5c77cbb38d654c0b0cc45/fe-hk-05022018143154.html
전희락. 2014. "문화확산이론으로 분석한 북한에서의 한류 확산 연구."『정치커뮤니케이션연구』
　　　제35집.
전희락·박종렬. 2013. "북한에서의 한류 확산과정에 대한 연구."『평화학연구』제14집 4호.
정은미·김병로·박명규·송영훈. 2015.『북한주민 통일의식 2014』. 서울: 서울대 통일평화연구원.
정철현. 2008.『북한의 문화정책』서울: 서울경제경영출판사.

조정아. 2017. "북한 주민의 여가생활." KDI 북한경제리뷰 2017년 8월호.

통일교육원. 2017. 『북한이해』. 서울: 통일부.

하승희. 2015. "북한 로동신문에 나타난 음악정치 양상-「로동신문」 1면 악보를 중심으로."
  『문화정책논총』 제29집 2호.

한승호. 2014. "김정은 시대의 북한 '조선예술영화' 분석: 조선예술영화를 중심으로."
  『통일인문학』 제59집.

홍민. 2018. "김정은 정권의 통치 테크놀로지와 문화정치." 서울: 통일연구원.

McCurry, Justin. 2006. "North Korea only has 28 websites, according to leak of official
  data." *The Guardian*. September 21. https://www.theguardian.com/world/2016/
  sep/21/north-korea-only-28-websites-leak-official-data (접속일: 2018.3.3.).

Gallagher, Sophie. "북한 주민이 접속할 수 있는 인터넷 사이트는 이 28개다." *Huffington Post*.
  9월 22일. https://www.huffingtonpost.kr/2016/09/22/story_n_12128594.html (접속일:
  2018. 7.5).

Rogers, Everett M. 1995. *Diffusion of Innovation*. New York: The Free Press.

Rogers, Everett M. & G.M. Goldhaber. 2003. "An examination of the factor contributing to
  adoption decisions among late diffused technology products." *New Media & Society*
  Vol.5, Issue 4.

3부

신흥안보 분야의 기회와 도전

제7장

4·27 남북 정상회담과 4차 산업혁명

남북 군사관계와 국방개혁 2.0

신성호 서울대학교 국제대학원

I. 서론

안보는 어느 국가 어느 정권을 막론하고 가장 중요하고 기본적인 과제이다. 그 기본은 강력한 국방에서 시작한다. 문제는 한정된 재원을 가지고 시대와 상황에 따라 어떻게 강력한 국방을 담보할 것인가이다. 그 화두는 종종 국방개혁이라는 주제로 전개된다. 변화하는 시대와 안보 상황에 맞는 군대의 육성은 진보와 보수를 막론하고 어느 정권에서도 공통의 관심사이다. 역대 한국 정부도 매 정부마다 국방개혁의 기치를 내걸고 이를 추진하였다. 그 결과 일부 새로운 무기체계가 도입되고 군의 합동성을 강화하려는 노력이 있었다. 그러나 여전히 대한민국 국군은 한국전쟁의 경험에 근거하여 북한의 대규모 지상군을 상대로 한 육군 중심의 60만 대군의 골격이 유지되어 왔다.

그러는 사이 냉전이 해체되었고, 9·11 테러로 인한 미국의 대 테러 전쟁이 전개되고, 동북아는 중국의 부상이 본격화되는 대변동이 일어나고 있다. 군사기술에서도 걸프전의 정밀유도무기와 공중전의 부상과 함께 시작된 군사혁명이 21세기 들어와서는 무인기와 인공지능으로 상징되는 또 다른 차원의 4차 산업혁명과 3차 옵셋전략(혹은 상쇄전략)이 발현되는 격변의 시기를 맞이하고 있다. 이에 따라 미국과 러시아, 중국을 위시한 강대국들은 새로운 국방개혁과 군사혁신에 매진하고 있다. 특히 강력한 군사패권을 지키려는 미국과 이에 도전하는 중국, 러시아의 군사경쟁과 혁신 노력은 최근 들어 더욱 가속화되는 모습을 보인다. 이들 간의 새로운 군사경쟁과 새로운 군사기술의 발현은 바야흐로 이제까지와는 전혀 다른 양상의 전쟁의 미래(the Future of War)에 대한 많은 논쟁을 낳고 있다(The Economist 2018, 3-16).

한편, 대한민국과 한반도를 둘러싼 안보 환경과 조건도 급속한 변화를 겪고 있다. 우선 세계 최고의 저출산과 노령화로 인한 인구절벽은 더 이상 육군 중심의 60만 병력 유지가 불가능한 현실을 초래하고 있다. 북한의 핵개발은 재래식 무기에서 한미연합군과의 전력 불균형의 한계를 절감한 북한 나름의 국방개혁 노력으로 이해되지만 이는 한편으로 우리에게 엄청난 새로운 군사위협으로 다가온다. 거기에 더해진 북한의 사이버 공격과 드론 침투는 또 다른 군사적 도전이다. 한반도를 둘러싼 미중, 중일 간의 군사적 경쟁이 가열되고 있는 가운데 미국의 트럼프 대통령은 미국 내의 고립주의를 부추기며 주한미군의 필요성을 돈으로 흥정하려 하고 있다.

이러한 모든 상황은 대한민국이 당면한 국방개혁의 필요성과 절박성을 그 어느 때보다 강력하게 제시한다. 문제는 역대 정권에서 추구한 국방개혁보다 얼마나 실질적으로 우리에게 필요하고 적합한 국방개혁을 실현하고 실천해 나갈 수 있느냐이다. 이를 위해서는 먼저 우리의 변화하는 안보 상황의 미래, 즉 한반도에서 일어날 가능성이 있는 미래의 전쟁에 대한 냉철한 판단이 요구된다. 이와 더불어 현재 급속히 벌어지고 있는 군사기술의 혁신으로 인한 전쟁 수행 방식의 변화와 미래, 즉 전쟁의 미래에 대한 예측과 판단이 결합되어야 할 것이다. 즉 전쟁의 수요에 대한 예측과 거기에 부흥하는 공급능력을 준비하는 작업이 바로 국방개혁의 요체가 되어야 한다. 특히 최근 남북관계와 더불어 논의되는 한반도 평화체제는 지금까지 남북 군사대결을 중심으로 한 우리의 국방계획과 방위태세를 보다 미래지향적으로 바꾸어야 하는 국방개혁의 필요성을 더욱 제기한다.

2018년 대한민국의 문재인 대통령과 북한의 김정은 위원장이 4월 27일 정상회담을 가졌다. 2000년 김대중 대통령과 김정일 위원장, 2007년 노무현 대통령과 김정일 위원장의 정상회담에 이은 3번째 정상회담에서 양 정상은 판문점 합의를 발표하였다. 이번 합의의 특징 중 하나는 이전 합의문에 비해 상당히 구체적인 군사신뢰구축 노력을 언급하였다는 것이다. 만약 양국이 합의대로 비핵화와 더불어 종전선언에 이은 한반도의 항구적 평화체제 구축을 위해 노력한다면 지금까지 남북 간의 군사관계도 새로운 근본적 변혁을 겪게 될 것이다. 이러한 가운데 국방부는 2018년 7월 27일 문재인 대통령 주관하에 청와대에서 국방개혁 2.0의 구체적 로드맵을 제시하였다. '전방위 안보위협 대응,' '첨단기술 기반의 정예화,' '선진화된 국가에 걸맞는 군대완성'의 3대 목표를 제시한 국방개혁에 대한 논란은 언제나처럼 뜨겁다.[1] 논란의 핵심은

---

1   국방부 보도자료, "국방개혁2.0 강한군대 책임국방 구현." http://www.mnd.go.kr/user/newsInUserRecord.action?command=view&newsId=I_669&siteId=mnd-&page=1&id=mnd_020500000000&newsSeq=I_11131 (검색일: 2018. 7. 27).

국방개혁안이 현재 대한민국이 당면한 인구절벽과 여러 경제적 어려움 속에서 21세기 들어 전개되는 새로운 안보 환경과 4차 산업혁명, 그리고 새로운 남북관계의 전개 등을 제대로 반영하고 있는지의 문제로 귀결된다. 본 글에서는 한국의 국방개혁이 4차 산업혁명과 새로운 남북관계의 변화 속에 어떻게 수행되어야 할지에 대한 과제와 대안을 살펴보기로 한다.

II. 4·27 판문점 선언과 남북 군사관계

1. 4·27 판문점 선언의 군사적 의미

지금까지 3차례의 남북 정상회담에서 4·27 판문점 선언은 이전에 비해 남북 군사문제에 관한 매우 구체적인 신뢰구축 조치들을 언급하고 있다. 2000년 김대중 대통령과 김정일 위원장 간의 6·15 공동선언은 인도적 차원의 이산가족 상봉과 경제협력을 포함한 남북 간 다양한 교류를 간단히 언급한 반면 군사문제는 아예 논의조차 되지 않았다.[2] 2007년 노무현 대통령과 김정일 위원장 간의 10·4 공동선언에서는 제3항에서 군사신뢰구축을 위한 사항이 포함되었다. 2항의 사상과 제도의 차이를 초월하여 상호존중과 신뢰관계를 수립하기 위한 구체적 조치로 군사문제가 언급된 것이다. 이를 위해 양국은 "군사적 적대관계를 종식

....

2   국가기록원, "6·15 남북 공동선언, 기록으로 보는 남북회담." http://theme.archives. go.kr/next/unikorea/six/six04.do (검색일: 2018. 7. 27)

시키고 한반도에서 긴장완화와 평화를 보장하기 위해" 첫째, "적대시하지 않고 군사적 긴장을 완화하며 분쟁문제들을 대화와 협상을 통하여 해결" 둘째, "한반도에서 어떤 전쟁도 반대하며 불가침의무를 확고히 준수", 셋째, "서해에서의 우발적 충돌방지를 위해 공동어로수역을 지정하고 이 수역을 평화수역으로 만들기 위한 방안"을 만들기로 하고 "각종 협력사업에 대한 군사적 보장조치 문제 등 군사적 신뢰구축조치를 협의"키로 하였다. 그리고 이는 다음의 4항에서 "현 종전체제를 종식시키고 항구적인 평화체제 구축"으로 나아가기 위한 노력의 일환으로 이해되었다.[3]

4·27 판문점 선언은 10·4 선언의 연장에서 한반도의 군사적 긴장 상태를 완화하고 전쟁위험을 실질적으로 해소하기 위해 더욱 다양하고 구체적인 남북 간 군사신뢰구축 방안을 제시한다. 첫째, 지상과 해상, 공중을 비롯한 모든 공간에서 군사적 긴장과 충돌의 근원으로 되는 상대방에 대한 일체의 적대행위를 전면 중지하며, 당장 5월 1일부터 군사분계선 일대에서 확성기 방송과 전단살포를 비롯한 모든 적대 행위들을 중지하고 그 수단을 철폐, 둘째, 서해 북방한계선 일대를 평화수역으로 만들어 우발적인 군사적 충돌을 방지하고 안전한 어로 활동을 보장하기 위한 실제적인 대책 수립, 셋째, 상호협력과 교류, 왕래와 접촉이 활성화되는 데 따른 여러 가지 군사적 보장대책을 시행키로 하고 이를 위해 국방부장관회담을 비롯한 군사당국자회담을 자주 개최키로 합의하였다(이인창 2018).

....

3   국가기록원, "2007 남북정상회담 합의문, 기록으로 보는 남북회담." http://theme.ar-chives.go.kr/next/unikorea/second/second01.do (검색일: 2018. 7. 27)

더욱이 금번 합의문에서 양국은 항구적인 평화체제 구축을 위해 10·4 선언에서 언급된 불가침 합의 재천명은 물론 정전협정체결 65주년을 맞이한 올해에 종전을 선언할 것을 합의하고 군사적 신뢰가 실질적으로 구축되는 데 따라 단계적인 군축을 추진할 것을 언급하고 있다. 이러한 조치의 가장 근본적인 조건인 북한 핵문제에 관하여는 한반도의 완전한 비핵화를 공동선언 사상 처음으로 언급하고 있다. 그야말로 한반도 비핵화, 종전선언, 평화체제 구축과 이를 위한 군사신뢰 구축과 군축에 이르는 남북 군사관계의 모든 사항이 논의되고 언급된 것이다. 4·27 판문점 선언이 말 그대로 이행된다면 한반도와 남북한 군사관계에 근본적인 변화가 생기게 될 것이다.

　물론 북한의 비핵화와 남북 군사적 신뢰구축은 하루아침에 이루어질 사안은 아니다. 과거의 경험에 비추어 북한 비핵화의 과정과 전망은 여전히 불투명하며 설사 이루어진다 하더라도 적지 않은 시간이 걸릴 것이다. 그 과정에서 남북 군사적 긴장완화와 신뢰구축도 만만치 않은 난관과 시행착오를 거칠 것이다. 그럼에도 불구하고 트럼프 대통령이 싱가포르 북미 정상회담에서 언급했듯이 올해 안에 종전선언이 이루어지고 평화협정이나 체제 구축을 위한 논의가 진행된다면 이에 상응하는 군사적 조치 및 신뢰구축도 급물살을 타고 진행될 가능성도 배제할 수 없다. 당장 트럼프 대통령의 전격적인 선언으로 한미 간의 가장 중요한 연례 연합군사훈련이 취소 내지는 연기된 것만 해도 이미 한반도 군사 상황의 중요한 변화가 아닐 수 없다.

2. 남북 군사 긴장 완화와 신뢰구축

남북 간에 종전선언이 이루어지고 미국과 중국을 위시한 주변국
과의 평화협정, 평화체제 설립 노력이 구체화된다면 이 과정에서 남북
간 군비통제를 통한 군사적 신뢰구축과 긴장완화를 위한 노력과 군사
협력은 필수적이다. 유엔에 따르면 군사 신뢰구축은 적대활동을 억제
하고, 확전을 방지하며, 군사적 긴장을 감소시키고, 상호신뢰를 쌓는 것
을 포괄한다.[4] 신뢰구축(Confidence-Building Measures: CBMs)은 과거
군비통제의 일부로 간주되어 '운용적 군비통제'가 신뢰구축으로 이해
되기도 하였다. 한편 1975년 헬싱키 구주안보협력회의(Conference on
Security and Cooperation of Europe: CSCE)에서 군비통제나 군축과는 별
개의 개념으로 구분되기 시작하였다. 군비통제나 군축이 군사력을 중
심으로 한 '하드웨어' 개념이라면, 군사적 신뢰구축은 화해, 조정을 통
해 하드웨어 부분의 합의를 도출하는 '소프트웨어'에 해당된다는 것이
다(장용운 2010, 281–308). 신뢰구축은 "분쟁 당사국들 간에 정치 · 군사
적 긴장을 완화하고 일련의 실질적 수단을 통해 상호신뢰를 조성하는
노력"으로 정의된다. 군사적 신뢰구축은 분쟁당사국들이 서로 침략, 특
히 기습공격을 하지 않을 것을 보장하는 다짐, 즉 재보장(Reassurance)
을 실현시키기 위해 당사국 간 기만의 의도가 없음을 입증하는 투명성
(Transparency), 전쟁이나 위기발발의 예측성(Predictability), 그리고 공
개성(Openness)을 기반으로 분쟁당사국 간 신빙성 있는 의사소통을 실

....

4   UNODA, "Military Confidence Building," https://www.un.org/disarmament/cbms/
     (검색일: 2018. 7. 17).

현목표로 삼는다.

과거 냉전시기 유럽을 중심으로 행해진 신뢰구축과 군비통제의 경험에 비추어 한반도에서의 군사적 긴장완화와 신뢰구축, 군비통제, 군축은 핵군축, 재래식무기 군축, 그리고 이를 위한 신뢰구축방안의 세 분야를 중심으로 일어날 수 있다. 먼저 핵군축과 관련하여서는 북한의 완전한 비핵화에 이미 원칙적으로는 남북, 미북 간에 합의가 되었으며, 이를 위한 선험적 조치로 북한은 핵과 미사일 실험 중지 선언, 풍계리 핵실험장 폐쇄 조치와 미사일 시험 발사대의 일부 폐쇄 등을 시행하였다. 이에 대해 한미 양 당국은 매년 실시하던 대북 군사훈련의 중지를 선언하였다. 향후 추가 조치와 관련하여 북한의 핵 시설 관련 리스트 제공과 국제원자력기구나 미국 등에 의한 핵 시설 사찰과 검증, 그리고 핵무기 및 물질의 포기 인도, 대륙간 탄도탄과 핵무기 관련 운반수단의 파괴 등의 추가 조치가 미북 및 한국, 중국 등의 관련국과 협의하에 이루어져야 할 것이다. 이 과정에서 당연히 한미 양국, 그리고 중국 등의 관련국에서 북측이 요구하는 상응하는 추후 군사조치, 경제보상, 정치, 외교 조치 등이 함께 제시되어야 할 것이다.

둘째, 재래식 무기와 관련하여서는 구체적 무기의 통제와 군축에 앞서 투명성 담보를 통한 신뢰구축의 일환으로 정보교환이 이루어질 수 있다. 과거 유럽의 나토와 구 소련 간에 이루어진 조치를 살펴보면 1) 지상군, 공군력 구조 관련 정보 교환, 2) 군사활동 예고에 관한 연례 교환, 3) 특정한 인원 이상의 동원활동이나 군사훈련, 상륙훈련 개시 전 상호 통보, 4) 상기 훈련에 대한 참관 초청, 5) 자국 기술수단 및 현장감시를 통한 매년 2회 합의 사항 준수 검증, 6) 통신 수단 연결 등이 이루어졌다. 이를 토대로 추가적인 군사관련 제한 조치가 제시되었다. 1) 군사비 동결 및 축소, 2) 화학무기 제거 및 추가 무기배치 금지, 3) 일정 규모의 지상 기동훈련 제한 및 인접한 지역에서의 기동훈련 군사력의 상한선 설정, 4) 기동훈련에 관여하는 수륙양용무기, 공군력, 이들을 결합한 군사력의 상한선 설정, 5) 군부대 지역에 공격을 목적으로 한 무기체계의 배치 제한 등이 제시되었다. 이러한 서구의 경험에 비추어 군비통제는 크게 1) 군사력 사용 금지 선언, 2) 군사활동 사전통보 및 감시, 3) 무기체계나 군사 활동의 제한 조치, 4) 상호 검증, 5) 군사력 구조에 대한 정보 교환 등으로 나뉠 수 있다(서보혁 2012, 147-180).

4·27 판문점 선언과 6·12 북미 정상회담 이후 한반도에 종전과 평화외교의 가능성이 높아짐에 따라 이에 상응하는 군사적 신뢰조치와 그에 따른 군축의 가능성에 대비할 필요가 있다. 이와 관련하여 고려할 수 있는 조치는 선언적 조치, 투명성 조치, 제한 조치의 세 가지로 제시되기도 한다. 먼저 선언적 조치는 특정 규모 이상의 군사훈련 자제, 군교류 확대, 적대행위 중지 원칙에 따른 적대행위의 규정, 관련한 처벌 및 재발 방지 조치 등이 논의될 수 있다. 둘째, 투명성 조치는 정보교환, 통신, 통보, 참관 등의 조치들이 포함된다. 예를 들면, DMZ 평화지대와 서해 공동어로구역의 공동 관리 방안과 관련하여 공동수역의 설정, 분계선 표식관리, GP와 GOP 철수 등이 검토될 수 있다. 셋째, 제한 조치에는 DMZ 지뢰해체 작업, 군 해상활동 제한, 군사비행 제한 등이 포함될 수 있다. 그리고 이러한 조치들의 상호이행을 검증하는 것 역시 그 자체가 신뢰를 증진하는 촉매제 역할을 할 수 있다. 또한 이러한 조치들을 시행하고 발전시켜나갈 군사회담의 개최나 정례화는 우발적 충돌방지와 분쟁해결을 위한 위기관리의 기능뿐 아니라 향후 추가로 진행될 군비통제 및 군축 논의의 기반 조성에도 도움이 될 것이다(김진아 2018,

121-136).

결국, 현재 남북 간 군사협력은 우선 신뢰구축이 선행되고 이후 군비통제와 군축이 논의되는 방향으로 진행되어야 할 것이다. 특히 현 상황은 군사적 신뢰구축과 안정이 제대로 되어 있지 않은 정전체제로, 접경지역의 군사적 신뢰구축 조치가 우선적으로 필요하다. 특히 남북이 대치하고 있는 비무장지대의 폭이 너무 좁고, 당사자 간 정전체제준수 이행과 통제 및 감시 기능이 미흡한 상태에서 이 지역과 서해 NLL 일대에서의 군사충돌 가능성이 상존하는 상황을 개선해야 한다. 따라서 이 지역에서의 화기, 부대 규모 제한 및 배치제한선 추가설정 등에 대한 논의가 필요하다. 구체적으로 휴전선 249km 상 DMZ 내에 존재하는 60여 개의 남측 GP와 160여 개의 북측 민경초소에 대한 축소와 조정이 논의될 수 있을 것이다. 또한 전방에 배치된 북한 장사정포의 후방 위치 조정과 이에 상응하는 우리 군의 포병 위치 조정이 논의될 수 있으며 추가로 전방에 위치한 부대의 배치도 장기적으로 논의될 수 있다. 이러한 논의를 위해 우선 양측 간에 군사회담, 군사훈련 상호 참관, 직통전화 운용 등의 인적 교류가 활성화되어야 한다. 대북 심리전 방송 장비 철거는 이러한 신뢰구축의 첫 단추로 이미 시행되었다. 이러한 신뢰구축은 이어서 앞서 논의된 유럽의 예를 참고한 다양한 군비통제 및 군축을 위한 남북 간 군사협력으로 이어질 수 있을 것이다(박용한 2018).

III. 4차 산업혁명과 군사혁신

종전선언과 평화체제로 요약되는 남북관계의 근본적 개선이 한반도의 군사지형을 바꾼다면, 4차 산업혁명으로 인한 새로운 군사기술의 발달은 21세기 군사혁명을 예고한다. 빅데이터와 사물인터넷을 기반으로 초고도화된 인공지능의 시대로 요약되는 4차 산업혁명이 미래의 새로운 전쟁 양상을 이끌게 됨에 따라 대북 군사전략을 포함한 한국의 21세기 안보전략과 국방계획에 중요한 영향을 미칠 것이다.

4차 산업혁명의 도래는 무인자율, 3D 프린팅, 로봇공학, 인공지능, 신소재, 사물인터넷, 빅데이터 합성생물학, 유전자편집 등 물리학과 디지털 및 생물학 분야의 모든 과학기술과 지식, 정보 분야의 혁신이 급속도로 진행되면서 지금까지의 제도 및 가치, 그리고 생활의 틀을 근본적으로 변혁하는 상황이 전개될 것으로 예상된다(Schwab 2016). 현재 4차 산업혁명은 크게 세 방향으로 진행되고 있다. 첫째, 현실 물리적 세계의 디지털화와 네트워크화로 사물인터넷과 만물인터넷이 인공지능과 결합되어 모든 것의 수평적 연결성이 지수 함수적으로 확장되는 초연결화(hyper-connectivity), 둘째, 초연결된 만물들로부터 형성된 빅데이터에 대한 고도의 분석과 해석을 통한 수직적 지능성이 지수 함수적으로 강화되는 초지능화(hyper-intelligence), 셋째, 현실 물리적 세계와 사이버 세계의 상호 관련성이 심화된 사이버 물리 복합 시스템(cyber physical system)의 운용을 통해 합리성을 제고하고 미래의 불확실성을 감소시키는 초현실화(hyper-reality)로 요약된다(하원규·최남희 2015, 16-17).

이러한 변화는 전쟁과 안보, 국방 분야에도 심대한 영향을 미칠 것이다. 전쟁 및 전장의 개념과 양상이 바뀌고 전혀 생각지 못한 신무기와 기술이 새로운 위협과 동시에 기회를 제공한다. 예를 들어 사이버 공간이 새로운 공격과 교란의 대상이 되면서 육해공의 공간과 더불어 분쟁의 당사자들이 서로 센서와 정보통신, 의사결정 시스템을 방해, 교란,

파괴하고자 하는 노력이 점증하고 있다. 또한 안보, 군사 시스템은 물론 행정, 에너지, 전력, 금융, 보건, 의료, 교통관리, 상수도 등 민간 기반 시설에 연결된 네트워크에 대한 사이버 공격을 통해 시스템이 마비되면서 전쟁 상황에 버금가는 대혼란이 야기될 수 있다. 문제는 사이버 전쟁은 적이 누구인지 그 경계와 대상이 확실치 않다는 것이다. 21세기 사이버 위협은 특정한 적대국가의 군대를 넘어 해커와 테러리스트, 범죄자, 그리고 이를 가장한 적국의 사이버 공격에 대비해야 하는 어려움을 제기한다(정춘일 2017, 183-211; 김강녕 2017, 115-152).

이러한 가운데 새로운 기술이 군사혁신을 주도할 것으로 예상된다. 드론과 자율무기는 인공지능과 결합되어 전쟁의 새로운 변화와 전략을 가져올 것이다. 웨어러블 기기나 외골격 기기가 인간의 전투력을 획기적으로 향상시키고, 나노기술을 활용한 초경량의 이동식 무기와 더욱 스마트하고 정밀한 첨단 무기 등이 등장할 것이다. 그 구체적 예를 보면 미래 방공전력은 네트워크 중심의 디지털 방공망 구축과 더불어 인공지능 기반 표적식별 및 위협평가, 지휘결심 지원체계 분야로 발전할 것이 예상된다. 또한 무인기가 앞으로 새로운 위협요인이 됨에 따라 사물인터넷 기술을 적용한 드론 방어체계가 필요할 것이다. 한편 3D 프린팅 기술을 활용한 다수의 무인기 제작이 전장에서 가능해지면서 모의장비와 실장비를 혼합해 동시에 투입하는 기만 전략이 제시되기도 한다. 무엇보다 필요시 무기 장비 부품을 전투 현장에서 직접 제조 사용할 수 있게 됨으로써 군수 및 조달 분야의 혁명을 가져올 수 있다. 육군의 경우 헬멧과 소총에 카메라와 안테나를 부착하여 전투 실시간 정보 수집을 통해 현장과 지휘소 간의 실시간 전투 상황 파악, 분석 및 지휘가 가능해진다. 또한 부상자 구조를 위한 무인 구난 로봇은 물론 나아가 인공지능을 활용한 로봇병사의 출현도 가능하다(편집부 2017, 36-41; 조현석 2018, 115-139).

이러한 흐름을 반영하여 미 국방부는 최근 제3차 상쇄전략(the 3rd off-set strategy)의 추구에 새로운 심혈을 기울이고 있다. 미국은 1950년대 소련의 재래식 공격 억제를 위한 전략 핵무기 개발과 투자를 통해 1차 상쇄전략을 추구하였다. 1970년대에는 소련의 전략핵 억제를 위해 2차 상쇄전략을 추구하여 GPS를 활용한 정밀타격유도무기의 개발과 활용에 힘쓴 결과 1990년대의 1차 걸프전과 2003년 이라크 전쟁에서 혁혁한 전과를 달성키도 하였다. 문제는 2000년대 중국과 러시아의 스텔스와 정밀타격능력 등이 확산되고 특히 중국의 접근거부전략이 미국에 새로운 위협으로 대두된 것이다(Wong 2015). 미국은 중·러를 비롯한 경쟁국들의 기술 추격을 따돌리고 전장에서의 압도적 우위를 담보하기 위해 로봇, 자율시스템, 소형화, 빅데이터, 3D 프린팅 등의 기술을 활용한 3차 군사혁신, 즉 3차 상쇄전략을 시도하고 있는 것이다.[5]

미국 국방과학위원회는 2015년 보고서에서 군사분야의 5대 미래기술을 다음과 같이 정의하였다. 첫째, 빅데이터 활용과 자율딥러닝을 통한 조기경보 능력 개선, 둘째, 인간-기계의 협업과 의사결정(AI 및 로보틱)을 통한 작전활동과 반응 속도 증진 및 실시간 정보제공, 셋째, 인간 지원활동 향상을 통한 실시간 정보 접근 및 자동화, 넷째, 유인과 무인 기술을 활용한 인간-기계의 합동 전투 능력 개선과 의사결정 증진, 다섯째, 새로운 형태의 네트워크 기반 자율무기를 활용한 전자전과 사

....

5   미국 상쇄전략의 전개와 3차 상쇄전략에 관하여는 다음을 참조. Eaglen(2016); Lange(2016); 설인효·박원곤(2017, 9-36); 박휘락(2015, 3-27).

이버 환경의 작전 수행 등이다(박준혁 2017, 35-65). 4차 산업혁명과 이를 주도하는 사물인터넷, 빅데이터, 로봇, 자율주행, 인공지능 기술 등은 전쟁 수행의 기본적 개념과 원리가 근원적으로 변혁되는 군사/국방 부문의 패러다임 전환을 가져올 것으로 예상된다. 이 가운데 군사력의 핵심역량과 그 주도적 행위자도 변화할 것으로 예상된다(Pellerin 2016).

그러나 동시에 기술 자체만으로는 압도적 군사적 우위를 점하기 어려우며, 전술과 조직, 훈련, 리더십 등 효과적인 관리체계도 함께 발전되어야 한다. 또한 자신이 가진 군사적 능력과 한계를 알고 실현 불가능한 프로젝트나 자신이 처한 안보환경과 수요에 맞지 않는 무조건적인 첨단 무기에 대한 투입을 통해 쓸데없이 군사력과 예산을 낭비하는 실수를 지양해야 된다(Johnson 2016). 군사기술에 절대적 우위는 없으며 경쟁자도 혁신을 추구하는 가운데 혁신의 속도가 점점 빨라짐에 따라 변화의 속도를 따라잡는 것이 더욱 어려워지고 뒤쳐질 위험성이 증가하여 시행착오를 겪을 여유도 없는 현실을 직면해야 한다(Thompson 2015).

IV. 21세기 한반도 평화체제와 국방개혁

1. 역대 정부의 국방개혁 추진

현재 문재인 정부에서 추진되고 있는 국방개혁은 2005년 노무현 정부에 의해 시작된 국방개혁의 연장선상에 있다. 당시 노무현 행정부는 621조 원이라는 재원을 투자하여 한국의 국방력을 근본적으로 개혁하는 야심찬 국방개혁을 추진하였다. 국방개혁 2020으로 명명된 개혁은 한미동맹의 급격한 변화와 과학기술의 발전을 바탕으로 2020년까지 한국의 국방력 강화를 완성한다는 목표를 설정하였다. 이를 위해 군사력 구성에서 현재의 병력집중적, 즉 노동집약적 지상군 중심의 군사력을 첨단 과학군으로 개혁하면서 군사력의 자본집약도를 증가시키고 현재의 낭비적인 요소를 제거하여 현재의 한국군을 문민화된 자본집약적 첨단 기술군으로 바꾸고자 하였다. 당시 한국군은 2004년 기준으로 병력 1인당 23,113달러 지출로 미국 308,692달러, 일본 189,995달러, 대만 25,897달러 그리고 심지어 중국 27,716달러에 비해서도 더욱 노동집약적인 것으로 파악되었다(이근욱 2008, 93-114).

더욱 심각한 문제는 한국사회에 나타난 급격한 출생률의 저하와 노령화로 병력자원의 크기가 근본적으로 감소하여 현재의 병력 규모를 2020년까지 유지하는 것은 불가능하다는 사실이었다. 징집대상의 출생 신생아가 2000년대 초 50여만 명에서 2020년경에는 그 절반인 25만여 명으로 감소할 것으로 예측됨에 따라 당시 육군기준 24개월의 병역의무로는 현재와 같은 680,000만 명의 병력을 유지할 수 없다는 것이었다. 따라서 2020년까지 군병력을 현재의 68만 명에서 50만 명으로 감축하고, 대신 전력 공백은 군사적 자본집약도 증가로 보충한다는 계획이 제시되었다.[6]

또한 국방개혁 2020은 당시 미국에서 정보과학기술의 발전을 토대로 진행되던 군사혁신(Revolution in Military Affairs)과 군사변혁(Military

....

6   대한민국 국방부. "국방개혁 2020." http://www.mnd.go.kr/user/mnd/upload/pblictn/ PBLICTNEBOOK_201411060501352120.pdf (검색일: 2018. 7. 17).

Transformation)을 반영하여 미국에 의존했던 작전기획 기능을 독자적으로 육성해야 한다는 부분을 강조하였다. 이를 위해 군사력 구성에서는 지금까지 지상군 중심의 군사력을 해군력과 공군력이 지상군 전력과 균형을 유지하는 방향으로 투자하고 지휘계통을 간소화하고 특히 중간단계의 사령부 조직 축소를 추진하였다. 동시에 국방정책의 입안과 집행에서 문민화와 효율성을 제고하고 해군의 입체전 능력을 강화하고 공군의 정밀타격 능력을 제고하면서 육군은 지금보다 병력은 적지만 전투력은 증가한 군사력 강화를 꾀하였다. 그 결과 한국군을 정보와 지식중심의 첨단 과학군으로 재편하여 전쟁억제력을 완비하고 미래의 잠재위협으로부터 한국을 방어하고 미래의 전쟁환경에 부합하는 육해공 3군의 균형발전을 도모하였다. 이를 위해 2005년 당시 21조 원의 국방예산의 2배 가까운 41조 원의 비용을 매년 투자하며, 그 전체 소요 액수는 2020년까지 621조 원으로 추산되었다.[7]

노무현 정부에 의해 야심차게 추진된 국방개혁 2020은 그러나 이명박, 박근혜 정부에 들어오면서 조정되는 모습을 보인다. 이명박 정부는 기존의 국방개혁 2020을 대신한 '국방개혁 307'을 2010년, 다시 '국방개혁 기본계획 12-30'을 2012년 8월 발표하면서 2008년 세계 경제위기의 배경에서 경제성장 둔화에 따른 국방재원 제한으로 개혁의 목표년도를 2020년에서 2030년으로 변경한다. 동시에 천안함 폭침, 연평도 포격 등으로 인한 북한 군사위협 증가를 들면서 한국군이 독자 작전 수행능력을 충분히 확보할 수 있도록 2012년 4월 17일로 예정되었던

....

7   대한민국 국방부. "국방개혁 기본계획 2009-2020." http://www.mnd.go.kr/mnd_book/mnd2020/mmd_masterpaln/AFZWFGG9HO/r7Viewer.htm (검색일: 2018. 7. 17).

전시작전권 환수를 2015년 12월로 연기한다. 한편 국방개혁 2020에서 감축하기로 했던 서해 해병병력을 오히려 증강하고 서북도서 방위사령부를 창설한다. 그리고 육군 병력의 대폭축소를 핵심으로 추진되던 병력구조 개혁을 추진하는 대신 상부 구조 개편을 국방개혁의 핵심으로 삼았다. 합참의장과 각군 총장으로 분리된 군령권과 군정권을 일부 통합하는 한편 장군 수를 줄여서 지휘부를 슬림화함으로써 '다기능·고효율의 선진국방'을 구현하겠다는 것이었다. 특히 기존에 군령권만 부여되었던 합참의장에게 군정권의 일부를 부여함으로써 각군 참모총장을 직접 통할하게 하는 군 상부지휘구조 개편 중심의 개혁을 추진한다. 하지만 국회의 반대로 상부 구조 개편은 국방개혁법안에 포함되지 못했다.

이어서 박근혜 정부는 2014년 '국방개혁 기본계획 14-30'을 발표한다. '혁신·창조형의 정예화된 선진강군'의 기치 아래 북한의 핵 위협이 극대화됨에 따라 병력감축의 속도를 줄이고 정보기술집약형 군 구조를 추구하겠다는 것을 큰 줄기로 삼았다. 하지만 북한의 가속되는 미사일과 핵실험으로 고조된 군사대비태세 완수라는 긴급한 필요성으로 인하여 막상 중장기 개혁과 관련된 사안들은 정책 우선사항에서 밀리는 경향이 나타났다. 그 결과 줄어드는 징집병에 대응하는 간부 및 장비의 확충이 원활히 진행되지 못하는 상황이 발생했다. 지속되는 북한의 핵 및 미사일 개발을 고려하여 '킬체인'과 '한국형 미사일방어(KAMD)' 체계 능력 강화에 중점을 뒀지만 급하게 개발해온 무기체계들에서 문제점이 발견되면서 방산비리 국면이 형성되었다. 문제의 본질을 고치기보다는 관련자 처벌 등 보여주기식 해결책이 우선되면서 국방개혁이 뒷전으로 밀려나는 모습을 보였다. 전작권 전환도 한국군의 능력 충족

을 조건으로 사실상 2020년대 중반으로 미뤄졌다.[8]

2. 국방개혁 2.0

2017년 5월 출범한 문재인 정부는 노무현 정부의 국방개혁 2020
을 계승한 '국방개혁 2.0'을 발표하고 추진한다. 국방부는 취임 초기 업
무보고에서 '책임국방'의 구현이란 기치하에 추진되는 국방개혁 기본
구상을 제시한다. 여기에는 한국형 3축체계 조기 구축을 통한 북핵 위
협 억제·대응능력 확보, 신작전수행개념 구현을 위한 군구조 개편(전
작권 전환 연계), 인력운영체계 개선 등 국방운영의 효율성·투명성 확보,
국방획득체계 및 방위사업 혁신(기관별 역할 재정립, 비리 예방 시스템 구
축), 복무여건 및 사법제도 개선 등 국민의 눈높이에 맞는 병영문화 정
착 등이 주요 내용으로 제시되었다.[9]

이후 7월 27일 청와대에서 열린 전군주요지휘관회의를 통해 국방
개혁 2.0의 보다 구체적인 모습이 발표되었다. 먼저 국방개혁의 당위성
으로 "우리 군은 지금까지 경험하지 못했던 전환기적 안보상황과 인구
절벽, 4차 산업혁명, 높아진 국민의식 등 사회환경 변화 속에서…단순
한 개혁을 넘어 재창군"한다는 차원의 계획을 수립하였다고 제시하였
다. 특히 한반도 주변 안보상황과 관련하여 "변화의 불확실성이 심화되
는 전환기"에 직면하여 "동북아 지역의 전략적 경쟁과 군비증강, 초국

....

8 "노무현 때 국방개혁 시작 … MB 때 북 연평도 도발, 박근혜 땐 북핵 위협에 동력 잃어."
   『중앙일보』(2017. 5. 29.) http://news.joins.com/article/21615559 (검색일: 2018. 7. 17).
9 대한민국 국방부. "업무보고 주요내용." http://www.mnd.go.kr/mbshome/mbs/plan/
   subview.jsp?id=plan_010103000000 (검색일: 2018. 7. 17).

가·비군사적 위협 증대 등 지역 안보의 불안정성이 그 어느 때보다도 높아지고 있다고 진단한다." 동시에 우리의 국방 여건은 "인구절벽이 현실화되면서 병역자원의 급격한 감소에 직면해 있고" "4차 산업혁명으로 대표되는 과학기술 기반의 급격한 전장환경 변화에 적응하는 것 역시 주어진 난제들"로 제시된다.

이러한 상황에서 노무현 정부의 「국방개혁 2020」의 정신과 기조를 계승하고, 그 법적 기반에 토대를 두되, 개혁 추진의 지연과 잦은 변경으로 인해 약화된 개혁의 추진동력을 극복"하고자 하는 노력을 통해 국방개혁 2.0은 전환기의 안보상황과 제한된 정책여건 속에서 평화롭고 강한 대한민국을 뒷받침할 수 있는 강한 군대, 책임국방의 구현을 기본 목표로 설정하였다. 이를 구현하기 위해 구체적으로 국방개혁의 3대 목표를 '전방위 안보위협 대응', '첨단과학기술 기반의 정예화', 그리고 '선진화된 국가에 걸맞은 군대 육성'에 두었다.

첫째, 전방위 안보위협 대응은 한국이 당면한 북한의 현존 위협은 물론 잠재위협과 비군사 위협 등 다변화된 군사위협과 불확실성에 대응할 수 있는 우리 주도의 전방위 안보위협 대응하는 능력을 구비하는 것으로 한반도에서 벌어질 '미래의 전쟁'에 관한 대비로 해석된다. 둘째, 이를 위한 우리 군의 하드파워인 군 구조와 방위사업 부분은 4차산업과 ICT 등 첨단과학기술에 기반한 정예화된 부대 및 전력구조로 개편하고 이를 뒷받침하는 방위산업의 경쟁력을 획기적으로 발전시켜야 한다고 제시한다. 이는 곧 4차 산업혁명으로 인한 '전쟁의 미래'에 대비하는 것으로 이해된다. 셋째 국방운영과 병영문화 분야에서 선진화된 국가에 걸맞은 수준이 요구됨에 따라 국민과 소통하는 개방형 국방운영, 민군 융합의 효율적 국방인력 운영, 사회발전에 부합하는 인권·복

지 구현 등을 중점 추진할 것이 제시되었다.[10]

국방개혁의 구체적 내용을 분야별로 살펴보면 먼저 군 구조와 관련하여 전시작전권 전환을 위한 능력을 조기에 확보하는 것을 핵심과제로 삼았다. 이를 위해 전방의 육군 제1, 제3 야전군 사령부를 통합하여 지상작전사령부를 창설하고 현재 61만 8000여 명인 상비병력을 육군에서 11만 8000명을 감축하여 2022년까지 50만 명 수준으로 조정할 방침이다. 이와 함께 민간인력 비중을 현재 5퍼센트에서 10퍼센트까지 확충할 예정이다. 육군의 병력 감축과 연계하여 부대구조를 축소 개편하되 사이버 대응능력을 높이고 드론봇 전투체계와 워리어 플랫폼을 도입하는 등 4차 산업혁명 기술에 기반한 병력절감형 부대구조로 발전시킨다는 복안이다. 부대와 병력의 감축은 장군 인원 감축으로 이어져 2022년까지 현재 436명의 장군정원을 360명으로 76명 감축할 예정이다. 이 중 육군이 66명, 해공군이 각각 5명씩 감축된다. 이와 함께 한국형 미사일 방어체계 지속 추진, 여군 비중 8.8%로 확대, 병장 봉급 67만 6천 원으로 인상, 병 복무기간 3개월 단축, 영창제도 폐지, 방산진흥원 신설 등이 제시되었다. 이를 위해 필요한 재원으로 국방부는 2019년 국방예산으로 올해 대비 8.6% 증가된 46조 9000억 원을 요구하였고 2019-2023년 5년간 국방개혁에 필요한 예산을 약 270조 7000억 원으로 추산했다.

....

10 대한민국 국방부. "보도자료: 국방개혁 2.0, 강한군대 책임국방 구현." http://www.mnd. go.kr/ user/newsInUserRecord.action?siteId=mnd&page=1&newsId=I_669& newsSeq=I_11131&command=view&id=mnd_020500000000&findStartDate= 2018-07-26&findEndDate=2018-07-28&findType=title&findWord=&findOrganSeq= (검색일: 2018. 7. 27).

한편 송영무 국방장관은 브리핑을 통해 국방개혁 2.0의 두 기둥은 "문민통제 확립과 3군 균형발전"이라고 소개하며, 특히 "육·해·공군이 입체적으로 고속 기동해 최단시간 내에 최소의 희생으로 승리할 수 있는 능력을 갖추는 것이 3군 균형발전의 지향점"이며 "새로운 전쟁패러다임의 변화와 미래전장을 주도할 수 있는 새로운 강군건설"을 피력했다. 이러한 국방부 보고에 대해 문재인 대통령은 "최근의 안보환경은 재래식 전쟁은 물론 사이버테러, 국제범죄에도 전방위적으로 대응해야 할 상황"이라며 "현존하는 남북대치 상황과 다양한 불특정 위협에 동시에 대비하도록 포괄적 방위역량을 갖출 것"을 강조하였다. 이를 위해 "군의 체질 자체를 바꾸고 양적 재래식 군 구조에서 탈피해 첨단화, 정예화된 군을 만들 것"을 주문하며 "4차 산업혁명 시대 안보환경 변화는 우리 상상을 뛰어넘을 것이며, 4차 산업혁명을 국방의 모든 분야에 접목할 것을" 당부하였다(이주형 2018).

3. 국방개혁 추진의 과제

국방개혁 2.0이 발표된 후 이에 대한 다양한 평가가 나왔다. 일부에서는 이전의 대북 공세적 작전개념이 사라졌다고 비판하면서 여전히 국방비 예산과 증액이 안보요구에 모자란다고 지적한다(양욱 2018). 다른 한편에서는 변화하는 남북관계 속에서 여전히 북한의 미사일을 대응하는 킬체인 구축이 필요한지를 문제 삼는다(정욱식 2018). 여전히 개혁의 전체 맥락이 분명하지 않고 단순히 42개 과제를 나열했다는 지적도 있다(류제승 2018). 국방개혁을 추진할 때 중요한 출발점은 그것이 왜 필요한지에 대한 명확한 문제의식이다. 이를 위해 두 가지 미래에 대한 예측과 판단이 요구된다. 첫째는 정치적 전략 차원의 미래 안보환경의 변화에 대한 예측이다. 한국의 경우 동북아와 한반도의 미래 안보환경에 대한 전망이다. 둘째는 군사 전술 차원의 군사기술의 발전에 따른 군사혁신에 대한 예측이다. 다시 말해 한반도를 중심으로 일어날 수 있는 '미래의 전쟁'에 대한 예측과 그것이 어떠한 무기체계와 군사기술로 싸우게 될지에 대한 '전쟁의 미래'에 대한 예측이 필요하다. 그런데 과거 우리의 국방개혁의 과정을 살펴보면 미래 안보환경에 관한 정치변수와 안보위협의 내용을 결정하는 군사기술의 측면 모두에 대해 별다른 고려를 하지 못하였다는 지적이 있다. 그 결과 현재의 군사력을 왜 변화시켜야 하는가나 미래에 대한 전망 없이 군사력 구조의 변화 부분만이 강조되는 "개혁을 위한 개혁," "변화 자체를 위한 변화"에 그치는 모습을 보였다. 그 결과 최종적인 타협으로 국내 정치적 환경에서 허용되는 기존의 다양한 개선안을 그때그때 기계적으로 통합하는 개혁안의 모습을 보였다는 것이다. 미래에 한국이 가지게 되는 군사력을 어떠한 상황에서 사용할 것인가를, 즉 어떠한 정치적 상황에서 어떠한 형태의 군사력이 필요한가를 "백지상황에서 연역적으로 논의"하지 않고 지금까지 인가된 군사력 증강계획을 하나로 통합하는 행태가 답습된 것이다(이근욱 2008, 93-114).

현재 한국이 당면하고 있는 국방개혁의 과제는 그 어느 때보다 무겁다. 한반도를 중심으로 한 안보환경의 불확실성과 유동성이 커지고 있다. 중국의 시진핑 정부는 중국몽과 강군몽을 내세우며 강력한 중국의 건설을 주창한다. 남중국해와 동중국해에서 공세적 외교안보 자세를 견지하고 사드를 둘러싼 논쟁에서 보였듯이 자신들의 안보이해를 해치는 사안에서는 강경한 대응을 보인다. 이에 대해 트럼프 행정부는 중국과의 무역전쟁을 불사하고 대립각을 세우면서 동시에 한국과 일본을 포함한 전통우방에 대해 미국 우선주의를 내세우며 안보공약을 의심케하는 요구와 발언을 쏟아내고 있다. 핵과 미사일 프로그램의 완성을 선언하고 남북과 북미 정상회담을 얻어낸 북한 김정은 정권의 속내와 미래는 여전히 많은 의구심을 자아낸다.

한편 21세기 4차 산업혁명과 3차 옵셋의 군사혁신은 전쟁의 미래에 혁명적 변화를 일으킬 게임 체인저로 다가온다. 인공지능, 로봇, 드론이 펼치는 전쟁의 미래는 이제까지는 상상하지 못했던 양태의 군사기술이 활용되는 시대가 도래할 것을 예견한다. 한반도를 중심으로 전쟁의 미래와 미래의 전쟁이 동시에 근본적인 변화를 일으키는 쓰나미가 일어나고 있는 것이다. 한국의 국방개혁이 이러한 미래의 변화를 담보하려는 노력 속에 추진되어야 함은 물론이다. 21세기 한반도 안보환경의 불안정성 심화와 4차 산업혁명으로 인한 전쟁 패러다임의 변화를 지적한 문재인 대통령의 발언은 이러한 점에서 한국이 당면한 국방개혁의 필요성과 그 문제점을 잘 인식하고 있는 것으로 보인다. 그럼에도 여전히 그러한 미래의 전쟁에 대한 구체적 예견과 판단은 아직 미흡하다. 현재의 국방개혁은 그 문제의식과 방향성은 크게 보아 올바르지만 보다 세밀한 전략적 판단과 기술적 대책마련이 필요하다. 이를 위해 다음의 몇 가지 고려가 요구된다.

첫째, 한반도를 둘러싼 안보환경의 변화에 대한 정치적, 전략적 판단이 요구된다. 지금까지 북한을 주적으로 한 대규모 지상군 중심의 전쟁위협에 근거한 국방태세에 근본적인 재평가가 이루어져야 한다. 북한의 비핵화가 완전히 검증가능하게 이루어지기 전까지 북한의 잠재적 위협에 대한 대비는 여전히 유효하다. 동시에 남북 간 종전선언과 평화협정, 한반도 평화체제가 이루어지는 과정에서 군사적 신뢰구축, 실질적 군비통제, 군축에 이르는 미래의 가능성에 대한 대비가 필요하다. 2022년까지 10만이 넘는 병력의 대규모 축소도 북한과의 군비통제 및 군축의 가능성과 연계되어 추진하는 방안이 고려될 수 있다. 한편, 북한의 재래식 군사위협을 넘어 중국의 증대되는 군사력과 미중 경쟁, 중일 경쟁, 남중국해 갈등 등 한반도 주변 군사환경의 변화에 부응하는 군사력의 재편과 전략의 수립이 필요하다. 즉 한편으로는 남북 간의 장기적 군사적 긴장완화 조치에 따른 군사조직, 배치, 군인력 조정, 무기체계의 재조정 가능성에 대비하면서도 불확실한 한반도 주변 안보상황에 대처할 최소한의 억제능력을 담보할 수 있는 전략무기 체계와 새로운 작전개념과 계획의 수립이 필요하다. 이는 군사력의 과학 기술화, 슬림화, 통합운용 체제의 발전, 육해군 간의 재균형 등을 통해 추진되어야 할 것이다. 그리고 이 과정에서 3차 옵셋으로 대변되는 미래 전쟁 기술의 발전이 우리의 현실과 수요에 맞게 적용되어야 할 것이다.

둘째, 북한의 잠재적 핵 능력과 주변국의 대량살상무기에 대한 장기적 대비책이 필요하다. 이와 관련한 3축 체계의 구축, 정보 정찰 능력의 강화, 미일을 포함한 주변국과의 정보공유 확대 등의 노력이 전략적 차원에서 고려되어야 한다. 북한의 핵 능력에 대한 완전한 비핵화가 이루어지기까지 여기에 대응할 대응방안의 하나로 북한의 상징적 핵 능력이 가지는 은폐와 방어 능력에 대한 정확한 포착과 확인을 위한 새로운 정찰 기술 능력의 확보가 유효한 억제의 효과를 발휘할 수 있다. 1980년대 이후 컴퓨터의 등장과 함께 시작된 여러 군사기술의 발전은 핵무기 억제의 기술과 성능을 획기적으로 향상시켜 이전에는 상상할 수 없었던 핵공격의 실질적 효과와 가능성을 혁신적으로 높이고 있다. 북한의 핵 억제력에 필수적인 생존성(survivality)을 담보하는 저장소의 강화(hardening)와 은폐(concealment)를 무력화하는 타격의 정확도(accrucracy)와 탐색의 투명성(transparency) 기술이 획기적으로 향상된 것이다. 먼저, 미사일 타격의 정확도를 획기적으로 향상함으로써 재래식 무기나 핵무기를 사용한 적의 핵무력에 대한 타격이 보다 적은 숫자와 비용, 사고, 실패, 큰 인명피해 없이 가능하게 되었다. 이는 미국이 북핵에 대한 핵선제공격의 실효성을 극적으로 상승시키면서 동시에 그 부담을 획기적으로 줄이는 효과를 가져왔다. 특히 이전에는 방어적 대량보복무기로만 상정되던 잠수함발사핵미사일의 정확도를 높여 매우 효율적인 실질적 공격무기로 전환할 수 있는 상황을 가능케하고 있다. 그리하여 현재 미국이 가진 핵잠수함 전력을 사용하여 적이 가진 수백 개의 핵무기를 일거에 파괴할 수 있는 가능성을 제시한다. 또한 높은 정확도로 낮은 용량의 핵무기로도 충분히 적의 시설을 파괴할 수 있게 되어 대량인명피해에 대한 부담 없이 핵선제공격이 가능해지고 있다 (Lieber and Press 2017).

또한 이러한 타격의 정확도는 은폐된 적의 핵미사일을 정확하게 탐지하는 기술에 의해 그 실효성이 강화되고 있다. 기존 정찰 위성의 성능 발전에 더해 레이더 위성, 리모트(remote) 센서, 무인 정찰기나 드론을 이용한 신기술이 적의 은폐된 핵시설이나 이동식 발사차량, 전략핵잠수함에 대한 실시간 정밀 정찰, 감시, 포착을 가능케 함으로써 북한의 2차보복 억제력을 효과적으로 타격할 수 있는 능력이 가능하게 되었다. 실례로 최근 연구에 의하면 미국의 인공위성 및 UAV의 정확도, 해상도, 민첩성이 획기적으로 향상됨에 따라 북한의 이동식 ICBM이 미국 및 동맹국들의 감시를 피해 이동할 수 있는 시간은 최대 24분으로 추산된다. 또한 북한의 동·서해, 비무장 지대 및 내륙 상공에서 UAV 8대를 동시에 운용하여 북한 도로망의 97%를 감시할 수 있는 것으로 추정된다. 미국의 정보수집 능력이 북한 핵전력의 생존성을 저하시킬 뿐만 아니라 북핵 능력에 대한 검증 및 평가를 위한 정확도 높은 자료를 수집할 수 있다는 것이다(Lieber and Press 2017).

이러한 미국의 능력은 북한이 자신이 개발한 핵무기를 활용하여 억제력이나 협상의 지렛대를 높이려는 시도를 무력화하는 유용한 수단이 될 수 있다. 현재 북한이 억제력과 협상력을 높이기 위한 수단으로 추구하는 이동식 ICBM과 SLBM 개발이 미국의 군사 정보능력에 의해 그 생존성이 심각하게 약화됨으로써 북한의 핵 능력이 군사적 차원이나 정치적 협상의 과정에서 한미 양국의 우위를 뒤집는 게임체인저가 될 수 없게 만드는 효과적인 방안이 되는 것이다. 이에 기초하여 한국 역시 미국 및 동맹국들과 공조해 그들의 군사정보를 실시간 공유하는 한편 독자적인 군사 정보능력을 발전시켜 과장된 북핵 위협을 억지할 수 있다. 실제로 2017년 9월 한국군은 북한이 화성-12형 미사일을 시험 발사한 지 6분 만에 발사 원점의 위치를 탐지하고 대응사격을 실시하는 능력을 과시했다. 이러한 한국의 향상된 정보 능력은 북핵 협상의 전후 과정에서 북한 핵시설에 대한 사진, 동영상 등 각종 정보를 바탕으로 북핵 능력을 검증, 평가하고 협상력을 높이는 유효한 수단이 될 것이다. 결과적으로 우리는 '북핵 위협'이라는 현재의 위기를 안정적으로 관리하면서 대북 협상력을 강화시킬 수 있다는 것이다(이유정·이근욱 2018).

셋째, 전쟁의 미래 변화 양상과 관련한 우리 상황에 맞는 군사기술과 무기체계의 정비가 필요하다. 병력자원의 감소로 인한 인원 축소를 보완할 로봇을 비롯한 자동화 무기체계의 개발과 활용이 필요할 것이다. 또한 개개 병사의 전투 및 작전 능력을 획기적으로 향상시킬 수 있는 관련 기술의 개발과 활용을 통해 감소된 병력자원을 보충할 수 있다. 한편, 북한 및 주변국이 추구하는 미래 신 군사기술 분야에 대응할 능력의 구비와 대책이 요구된다. 사이버전 능력과 드론 등을 활용한 비대칭 전력의 확대에 대한 대책은 좋은 예이다. 예를 들면 현재 육군은 지상군 분야의 5대 게임체인저로 워리어 플랫폼, 드론봇 전투단, 특수임무여단, 전략기동군단, 전천후 초정밀 고위력 미사일을 추구하고 있다. 워리어 플랫폼의 경우 각개 병사의 피복, 전투장비 및 전투장구류 등을 통합한 전투체계를 통해 개인 및 단위 부대의 전투능력을 획기적으로 개선함을 추진한다. 한편 육군 교육사령부 드론봇 연구센터, 계룡대 드론 교육센터, 육군 정보학교 드론 봇 교육원 등을 통한 드론 봇 전투단 양성이 추진되고 있으며 특수임무여단을 창설하며 핵무기 및 대량살상무기 사용 징후 포착 시 해당 시설의 파괴 및 발사권자를 비롯한 지도부 제거 임무를 부여하고 있다. 또한 전략기동군단을 창설하여 압도적 전력을 바탕으로 공세적 종심기동을 통한 주요지역 조기 확보를 꾀하며 전천후 초정밀 고위력 미사일을 개발하여 기상에 관계없이 정밀타격을 통한 핵심표적 파괴가 가능한 능력을 개발하고 있다(이장욱 2018). 문제는 이러한 신기술과 조직이 새로운 한반도 안보환경과 수요에 맞게 접목되어야 한다는 것이다.

넷째, 새로운 안보환경과 미래전쟁 기술을 접목할 새로운 군사 및 지휘 체계, 그리고 문화의 정비가 필요하다. 지금까지 육군 중심의 60만 대군에 유지되어온 비대하고 중첩되는 조직과 직위의 슬림화가 필요하다. 연합사령부, 군 사령부, 군단사령부, 작전사령부, 항공작전사령부,

유도탄사령부, 교육사령부, 군수사령부, 인사사령부, 수송사령부, 의무사령부, 화생방사령부, 지휘통신사령부, 기무사령부, 정보사령부, 서북도서사령부, 인천방어사령부, 잠수함사령부, 제주방어사령부, 사이버사령부, 심리전부대 등등. 참모기능으로 가능한 조직과 인원의 재정비가 필요하다. 또한 경리단, 복지단, 보급창, 정비창, 인쇄창, 홍보관리소, 품질관리소, 군사편찬연구소, 국방연구원, 국방과학연구소, 방위사업청, 사관학교, 각군 대학, 합참대, 국방대, 군악대, 국방어학원, 정신전력원, 전쟁기념관, 근무지원대, 각종 군 병원들, 군 교도소, 군사법원, 군 검찰, 군 성당, 교회, 법당, 수송대, 간호사관학교, 체육부대, 국군방송 등의 모든 걸 군이 자체로 수행하는 조직의 정비와 민간분야와 중첩되는 분야의 과감한 수술과 재편을 통한 조직 개선과 비용 절감의 요소도 고려해야 한다(김종대 2014).

다섯째, 현 정부가 추진하고 있는 전시작전권 환수와 관련하여 한미 유사시 연합작전 및 독자작전 수행에 필요한 능력도 국방개혁의 중요한 고려요소가 될 것이다. 앞서 살펴보았듯이 노무현 정부에서 2012년을 기한으로 추진되다가 이후 두 차례 연기된 전작권 전환은 2018년 6월 28일 한미 국방장관 회담 후 "전작권 환수조건을 조기 충족토록 협력강화"키로 발표함에 따라 한반도 비핵화 진전에 따라 빠르면 이번 정부에서 혹은 늦어도 2023년보다 조기에 진행될 것으로 예상된다. 이에 따라 한국이 독자적으로 대북 군사 및 핵 능력에 효과적인 억제력을 가질 수 있는 능력의 배양이 요구된다. 특히 비핵화가 실질적으로 진전되기까지 시간이 걸릴 수 있는 점을 고려하여 한국형 3축 체계(Kill Chain – KAMD – KMPR) 개발을 지속하며 나아가 이것이 주변국의 대량살상무기에 대응하는 기반이 되도록 장기적 계획이 필요하다. 한국형 3

축 체계는 북한이 핵미사일을 발사하기 전에 TEL 또는 발사 기지를 선제공격하거나(Kill-Chain), 날아가는 미사일을 공중에서 요격하는 방식(Korea Air and Missile Defense: KAMD) 등 북한 핵무기를 파괴하는 타격 능력에 중점을 두고 있다.

그러나 Kill-Chain이 효과적으로 작동하기 위해서는 이동하는 핵전력을 탐지/추적할 수 있는 군사 정보능력의 확충이 필요하다. 이를 위해 고고도 정찰용 무인항공기와 정찰위성 도입이 추진되고 있는바 이는 2016년 일본과 체결한 군사비밀정보보호협정 등을 활용하여 주변국과 군사 정찰위성, 이지스함, 조기경보기를 통해 수집되는 북핵 관련 군사정보를 공유하는 노력과 함께 추진되어야 할 것이다(대한민국 국방부 2016). 동시에 독자적인 군사 정보능력 확충이 더욱 요구되는바, 특히 SIGINT 능력 증진과 북한 및 주변 지역에 대한 고해상도의 지형정보 구축이 요구된다. 이를 통해 북한 및 주변국의 이동식 ICBM 및 SLBM을 효과적으로 감시하는 정보수집 수단을 확보하고 미국처럼 북한 및 주변 지역에 대한 디지털 지도를 제작하고 해상도와 정확성을 지속적으로 향상시켜야 한다. 이는 앞으로 북한군과의 대규모 지상전보다는 대량살상무기에 효과적으로 대응하기 위해 한반도와 주변 지역의 이동식 ICBM에 대한 감시/타격 효과를 극대화시킬 수 있다.

V. 결론

4·27 남북 정상회담은 이전에 도저히 불가능해 보이던 북한 비핵화의 가능성을 새로이 열었다. 동시에 남북 간 군사적 긴장완화와 신뢰

구축 나아가 군축의 전망을 제시하면서 한반도와 남북 간에 군사적 대결이 아닌 군사협력의 극적인 반전 가능성을 제시하였다. 물론 비핵화와 관련한 여정은 여전히 불확실하며 난관이 있을 것이다. 그럼에도 연이어 열린 북미 정상회담과 북중 정상회담, 한미 정상회담 등을 통해 한반도의 종전과 평화체제 수립에 대한 논의가 급물살을 타고 이루어지고 있다. 이는 남북 간의 군사지형에도 근본적인 변화를 가져올 수 있다. 이러한 가운데 추진되고 있는 한국의 국방개혁은 국내 저출산으로 인한 병력축소 압박, 20세기 말 정보기술의 발달과 21세기 4차 산업혁명으로 인한 군사 분야의 새로운 혁신과 기술발달, 그리고 변화하는 동북아 안보환경과 전작권 전환에 따른 동맹의 변환이라는 다차원의 근본적인 변화에 적응하고 대처할 것이 요구된다. 문제는 여기에 제시된 변화요인 하나하나가 결코 만만치 않은 도전과 과제를 안긴다는 것이다. 그러나 동시에 이는 21세기 한국 국방의 새로운 사고와 변혁의 촉매제로 작용할 수 있다. 이 과정에서 국방개혁이 한국 안보의 현안과 미래 상황에 맞는 안보 전략 및 국방력 강화 구축에 기여함은 물론 남북한 군사적 신뢰구축과 군사협력의 새로운 장을 여는 능력 배양에 기여할 수 있는 노력이 필요하다.

참고문헌

국가기록원. "2007 남북정상회담 합의문, 기록으로 보는 남북회담." http://theme.archives.go.
 kr/next/unikorea/second/second01.do (검색일: 2018. 7. 27).

_____. "6.15 남북 공동선언, 기록으로 보는 남북회담." http://theme.archives.go.kr/next/
 unikorea/six/six04.do (검색일: 2018. 7. 27).

국방부 보도자료. "국방개혁 2.0 강한군대 책임국방 구현." http://www.mnd.go.kr/user/news
 InUserRecord.action?command=view&ne wsId=I_669&siteId=mnd&page=1&id=
 mnd_020500000000&newsSeq=I_11131 (검색일: 2018. 7. 27).

김강녕. 2017. "미래 전쟁양상의 변화와 한국의 대응."『한국과 국제사회』1.

김종대. 2014. "군 개혁 원점 돌린 박근혜 정부…한국군 재앙 맞을 수도, 日·中·北 모두 했는데
 한국만 못한 국방개혁… 예산낭비도 우려."『한겨레』(2014. 3. 18). http://2korea.hani.
 co.kr/free/289869 (검색일: 2018. 8. 7).

김진아. 2018. "한반도에서의 군사적 신뢰구축과 육군에 주는 함의."『전략환경 변화에 따른 한국
 국방과 미래 육군의 역할』육군력 연구소 제4회 육군력 포럼(2018. 6. 28).

대한민국 국방부. "국방개혁 2020." http://www.mnd.go.kr/user/mnd/upload/pblictn/
 PBLICTNEBOOK_201411060501352120.pdf (검색일: 2018. 7. 17).

_____. "국방개혁 기본계획 2009-2020." http://www.mnd.go.kr/mnd_book/mnd2020/
 mmd_masterpaln/AFZWFGG9HO/r7Viewer.htm (검색일: 2018. 7. 17).

_____. "보도자료: 국방개혁 2.0, 강한군대 책임국방 구현." http://www.mnd.go.kr/
 user/newsInUserRecord.action?siteId=mnd&page=1&newsId=I_669&newsSeq
 =I_11131&command=view&id=mnd_020500000000&findStartDate=2018-07-
 26&findEndDate=2018-07-28&findType=title&findWord=&findOrganSeq= (검색일:
 2018. 7. 27).

_____. "업무보고 주요내용." http://www.mnd.go.kr/mbshome/mbs/plan/subview.
 jsp?id=plan_010103000000 (검색일: 2018. 7. 17).

_____. 2016.『2016 국방백서』, 서울: 국방부.

류제승. 2018. "[시론] '국방개혁 2.0'으로 강한 군대 만들 수 있겠나."『중앙일보』(2018. 8. 7).
 https://news.joins.com/article/22864546 (검색일: 2018. 8. 7).

박용한. 2018. "총부리 겨눈 '군사지대' 휴전선, '평화지대'로 탈바꿈 하나."『민족화해 93호』
 http://kcrcpolicy.blog.me/221317782475 (검색일: 2018. 7. 14).

박준혁. 2017. "미국의 제3차 상쇄전략: 추진동향, 한반도 영향전망과 적용방안."『국가전략』
 23(2).

박휘락. 201. "미국의 제3차 상쇄전략(The Third Offset Strategy)과 한국 안보에 대한 함의."
 『한국군사학논총』7.

서보혁. 2012. "군비통제의 기원과 진화." 박경서, 서보혁(편).『헬싱키 프로세스와 동북아

안보협력』. 경기 파주: 한국과학기술 정보.

설인효·박원곤. 2017. "미 신행정부 국방전략 전망과 한미동맹에 대한 함의: 제3 차 상쇄전략의 수용 및 변용 가능성을 중심으로."『국방정책연구』115, 9-36.

양욱. 2018. "국방개혁 2.0이 우려되는 이유."『주간조선』(2018. 8. 3). http://news.chosun. com/site/data/html_dir/2018/08/03/2018080302005.html (검색일: 2018. 8. 7).

이근욱. 2008. "한국 국방개혁 2020의 문제점: 미래에 대한 전망과 안보."『신아세아』15권 4호.

이유정·이근욱. 2018. "냉전을 추억하며: 미·소 냉전시기 경험에서 바라본 북한의 핵전력." 『국가전략』 제24권 3호, 5-29.

이인창. 2018. "[전문] 남북 정상 4.27 판문점 선언 발표, 한반도의 평화와 번영, 통일을 위한 판문점 선언."『아이굿 뉴스』(2018. 4. 27). http://www.igoodnews.net/news/ articleView.html?idxno=56422

이장욱. 2018. "육군의 첨단전력과 21세기 육군의 역할: 5대 게임체인저를 중심으로." 전략환경 변화에 따른 한국 국방과 미래 육군의 역할』육군력 연구소 제4회 육군력 포럼(2018.6.28).

이주형. 2018. "2018 전군주요지휘관회의 국방개혁 2.0 보고."『국방저널』(2018. 8.) http://ebook.dema.mil.kr/src/viewer/main.php?host=main&site=20180731_162403& popup=1&ref=ebook.dema.mil.kr/home/view.php%3Fhost%3D main%26site%3D 20180731_162403%26listPageNow%3D0%26list2PageNow%3D0%26code%3D19%26 code2%3D0%26code3%3D0%26searchcode%3D0%26searchcode2%3D0%26search date%3D0%26searchkey%3D%26searchval%3D2

장용운. 2010. "남북한 군사적 신뢰구축방안 모색: 국제적 사례와 역사적 교훈을 중심으로." 『군사』제74호.

정욱식. 2018. "'문재인표' 국방개혁이 미흡한 이유: 국방개혁 2.0, 판문점 선언에 부합하나." 『프레시안』(2018. 7. 31). http://www.pressian.com/news/article.html?no=205717& utm_source=naver&utm_medium=search (검색일: 2018. 8. 7).

정춘일. 2017. "4차 산업혁명과 군사혁신 4.0."『전략연구』24(2), 183-211.

조현석. 2018. "인공지능, 자율무기체계와 미래 전쟁의 변환."『21 세기정치학회보』8(1).

편집부. 2017. "2017 첨단국방산업전 개최."『국방과 기술』461, 36-41.

하원규·최남희. 2015.『제4차 산업혁명』. 서울: ㈜콘텐츠하다, 16~17.

Eaglen, Mackenzie. "What is the Third Offset Strategy?" *American Enterprise Institute*, Feb 16. www.aei.org/publication/what-is-the-third-offset-strategy/

Johnson, Theodore. 2016. "Will the Department of Defense Invest in People or Technology?" *The Atlantic*, NOV 29. https://www.theatlantic.com/politics/archive/ 2016/11/trump-military-third-offset-strategy/508964/

Lange, Katie. 2016. "3rd Offset Strategy 101: What It Is, What the Tech Focuses Are." DoDLive, March 30. http://www.dodlive.mil/2016/03/30/3rd-offset-strategy-101- what-it-is-what-the-tech-focuses-are/

Lieber, Keir A. and Daryl G. Press. 2017. "The New Era of Counterforce: Technological Change and the Future of Nuclear Deterrence." *International Security* Vol. 41, No.

4(Spring).

Pellerin, Cheryl. 2016. "Deputy Secretary: Third Offset Strategy Bolsters America's Military Deterrence," *US DoD News*, Oct. 31. https://www.defense.gov/News/Article/Article/991434/deputy-secretary-third-offset-strategy-bolsters-americas-military-deterrence/

UNODA. "Military Confidence Building." https://www.un.org/disarmament/cbms/ (검색일: 2018. 7. 17).

Schwab, Klaus. 2016. "The Fourth Industrial Revolution: what it means, how to respond." *World Economic Forum*, 14, Jan. https://www.weforum.org/agenda/2016/01/the-fourth-industrial-revolution-what-it-means-and-how-to-respond/

"Special Report: The Future of War." *The Economist*, January 27, 2018, p. 3-16.

Thompson, Loren. 2015. "Five Reasons America's Rivals Are Catching Up In Military Technology." *The Forbes*, July 9. http://www.forbes.com/sites/lorenthompson/2015/07/09/five-reasons-americas-rivals-are-catching-up-in-military-technology/#1727c9bb3990,

Wong, Kristina. 2015. "Pentagon chief: Russia, China trying to close the technology gap." *The Hill*, 09.09.2015. http://thehill.com/policy/defense/253153-pentagon-chief-russia-china-trying-to-close-the-technology-gap

"노무현 때 국방개혁 시작 ⋯ MB 때 북 연평도 도발, 박근혜 땐 북핵 위협에 동력 잃어." 『중앙일보』(2017. 5. 29). http://news.joins.com/article/21615559 (검색일: 2018. 7. 17).

제8장

이주 및 난민문제의 외교안보적 도전

남북한 관계의 맥락

이신화 고려대학교

I. 서론

'안보'라는 용어는 군사적이나 정치외교적으로는 강력한 개념이지만 뚜렷하게 합의된 정의가 없어 종종 논란거리가 되어왔다. 특히 안보개념을 논할 때 그 대상과 수단 및 비용의 문제가 중요한데, '안보대상이 누구인가'란 개인, 그룹, 국가, 지역, 세계 중 어느 것이 안보의 최우선 대상인가의 문제이다. '안보의 수단은 무엇인가?'는 안보를 확보하기 위해 군사적, 정치적, 외교적, 경제적 수단들 중 어느 것이 가장 효율적인가의 문제이고, '안보의 비용은 얼마인가?'는 안보를 담보하기 위해 경제적, 사회적, 정치적 가치에 대해 얼마만큼의 대가를 치르느냐에 대한 문제이다. 이러한 질문과 관련한 안보개념은 냉전기를 거쳐 탈냉전기 및 9·11 테러사태 등을 거치면서 변화양상을 보여 왔다. 이들 개념들이 어떤 측면에서는 중첩되고(예: 정치안보나 환경안보의 인간안보적 측면), 어느 상황에서는 충돌하는지(예: 경제발전과 국가안보로 인한 인간안보 침해, 환경보호를 위한 경제활동 저해) 등에 대한 이해를 위해 안보문제를 영역별로 각각 접근하기보다는 포괄적 차원에서 분석하는 것이 필요하게 되었다.

더욱이 4차 산업혁명으로 대변되는 인공지능(AI), 빅데이터, 사물인터넷과 같은 신기술 개발이 가져올 사회적, 국제적 파급효과가 지구촌에 유례없이 거대한 변화를 초래할 것이라는 기대감과 우려도 기존의 안보담론에 새로운 접근이 필요하다는 인식을 갖게 한다. 예를 들어 4차 산업혁명 시대 인간이 하는 일이 자동화·로봇화되면 직종이 없어지고 일자리가 줄게 되어 양극화와 불평등 현상이 두드러져 사회적 저항이 커지게 될 것이다. 또한, 인공지능이나 빅데이터와 같은 기술혁신으로 제품원가에서 인건비가 현저하게 낮아지면 선진산업국들이 값싼 노동력을 위해 이주민을 받아들일 필요도 없고 국제 분업을 할 필요도 없어 국경을 닫고 보호무역주의를 강화할 가능성이 높아질 수 있다. 이 경우 불법 이주자들이 늘고 난민위기가 사회불안을 야기할 뿐 아니라 최근 유럽난민사태에서 살펴볼 수 있듯이 국가 간 갈등으로 이어질 공산이 크다. 보다 거시적으로는 미중 패권전쟁이 전통적인 국방영역을 넘어 기술패권경쟁으로까지 확산되고 있는 점을 고려할 때, 기술 및 산업 변화의 소용돌이를 어떻게 인식하고 이에 대한 대응력을 강화함으로서 4차 산업혁명의 담론을 개발하고 국가전략을 추진해 나갈 것인가가 개개 국가들에게 새로운 외교안보적 도전이 되고 있다.

이렇듯 기존의 군사안보적 측면에서만 이해하고 대처하기 힘든 복잡하고 다면적인 포괄적 안보패러다임에 적응해야 할 필요성이 세계적으로 확산되고 있음에도 불구하고, 한반도의 경우 미·일·중·러 4강들이 힘을 앞세운 공세적인 대외전략을 추구하고 있고, 미중 패권경쟁과 얽힌 지정학 게임의 중심축에 놓여 있다. 따라서 한국에서 북핵문제와 군사적 이슈들은 여전히 가장 중요한 안보문제이다. 하지만, 정치군사 안보에 더해 경제위기, 기후변화, 에너지, 난민, 전염병, 사이버 테러, 이주와 난민문제와 같은 국경을 초월하여 심각한 상황을 유발하는 소위 비전통적 '신흥안보' 이슈문제들이 한반도의 맥락에서도 이미 국가 안위에 위협이 되고 있음을 주목할 필요가 있다(이신화 2017).

일촉즉발의 전쟁위기로 치닫던 한반도 정세가 2018년 남북, 북미 정상회담 등을 계기로 전통적인 정치군사갈등을 넘어 남북 경협과 교역사업, 문화, 체육, 학술교류협력, 인적 왕래를 위한 여건이 개선될 수 있다는 기대감이 일기 시작하였다. 그러나 분단 이후 남북관계의 부침 과정을 돌이켜볼 때, 정경분리 원칙이 지켜지지 않아 남북관계가 진전되다가도 정체나 퇴행될 경우 어렵게 만든 합의가 무산되거나 불신과 대립이 커지기 일쑤였다. 더욱이 경제, 사회적 영역의 협력이 정치군사적 관계의 진전을 가져오는 '기능적' 협력보다는 오히려 정치군사적 요인이 남북경협의 희비에 직접적인 영향을 끼치는 양상이 반복되어왔다. 따라서 최근 남북화해무드에 따라 경협과 인도주의적 교류의 물꼬가 트였다는 희망적 사고는 보다 신중하고 현실주의적인 고려를 필요로 한다. 설사 전통적 안보영역을 넘어선 신흥안보 분야의 교류가 가시화된다 하더라도 경제, 환경, 이주, 보건이슈와 관련된 신흥안보 이슈는 협력과 갈등의 양면을 노정시킬 수밖에 없을 것이고, 제대로 합의 및 관리되지 않을 경우 향후 남북관계를 악화시키는 새로운 유형의 위협이 될 수 있을 것이다. 예를 들어 보건, 에너지, 대기오염 문제 등은 어느 한쪽이 방치하면 한반도 전체의 재난이 될 수 있기 때문에 남북 간 지속적인 협의와 협력네트워크 구축을 통해 공동대처해야 할 초국가적

이슈이다. 반면, 남북화해무드 속에서 북한의 해외노동자나 탈북자 신병처리를 둘러싼 정치외교적 논쟁이나 북한의 대남 사이버 공격으로 4차 산업혁명 시대 인공지능이나 빅데이터와 같이 해킹에 취약한 분야는 남북관계의 새로운 갈등요소가 될 수 있다.

이러한 맥락에서 본고의 핵심주제인 이주나 난민안보문제는 한 국가 내 사회시스템에서 비롯되는 안보위협이지만, 초국가적 관점에서도 매우 중요한 함의를 지닌다. 내국인과 이주민의 상호불만과 갈등이 사회불안을 초래하고 이주의 규모, 빈도, 복합성, 유동성, 비정규성 등이 증가하면서 이주민과 난민관리 및 대응책 마련이 외교안보적 문제로 비화될 수 있다. 남북관계의 측면에서 볼 때, 탈북자들의 유입으로 초래될 수 있는 사회갈등, 남북화해무드에 따른 탈북자의 국내 입지나 정체성 문제, 북한 이주노동자의 대량 유입 시 불법이주자문제나 내국인 노동자와의 일자리 경합으로 인한 갈등 등이 나타날 수 있다. 또한 오랫동안 분단 상태였던 남과 북에서 이주문제가 본격화될 경우 문화적 갈등도 문제시될 수 있어 통일을 준비하는 과정이나 통일 이후의 한반도에서 사회통합문제가 우려거리가 될 수 있다. 따라서 본고는 신흥안보 관점에서 이주 및 난민이슈와 관련된 인도적 안보위협에는 어떠한 문제들이 있으며, 이러한 위협이 한국의 외교안보적 맥, 특히 남북관계의 측면에서는 군사안보이슈와의 연계성을 포함하여 어떠한 함의를 갖는지 논하고자 한다.

II. 국제이주 및 난민문제의 외교안보적 도전

자신의 출신지를 떠나 타국에서 살고 있는 국제이주자는 2017년 말 기준 2억 5천 8백만 명으로, 이는 2000년 대비 49%가 증가한 수치이다. 전 세계 인구 대비 이주자가 차지하는 비중은 3.4%이다. 전체 이주자들의 2/3는 미국, 사우디, 독일, 러시아, 영국을 비롯한 20개 국가에 살고 있으며, 특히 64%에 해당하는 1억 6천 5백만 명은 주로 서구 선진 국가들에 살고 있다. 이들 이주자들은 저출산문제로 고심하고 있는 북미, 오세아니아, 유럽 선진국들의 인구유지나 증가에 기여하고 있다 (IOM 2017).

오늘날 국제이주의 문제는 세계의 '인구양극화' 혹은 인구격차 (population divide)문제와 연계되어 있다. 즉 서구유럽이나 일본, 한국 등은 저출산과 노령화로 인한 인구감소가 국가적 우려거리이지만, 지구촌 전체를 놓고 볼 때는 여전히 과잉인구로 인한 자원부족, 주택난, 교통난, 일자리경쟁, 사회적 불안 등이 문제이다. 그러나 총 인구 대비 생산연령인구의 비중이 큰 나라는 '인구보너스' 현상으로 노동력과 소비가 증가하여 경제성장을 가져올 수 있는데 지난 20-30년간 중국의 경제적 급성장이 그 대표적 예라 할 수 있다. 최근 중국도 인구감소추세와 젊은 층 부족현상에 직면하게 되자, 1978년 국가정책으로 채택하였던 한 자녀 정책을 2015년 두 자녀까지로 완화하였다. 그러나 인구증가율이 여전히 저조하고 2030년에는 중국 전체 인구의 1/4이 노령층이 될 것이라는 심각한 전망으로 2018년 9월 현재 산아제한정책을 철폐하는 방안을 검토하고 있다.[1] 반면, 10년 후면 인구 면에서 중국을 추월할 것으로 전망되는 인도의 경우, 보건과 교육 등에서의 개선이 없으면 인구폭탄으로 맬서스의 재앙이 나타날 수 있으나 양질의 저임금 노동력의 젊은 층이 두터운 점을 감안할 때, 경제성장 잠재력이 중국보다 높을 것으로 전망된다. 이렇듯 노동력과 경제력의 근간이 되는 인구 규모는 국력신장을 위한 주요 조건이므로 오랫동안 인구감소로 고심해온 선진 산업국들은 내국인들이 기피하는 소위 3D 직종을 포함하여 인력난 해소와 경제활력을 제고시킬 방안으로 적극적인 이민정책을 이미 시행해 왔고, 한국을 비롯한 신흥 산업국들도 보다 적극적인 외국인 노동자유입책에 고심하고 있다.

국제이주는 빈곤문제 해결과 일자리 창출, 경제성장, 인재계발 등에 기여하는 긍정적 면을 갖는다. 그러나 이주민 수용국의 입장에서 볼 때 유입정책과 편입정책을 어떻게 수립, 관리, 추진할 것인가가 중요하다. 유입정책이란 외국인 이주자들을 받아들이는 과정에 있어 그 대상, 우선순위, 어느 정도로 수용하고 제한할 것인가 하는 할당제 등을 결정하는 것인 반면, 편입정책은 유입된 외국인들을 자국 내에 어떠한 방식으로 편입, 관리할 것인가와 관련하여 주거, 교육, 취업서비스나 영주권 또는 국적 취득, 자국민대상 반차별정책 등과 상관관계가 있다(이창원 2017). 외국인 이주자를 사회 역동성을 만드는 자산으로 활용할 수 있다는 이주의 필요성이나 편익에도 불구하고, 이주자들의 증가로 인해 유입정책이나 편입정책 실행의 어려움뿐 아니라 다문화사회의 부작용도 많다. 노동생산연령이 부족한 선진국들이 저개발국가로부터 온 저임금 노동자들을 대거 활용하여 경제활력을 되찾으려 하면서도, 전문직 이주노동자에 대해서는 개방적인 정책을 펴는 반면 이주민들의 대다수를

....

1   "인구 14억 중국도 저출산 고민…산아제한 폐지 추진." 『연합뉴스』, 2018년 9월 1일.

차지하는 비전문직 이주노동자에 대해서는 엄격한 잣대를 적용하여 제한하는 역설적인 정책을 펴고 있다. 비숙련 저소득층 노동자들의 경우, 저소득층 내국인 노동자들과 일자리 경쟁을 하는 결과를 초래하여 내국인 노동자들의 임금을 감소시키거나 일자리를 차지할 것이라는 우려가 크기 때문이다. 또한 외국인 이주자들은 언어적, 문화적 차이로 인한 의사소통의 어려움과 갈등, 다문화적 소수집단에 대한 차별이나 적응실패로 인한 사회적 불만과 저항이 증가하여 내국인들과 마찰을 빚을 수도 있다. 이에 더하여 문화적, 종교적으로 상이한 이주민들이 테러나 사회불안의 원인이 될 수 있다는 우려가 겹쳐 내국인들은 반이민정책을 펴는 정치지도자나 정당을 선호하는 경향이 커지고 있다. 더욱이 외국인 불법체류자들이 세금도 내지 않고 혜택만 빼가는 '무임승차'를 한다는 불만과 마약조직이나 테러그룹, 외화 밀반입조직과 같은 범죄행위에 연루될 가능성이 있다는 불안감으로 외국인 혐오증마저 커지고 있다.

유럽의 경우 2014년 이래 신변안전이나 일자리를 찾아 3백만 명이 넘는 이주민과 난민들이 밀려오자 대부분의 국가들이 국경통제와 반이민정책을 강화하는 경향을 보이게 되었다(Hatton 2017). 2010년 선거에서 폴란드계 이민자들이 일자리를 앗아간다는 주장을 핵심 이슈로 부각시킨 바 있는 영국의 경우, 2015년 데이비드 캐머런 총리는 '강력한 나라는 이민을 통제하는 나라'라는 기치를 내걸고 연임되었다. 2016년 6월 브렉시트(영국의 EU 탈퇴)에 찬성하는 국민투표가 가결되고 EU 잔류를 희망한 캐머런 총리가 사퇴한 후 테리사 메이 총리내각이 들어섰으나 총리 중심의 '온화한' 브렉시트파와 '강경한' 브렉시트 노선이 집권 보수당 내에서 대립하는 등 국내 혼란이 가중되고 있다. 이러한 대립은 브렉시트 이후의 EU와의 경제, 무역문제에 대한 상이한 입장이 주된 이유이지만, EU에서 영국으로 이주하려는 미숙련 노동자 규모를 대폭 제한해야 한다는 데 대한 찬반론과 총 인구의 5%를 차지하는 무슬림문제도 주요 논란거리가 되고 있다(Kordasiewicz and Sadura 2017). 2014년 2월 스위스는 정부와 유럽연합(EU) 집행위원회 등의 제재에도 불구하고 이민유입 제한법을 국민투표로 통과시키며 유럽의 반이민정책 도미노현상의 우려를 자아냈다.[2] 이탈리아, 몰타 등 유럽 곳곳에서 반이민정책을 표방하는 극우 포퓰리즘 정부가 득세하면서 EU 난민갈등은 국가 내 사회 불안정을 넘어 국가 간 갈등으로 인한 EU 통합 자체에 도전이 되고 있다.

이민으로 이루어진 미국에서도 강력한 반이민정책을 표방하는 도널드 트럼프가 집권하면서 국내외 비판과 미국 사회의 분열이 가시화되고 있다. 더욱이 2018년 6월 트럼프 대통령의 '반이민 행정명령'이 종교적 차별을 금지한 헌법을 위반했다는 소송에 대해 국가안보 측면에서 트럼프의 결정이 정당하다는 대법원 판결이 공표되면서 미국사회 내 갈등이 심화되었다. 더욱이 트럼프의 반이민주의는 고립주의 외교정책으로 국제사회의 지탄을 받을 뿐 아니라 국제 테러의 주동자인 극단주의자들에게 반미주의의 명분을 주어 미국 안보가 테러에 더욱 취약해지는 역설적 상황을 조성할 수도 있다.

한편, 세계난민문제의 규모나 심각성도 국제이주문제와 마찬가지로 점점 커지고 있다. 2017년 말 기준, 전 세계 강제이주자는 6천 8백 50만 명을 웃돌아 1초에 한 명꼴로 난민이 발생한다는 통계이다. 이 중

....
2   "경제위기 유럽 반이민 도미노 조짐."『문화일보』, 2014년 2월 10일.

공식협약난민의 수도 2천 5백 40만 명에 달하여 지구촌은 제2차 세계 대전 이후 최대의 난민위기에 처해 있다(UNHCR 2017). 2014년 이후 난민 수가 크게 늘어난 이유는 시리아(6백 30만 명), 아프가니스탄(2백 60만 명), 남수단(2백 40만 명)의 분쟁 및 인도적 위기상황에서 기인한 바 큰데, 이들 3개국이 배출한 난민 수가 세계 전체 난민의 57%나 차지하고 있다. 오늘날 유럽은 난민사태를 최대의 안보위협으로 간주하고 있지만, 가장 많은 난민들을 수용한 국가들은 터키(3백 50만 명), 우간다와 파키스탄(각 1백 40만 명), 레바논(1백만 명), 이란(97만 9,400명)이고, 전 세계 강제이주자의 85%는 저개발국에 살고 있다.

난민이 발생하는 가장 직접적인 이유는 분쟁과 박해이며, 난민은 인도적 보호와 지원을 필요로 하는 피해자이다. 이렇듯 난민위기는 분쟁의 결과이지만, 유럽 사태에서 보듯이 유입된 국가나 지역의 사회분열, 경제적 불안정, 그리고 유관 국가들 간의 갈등을 유발하는 원인이 되기도 한다. 국제법이 인정하는 공식난민이 되기 위해서는 무력분쟁이나 정치적·종교적 이유로 신변위협을 받아 자국을 떠날 수밖에 없는 기준을 충족해야 하지만, 이외에도 자연재해나 극심한 빈곤 및 국가실패와 같은 요인들이 얽혀 복잡한 양상을 띤다. 유엔고등판무관실(UNHCR), 국제이주기구(IOM)를 포함한 국제기구들이나 국제비정구기구들은 이러한 복합요인에 의해 자국을 떠날 수밖에 없는 사람들을 보호하기 위해 공식난민들 이외에 강제이주민이라는 용어 아래 광범위한 범주의 피해자들을 대상으로 보호 및 지원정책을 펴고 있다.

그러나 피해자로서의 강제이주자들에만 주목할 경우, 이들의 유입이 수용국 내에 가져올 문제점과 지역적 함의를 제대로 파악하는 것이 쉽지 않다. 얼마나 많은 난민이 얼마나 급작스럽게 밀려들어 얼마나 오랫동안 수용국에 머물 것인가, 그리고 난민들은 단순한 민간인 피해자인가 아니면 테러나 범죄 집단에 속하여 있거나 호전적 무력집단에 속해 있던 난민전사인가 등의 문제가 동시에 신중하게 검토되어야 한다(Lee 1995). 설사 민간인 피해자라 할지라도 난민폭증사태는 유입국 내 자연환경파괴 및 토착주민과의 마찰, 그리고 출신국과 수용국 간의 갈등 가능성을 고려하여 단순히 인도적인 사안으로서만이 아닌 국가안보적 맥락에서도 사태를 이해하고 해결책을 마련할 필요가 있다. 즉 점점 더 심각해지고 있는 난민문제를 온정적 인도주의에만 의존해서 접근하지 말고 현실주의 정치적 관점에서 인식하여 이들을 제대로 관리하지 못하면 더 큰 안보문제를 야기할 수 있다는 사실을 직시하고 이에 걸맞은 난민정책을 마련해야 할 것이다. 여기서 유념할 것은 이러한 안보적 맥락에서의 접근이 난민들을 유입국 내 사회불안을 조성하는 반군이나 잠재적 테러분자로 규정하여 난민문제를 안보화, 정치화함으로써 수용국 정부가 이들을 통제하고 강제 송환하는 것을 정당화하려는 것과는 구별되어야한다는 점이다(송영훈 2014; 이신화 2016).

　　난민문제의 해결을 위해 국제난민기구 등이 제일 선호하고 바람직한 방안은 출신국에서의 탈출원인을 근본적으로 해결하여 귀환시키는 것이다. 하지만 이런 해결책은 시간이 오래 걸리거나 현실적으로 불가능한 경우가 많기 때문에 유입국이 법적 난민으로 받아들이는 것을 권고하거나 차선책으로 제3국으로의 송환을 모색한다. 따라서 출신국 문제의 근본적인 해결을 위한 정치외교적 해법을 모색하는 동시에 난민 유입으로 어려움을 겪게 된 국가들에 대한 국제사회의 지원책이 마련되어야 한다. 특히 대부분의 난민들이 인접국가, 즉 출신국과 유사한 혼란과 경제적 어려움에 처한 저개발국으로 유입되고 있는 현실을 감안

할 때 경제적 지원뿐 아니라 난민부담을 공유하는 초국가적 협력네트
워크를 구축할 필요가 있다. 난민사태에 대처하는 데 있어 '님비'(NIM-
BY, 공공의 이익에는 부합하지만 자신이나 자신이 속한 지역에는 이롭지 않아 반
대하는 것) 같은 입장으로 국경을 통제하고 다른 나라로 책임을 떠미는
정책을 시행하는 나라들이 늘고 있다. 이러한 국가이기주의적 정책을
통해 난민을 거부 혹은 방치하여 단기적으로는 자국 내 안정을 유지할
수 있겠지만, 중장기적으로 볼 때 더 심각한 지역불안으로 자국 안보도
위협받는 상황을 초래할 수 있다.

　　또한 주목할 것은 4차 산업혁명의 사회적, 경제적, 정치적 여파가
인구이동이 급증하고 있는 현 시점에서 가시화되고 있다는 점이다. 이
주관리나 국경통제로부터 이주의 흐름을 조율하고 이주민통합을 촉진
시키는 등의 이주와 난민관련 제반 정책과 실행방안들이 4차 산업혁명
기술로 인해 어려움을 겪을 수 있기 때문이다. 인구이동의 급물결이 가
져오는 여러 가지 우려 속에서 4차 산업혁명 기술이 안전하고(safe), 질
서 있고(orderly), 정례적인(regular) 이주를 장려하고 지원할 방안을 마
련해야 한다.[3] 이주는 대표적인 세계화 현상이다. 세계무역량 등이 급증
한 것과 이주는 밀접한 영향을 갖는다. 전통적인 일자리와 조직은 한 국
가에서 다른 국가로 인구가 이동하면서 국제사회가 점점 더 세계화되
는 현상을 보였기 때문이다. 그러나 4차 산업혁명 시대가 본격화되면
물리적 거리 개념이 축소되고, 기계화, 자동화, 로봇화 등으로 인건비가
차지하는 비중이 적어져 저개발 국가들로부터 저임금 노동자를 유입할

....

3　안전하고(safe), 질서 있고(orderly), 정례적인(regular) 이주를 장려하고 지원하는 것은
　　국제이주기구(IOM)의 창립원칙임(IOM 2018).

이유가 줄어들고, 선진국이 제조 원가감소를 위해 해외로 갈 필요도 없어 국제 분업이 줄어들고 무역량도 감소될 수 있다(구기동 2017). 이 경우, 오히려 국가들은 세계화에 역행하는 보호무역주의를 강화할 확률이 높고, 이는 이주에 대한 보다 더 엄격한 정책을 펼 개연성으로 이어질 것이다.

III. 한국의 이주 및 난민문제의 현황과 외교안보적 도전

한국 내 체류하는 외국인 수는 1990년 5만 명이었는데, 2000년 50만 명, 2007년 100만 명, 2013년 150만 명으로 증가하였다. 그리고 2017년 말 기준 한국의 체류외국인 인구는 218만 명으로 집계되어 전체 한국인 수의 4.2%를 차지하였다. 이들 중 영주자격이 있는 외국인도 13만 4천여 명으로 2012년 8만 4천 여 명 대비 60%가량 늘어났다. 2021년까지 300만 명 혹은 총 인구 수의 6%를 넘어서는 외국인이 체류할 것으로 추산되어, 경제협력개발기구(OECD) 국가들 평균인 5.7%를 상회할 것으로 전망된다(법무부 2018). 2016년 외국인의 한국 입국은 총 45만 3천 명으로 전년 대비 5만 명(12%)가량 늘었고, 출국도 34만 9천 명으로 2만 4천 명(7.3%) 증가하였다. 이는 관련 통계가 집계되기 시작한 2000년 이래 최대치로 한류열풍과 한국에 대한 이미지, 그리고 정부의 전략적인 유학생 유치정책이 맞물린 결과라 할 수 있다(통계청 2018a). 향후에도 북한변수와 같은 돌발 상황이 없는 한 지속적으로 증가추세를 보일 것으로 전망된다.

한국의 장기외국인 체류자 수가 큰 폭으로 늘고 있는 것은 중국 동포(조선족)와 저개발국 노동자, 그리고 결혼이민자들 때문이다. 중국 동포의 경우 1992년 한중 수교 후 한국에 정착하기 시작하여 2000년 15만 9천여 명 수준이었는데, 그 해 재외동포자격을 확대하는 정책이 시행된 후 큰 폭으로 증가하여 2017년 67만 명을 넘어섰다. 외국인 노동자의 경우 1993년 산업연수생제도 시행과 함께 상당수 유입되기 시작하였고 노동력 수입의 필요성은 지속적으로 이어지고 있다. 또한, 베트남, 필리핀 등 동남아 여성들을 중심으로 한 결혼이민과 남아시아 및 아프리카로부터의 이주노동이 늘고 있고, 외국 국적 동포나 국내 거주 화교들에게 영주권 취득자격을 완화하면서 장기 체류자가 눈에 띄게 늘었다. 이러한 공식 수치에 신상파악이 힘든 25만 1천여 명으로 추정하는 불법체류 외국인들의 수를 포함하면 그 규모가 더 커진다(법무부 2018).

2017년 11월 말 기준 법무부 출입국·외국인정책본부 집계에 따르면, 국내 체류 외국인 213만 542명 중 중국이 101만 2천여 명(한국계 67만 7천여 명 포함 47.5%)이 압도적으로 많고, 베트남 16만 6천여 명(7.8%), 미국 14만 4천여 명(6.8%), 태국 13만 8천여 명(6.5%), 우즈베키스탄 6만 3천여 명(3.0%), 필리핀 5만 6천여 명 (2.7%), 캄보디아 4만 7천여 명(2.2%), 몽골 4만 6천여 명(2.2%), 러시아 4만 6천여 명(2.2%), 인도네시아 4만 1천여 명(2.0%), 일본 3만 9천여 명(1.9%), 네팔 3만 6천여 명(1.7%)이다(법무부 2018). 주목할 것은 2016년 대비 2017년 중국인의 순유입인구가 대폭 감소하였는데, 이는 주한미군 사드(THAAD, 고고도미사일방어체계) 배치에 따른 중국의 보복조치의 여파로 중국관광객과 유학생들이 줄어든 때문으로 분석된다.

불법체류자의 경우, 관련 통계가 집계되기 시작한 2000년 총 외국인 체류자의 41.8%에 달하였고, 2016년 법무부가 불법체류자 자진출국자 입국금지 한시적 면제정책을 시행한 결과 10.6%로 줄어들었다. 이 정책은 한국에 체류하는 외국인들 중 발급받아야 할 비자 종류를 모르거나 해당 비자가 없어 불법체류자로 전락한 경우가 많은 점을 고려하여 이들이 그 해 4월-12월 사이 자진 신고하고 출국한 경우 그동안의 불법체류 기간을 불문하고 입국금지를 유예해주는 취지에서 시행되었다(법무부 2016). 2016년과 2017년 사이 합법적 외국인 체류자 수가 늘면서 불법체류자 비율이 감소하였지만, 2018년 들어 중국 국적자 유입이 다시 증가하고 1월-5월까지 불법체류자 적발 건수가 8,350여 건을 넘어 2017년 대비 14%가 증가하였다.[4] 이는 법무부가 광역단속팀 등을 동원하여 합동단속에 나선 이유도 있었지만, 합법적인 루트로 한국 유입이 용이하지 않아 불법적인 방법을 택하게 된 배경도 적잖게 작용한 것으로 보인다. 국내 유입 외국인의 급증은 이들에 대한 명확한 법적 지위 부여 및 권리보장, 그리고 불법 입국이나 체류와 외국인 범죄에 대한 효과적인 통제를 위해 외국인 체류자격 법률을 체계적으로 정비하고 대응할 정책적 필요성을 높였다. 이에 출입국관리법이 일부 개정되고 외국인 체류자격을 구분하여 일반체류자에 대해서는 자격요건과 기간 및 활동범위 등을 규정하고, 영주자격 외국인에 대해서는 체류지 현황과 계속체류 여부와 같은 정보를 관리하기 시작하였다. 또한, 범죄에 연루된 외국인들에게도 그동안 자국민에게만 적용되어온 긴급출국정지제도를 도입하여 처벌할 수 있는 제도적 장치를 마련하였다(정연호 2018).

한편, 한국 정부의 외국난민수용은 2000년대 들어서야 비로소 이

....

4   "올해 상반기 불법체류자 적발 8,351명, 작년대비 14%증가."『연합뉴스』, 2018년 5월 24일.

루어졌다. 1991년 9월 남북한 유엔동시가입으로 유엔의 정식회원국이 된 후, 그 이듬해 유엔난민고등판무관실(UNHCR)의 '난민의 지위에 대한 협약(UN Convention)'과 난민의정서(UN Protocol)에 가입하고 비준하였으나, 실제로 난민지위를 받은 첫 사례는 그후 9년이 지난 2001년 2월에나 이루어졌다. 에티오피아 출신 데레세 데구는 자국에서 기독교 선교활동을 하며 반정부 단체인 오로모 해방전선에서 조직원으로 활동한 이유로 1994년 이래 구금, 폭행, 협박 등에 시달리다 1997년 자국을 탈출하여 한국에 입국하여 불법체류자 신분으로 피신하고 있다가 대한민국에서 첫 번째로 난민 인정을 받았다.[5] 이 조치는 재중 탈북자를 강제 송환하는 중국 정부를 비판하면서 막상 한국 정부는 단 한 명에게도 난민지위를 인정해주지 않고 있다는 국제사회의 비판을 의식한 결과였다. 이후 2002년 1명, 2003년 12명, 2008년 36명, 2013년 57명, 2017년 121명의 난민을 받아들였으나, 난민신청자가 소송에서 패소할 경우 항소와 상소를 되풀이하며 수년을 보내야 하는 등 한국에서 난민인정을 받는 일은 쉽지 않다. 또한 난민인정자들이 한국 사회에 편입되어 정착하는 것도 매우 힘든 일인데, 2004년 '1호 난민' 데구 씨는 생계문제로 이탈리아로 떠난 후 귀국하지 않았고, 2013년 서베이 조사에 따르면 당시 난민인정자의 32%가 한국을 떠나 제3국으로 이주할지에 대해 고민한 적이 있다고 응답하였다.[6]

정부통계가 시작된 1994년 이래 2017년까지 접수된 누적 난민 신청은 32,733건이었다. 주목할 것은 1994년-2010년까지 총 신청 건수

....

5   "에티오피아인 사상 첫 난민인정." 『매일경제』, 2001년 2월 13일.
6   "'1호 난민'은 한국에 없다." 『한겨레21』, 2013년 10월 2일.

는 3,000건을 밑돌았는데, 2011년 1,000건을 넘어섰고 2014년 2,800 여 건, 2015년 5,700여 건, 2016년 7,500여 건, 2017년 9,990여 건으로 해마다 크게 증가하였다는 점이다. 이는 지난 몇 년 사이 중동과 아프리카 등지에서 분쟁과 박해를 피해 탈출한 사람들이 급증한 사태가 한국에게도 결코 '저 먼나라 이야기'일 수만 없다는 것을 대변하는 수치이다. 또한 한국에서 2013년 아시아 최초로 난민법이 전면 시행된 것도 난민신청자들이 크게 늘어난 이유인 것으로 판단된다. 하지만, 2001년 첫 난민인정 이래 2017년까지 난민인정자 수는 총 792명으로 난민인정률은 2.4%에 그친다(법무부 2018). 앞서 언급한 대로 다소의 증감이 있어도 매년 난민인정자가 늘고 있으나 폭증하는 난민신청자들로 인해 인정률은 오히려 낮아진 면도 있다. 하지만, UNHCR이 공개한 세계 190개국의 2000년-2017년 사이 평균 난민인정률인 28.9%, OECD 37개 회원국의 평균 인정률 24.8%와 대비할 때, 한국의 난민인정률은 최하위권을 밑돌고 있는 실정이다(UNHCR 2018)

2018년 6월, 549명의 예멘 난민신청자들이 제주도로 한꺼번에 밀려들었다. 내전과 박해를 피해 말레이시아로 탈출했던 이들이 난민으로 인정받지 못하고 체류연장이 불가능해지자 무비자로 입국이 가능한 제주행을 택한 것이다. 이를 계기로 한국 사회의 난민문제에 대한 관심이 제고되었으나 수용여부를 둘러싼 논쟁이 거세지고 있다. 이들이 난민으로 인정받는 것은 상당히 어려울 것으로 보이는데, 한국 정부의 인색한 난민인정률 때문만이 아니라 이슬람종교와 문화를 그대로 지닌 이들에 대한 한국 국민들 다수의 시각이 생소함을 넘어 배타적, 부정적이기 때문이다. 이러한 부정적 시각을 감안할 때 '외국인문제'가 외국인 노동자와 한국 사회의 관계에서 발생하는 문제일 뿐 아니라, 자칫 외국인이 한국에 유입되어 일으키는 문제로 치부되어 부정적 인종주의에 빠질 우려가 있다.

인도적 관점에서 보호받아야 할 진짜난민과 난민무사증 출입국제도를 악용한 '가짜난민'을 어떻게 구분해야 하는가에 대한 논란도 증폭되고 있다. 이들을 난민으로 포용해야 한다는 측에서는 난민신청자를 비롯한 외국인들의 국내유입 현상과 이들과의 공존은 세계적인 추세로 한국도 이에 예외일 수 없다는 온정적 자세를 강조한다. 또한 한국도 일제치하와 한국전쟁 때 난민으로 다른 나라를 떠돌았던 점을 상기하며 감정적 호소를 통해 난민인정을 촉구하기도 한다. 이렇듯 인도주의적 관점, 다문화적 가치의 중요성 등을 내세워 난민수용에 찬성하는 측도 있지만, 일자리 문제, 문화적 충돌, 범죄율 상승, 사회적 혼란, 불법취업 등에 대한 우려를 표명하며 배타적 입장을 위하는 측이 과반을 넘어서고 있다. 이들이 국제법적으로 난민신청자격이 있는 정치적, 종교적 탄압이나 전쟁을 피해 탈출한 것이 아니라 일자리를 찾아 나선 불법 이주자들이므로 되돌려보내야 한다고 주장한다. 이들에 대해 잠재적 성범죄자라거나 IS 테러범일 수 있다는 루머를 조장하는 경우도 있다.

2018년 7월 한국리서치 여론분석에 따르면, 난민수용에 반대하는 경우는 여성(61%)이 남성보다 많고, 20-30대 젊은 층의 66-70%, 중도보수층의 60-61%가 반대여론을 보였다. 또한 저소득층이나 고소득층보다는 중산층의 반대가 높게 나타나고, 개신교나 무신론자들의 반대도 과반이 넘어서고 있다. 이는 가족과 일상의 안전을 최우선시하는 여성들과 현상유지를 선호하는 중도보수층의 성향이 외국인들의 유입에 유보적 태도를 취한 것으로 보이고 청년실업 등을 호소하는 젊은 층들의 경우 일자리 경쟁에 외지인들까지 고려해야 하는 것에 대한 반발에서 기인한 것으로 보인다. 특히 예멘난민들은 전쟁난민이 아니고 불법 취업을 위해 난민을 가장한 사람들이라는 시각이 20-30대 젊은 층에서는 49%에 이르러 40대 이상 기성세대의 45% 정도가 이들을 전쟁난민으로 보는 것과 큰 대비를 이루고 있다. 또한, 기독교세력이 점점 확대되고 있는 한국 사회에서 이슬람 종교와 문화 및 막연한 회교테러리스트라는 선입견도 예멘 난민들에 대한 반대여론에 기여한 것으로 보인다(정한울 2018). 2017년 전체 난민신청자의 30%가량이 종교적 이유로 한국으로 오고자 할 만큼 종교가 난민신청의 주요 요인으로 부상하고 있는데, 회교도들이 밀려온다는 한국인들의 우려와는 달리 무슬림에서 기독교로 개종한 것이 박해의 이유가 되어 망명신청을 한 경우도 있으므로 편견을 버릴 필요가 있다(송영훈 2018). 더욱이 외국인이 국내로 들어오면 일자리가 줄어들고 사회갈등이 심화된다는 것은 사실이라기보다는 가상적 공포로 포퓰리즘 정치가들에 의해 악용될 우려가 있다(조정현 2017). 또한, 난민신청자가 스마트폰을 소유하거나 소셜 네트워크 서비스(SNS)의 일종인 페이스 북이나 트위터를 사용한다는 이유로 가짜 난민이라는 주장을 하는 경우도 있다. 하지만 '아랍의 봄'을 'SNS 혁명'이라고 명명할 만큼 스마트폰의 일반화와 SNS가 중동 민주화 열풍의 기폭제가 되었듯이, 난민들에게 있어 구글 지도나 GPS는 탈출 루트를 찾고 다양한 정보를 얻는 필수품이라고 반박하는 측도 있다.[7]

이상과 같은 추세 속에서 외국인 국적 혹은 체류자의 양적 증가는 경제, 사회, 문화적 측면에서 오랫동안 단일민족국가였던 한국 사회에

....
7   "예멘 난민 오해와 진실… 내전 탈출한 사람들 '가짜난민' 낙인?" 『한겨레』, 2018년 6월 28일.

변화를 가져올 것으로 예측된다. 따라서 다음과 같은 측면에서 한국의 이민·난민정책은 도전과 기회에 동시에 직면하고, 유관 국가들과의 협력과 갈등 양상을 겪을 가능성이 있다. 우선 무엇보다도, 한국은 출산율 감소로 2019년부터 인구감소국이 된다. 통계청의 장래인구 추계에 따르면, 2018년 기준 4천 9백 10만 명을 기점으로 세계인구 순위 25위인 한국은 2019년부터 인구감소국이 되어 2050년에는 4천 2백만 명 정도로 줄어들 전망이다(통계청 2018b). 이러한 현상은 생산연령층 부족, 소득감소, 구매력 감소, 농어촌지역 공동화현상 등으로 이어져 장기적인 경제불황에 빠지게 되고, 급속한 고령화로 보건복지 부문 비용이 늘어나 사회보장 수요가 증가하면 정부재정에도 큰 압박이 될 수밖에 없다. 2018년 국민연금 재정악화로 연금을 정상적으로 지급받지 못할 수 있다는 국민적 우려와 반발이 커지자 공무원연금처럼 국가지급보장을 명문화하는 방안이 추진되고 있다. 그러나 이를 토대로 보험료 인상이 불가피하고, 국가지급보장이 결국 국가부채만 증가시키고 수백조 원의 지급액을 국민세금으로 충당할 수밖에 없을 것이란 비판 속에 사회적 합의를 거쳐 국민연금 제도개혁을 단행하는 것도 국가적 큰 과제이다.[8]

또한, 국민개병제를 실시하고 있는 한국에서 20세 기준으로 산출한 남자인구가 2013년 이래 계속 감소추세라 병역자원부족으로 향후 병역정책운영에 한계가 생길 수밖에 없다. 특히 2022년에는 징병대상이 2015년 33만 1천 명 대비 23만 3천 명으로 크게 줄어 입영대상자 수가 기존병력 수보다 적게 될 전망이다(신성호·양희요 2015). 2014년 박근

---

8   "국민연금 국가지급 보장하면 수백조 국가우발부채 증가논란." 『조선일보』, 2018년 8월 16일.

혜 정부시절 발표된 '국방개혁 기본계획 2014-2030'에 따르면 현재 63만 3천 명 정도의 한국군 규모가 2022년까지 52만 명 선으로 감소하게 된다(국방부 2014). 이에 따라 병역특례제도를 폐지하고 현역 입영기준을 강화하고 현재 사병들의 단순 업무는 민간인에게 외주하고 군 인력은 전투관련 부서에만 배치하는 방안도 검토되고 있으나, 남북대치 상황에서 병역자원 감소현상은 국가안보적 도전이 될 수밖에 없다.

국가 존망이 달려 있는 군사안보를 위해 외국인 용병을 활용하여 군 인력자원을 충당하는 것은 현실적 대안일 수 없으나, 노동인력 부족을 메우기 위한 지속적이고 종합적인 이민정책의 도입은 시급한 실정이다. 2017년 기준 생산가능인구 수를 그대로 유지하기 위해서는 2030년까지 920만 명, 2060년까지 1,500만 명 외국인 노동인력을 유입해야 한다는 추산이다. 하지만 이들을 지속적으로 관리하고 한국 사회에 통합시킬 수 있는가가 문제이다. 전통적으로 한국인들에게 2005년 프랑스의 인종소요사태, 다민족국가들에서 겪고 있는 정치인종분쟁과 같은 내전, 지난 몇 년 사이 유럽 전역으로 번지고 있는 반이민, 반난민정서 등은 '강 건너 불'이었다. 하지만, 급증하는 외국인 노동자들, 결혼이민, 다문화 2세 등에 대한 사회적 편견과 무관심, 법적, 제도적 장치의 미비나 차별로 인해 이들이 갖게 되는 소외감과 반발이 커질 수 있다. 또한, 외국인 노동자의 경우 직장에서 저임금의 고된 노동을 하는 고초뿐 아니라 여러 가지 문화적 차이를 경험하게 되며, 이러한 차이는 업무성과를 저해할 뿐 아니라 직장 내 갈등소지가 되기도 한다. 한국에 비해 추가근무나 회식참여의 빈도가 적은 기업문화에 익숙한 외국인 근로자들이 가족과의 시간을 충분히 갖지 못해 겪게 되는 일과 가정 사이의 갈등에 대한 연구도 있다(Zheng and Hahm 2018). 이러한 불만과 저항이 커질 경우, 유럽 등지에서 종종 나타나는 것처럼 외국인들이 정치적 소수그룹을 형성하여 집단행동을 벌여 사회불안이 가중될 수 있다.

반면, 이주민이나 난민으로 인한 사회적 비용증가로 외국인을 배척하는 국수주의 정당들이 유럽에서 득세하고 있고 트럼프 대통령의 '미국우선정책'이 국내외 비판에도 불구하고 미국 전체 인구의 절반에 가까운 지지를 확보하고 있는 추세에서 볼 수 있듯이, 외국인 유입에 따른 일자리 감소와 범죄율 증가로 인한 사회불안조장에 대한 자국민들의 불만과 분노도 점점 커지고 있다. 이러한 현상은 예멘난민수용을 둘러싼 논란에서 한국에서도 예외가 아닌데, 내국민들과 이주자들의 갈등심화는 심각한 사회적 문제로 이어질 수밖에 없다(이신화 2017). 일례로 한국에서 난민신청 심사절차는 통상 6개월 이상 걸리기 때문에, 예멘 난민신청자들에 대해 심사기간 중 제주도에서 벗어나지 못하게 하는 '거주제한 조치'를 부정적 여론에도 불구하고 해제해주었고, 취업 목적의 난민신청 방지를 위해 만들어진 '취업유예기간' 조항도 예외적으로 면제해주었다(정한울 2018). 하지만, 그 기간 동안 기본 의식주 문제가 제대로 해결되지 않은 데서 비롯되는 이들의 좌절과 불만이 내국인들의 거부감과 맞물려 심각한 사회적 문제가 될 가능성이 있다. 더욱이 난민신청 거부결과가 나올 경우, 현재 내전이 심각한 예멘으로 돌려보내는 것은 거의 불가능한 상태에서 제3국으로의 정착을 모색해야 한다. 누구를 난민으로 수용할 것인지, 그리고 이들을 어떻게 자국에 편입할 것인지를 결정하는 과정은 설사 국제난민법을 비준하였다 하더라도 각국가의 국내문제이고 고유 권한이다. 즉 예멘인들에게 난민지위를 주든, 인도적 체류허가증만 부여하든, 난민으로는 인정하되 한국이 아닌 제3국으로 추방하든, 어떤 식으로 결정하든 한국 정부는 법적으로 하등

문제가 없다. 하지만 이러한 조치는 예멘난민들의 반발뿐 아니라 유관 국가와의 갈등으로 이어질 수도 있다.

난민문제가 앞서 말한 이유로 사회문제나 안보문제가 될 수 있으나 부정확한 정보나 오해와 편견으로 인해 난민들이 곤경에 처하는 경우도 종종 있다. 외국이주자나 난민들이 자국민보다 위험하다는 편견을 정치적으로 활용하는 소위 '난민의 안보화'는 궁극적으로는 국내불안정과 국가 간 갈등의 소지로 비화될 수 있다. 난민문제로 오랫동안 골머리를 앓아왔던 소말리아나 케냐에서 자국 내 발생 테러의 원인으로 난민들을 지목하여 이들 문제를 인도주의적 관점에서 지원하고 보호하는 정책을 택하기보다는 국가안보 위협으로 간주하는 난민문제의 안보화 정책을 채택하는 사례가 늘고 있다. 그 대표적인 예로 최근 유럽난민 위기에 대응하는 EU 국가들인데, 그동안 난민문제에 관대함을 보였던 독일의 메르켈 총리도 국내반발과 야당의 거부 등 정치적 어려움을 겪으면서 난민통제를 기치로 하는 정책을 펴기 시작하였다. 이렇듯 난민들을 잠재적 테러리스트나 강간범이라는 위협적 이미지로 안보화하여 자국민들에게 주지시킴으로써 난민거부의 명분을 쌓으려는 국가들이 늘고 있다(이신화 2016).

요약하면, 이제 '다민족국가 대한민국'에서도 자발적인 외국인 이주민에 대한 관리뿐 아니라 외국인 노동자를 산업개발의 저조현상을 벗어나 경제활력을 되찾는 국내적 자산으로 활용하는 방안이 구체적으로 논의되어야 할 것이다. 하지만 지정학적 문제, 사회문화적 배경, 오랫동안 단일민족국가로서의 정체성을 가지고 있던 국민정서, 노동시장의 고용형태 간 이중구조 등 제반 문제들을 어떻게 극복해나가야 하는가 하는 점에서 외국인 노동력 활용은 중차대한 국가정책과제라 하셌다. 따라서 오랫동안 인구유입정책으로 이민정책을 시행해온 호주나 캐나다의 사례, 노동인력 부족에 대처하기 위해 적극적인 이민자 수용 정책을 편 영국과 독일 등 선발 유럽이민국가들의 정책, 그리고 1980년 대 이래 저숙련 노동자들이 많이 유입되어 여러 가지 사회문제에 직면한 이탈리아나 스페인과 같은 후발이민국가의 이민정책들을 종합적으로 검토할 필요가 있다(이규용 외 2015). 이를 토대로 국내 체류 외국인과 관련한 법제도를 정비하는 동시에 외국인들의 사회통합, 외국인 범죄, 난민문제 등을 다룰 추가적 법제도를 마련해야 할 것이다. 이 과정에서 내국인과의 소통 및 다문화가정에 대한 이해와 배려를 포함하여 인권존중과 인도주의적 입장에서 국가안보와 조화하는 지속적인 관련 법령 정비가 중요하다(정연호 2018).

한편, 한국체류 이주민 문제와 더불어 외국에 사는 한국인과 한국계를 총칭하는 재외동포들과 외국인 이주문제를 연계해보는 것도 바람직하다. 재외동포란 한국 국적의 해외거주자인 재외국민과 외국 국적을 가진 한국계 외국인을 칭하는 재외교포로 나뉜다. 2017년 기준 재외국민은 영주권자 110만여 명, 일반체류자 111만 5천여 명, 유학생 27만 6천여 명 등 총 718만 5천 명가량이다. 재외교포의 경우, 270여만 명의 재중동포, 217만여 명의 재미교포, 90여만 명의 재일교포, 53만 5천여 명의 중앙아시아와 사할린 등지의 고려인, 20만 5천 여 명의 재캐나다 교포 등 도처에 분포해 있다(외교부 2017). 이들은 한국의 해외자산으로 외국과의 정치, 경제, 사회적 네트워크를 확대하고 공고화하는 데 기여할 수 있고, 세계 각지의 한국인 네트워크는 경제적 네트워크로 발전 가능할 수 있어 국가차원의 지원과 관할이 필요하다. 2004년 2월 재외동포법을 개정하여, 대한민국 정부 수립 이전에 대한민국 국적을 보유한 자도 동포에 포함시켜 현재 재외동포정책위원회를 보다 활성화시켜 재외동포 관련 업무 및 지원사업을 통합, 지원하는 것을 원칙으로 하고 있다. 그러나 가장 많은 동포들이 살고 있는 중국, 러시아 및 구소련 지역 (CIS) 동포들의 경우에는 이 국가들이 불법체류 다발국가로 지정되어 있기 때문에 동포들의 모국 왕래가 여전히 제한적이다. 한국의 해외 자산인 이민자들에 대한 정책이 부족해 저출산 시대 인구감소를 고민하게 된 시점에서 한국을 떠나는 사람들이 증가하는 것은 인적 자원의 유출이라는 관점에서도 고려할 필요가 있다. 이와 더불어 한국으로 유입되거나 체류하는 외국인들에 대한 체계적이고 온정적인 이주·난민정책은 한국의 소프트 파워 증진에 도움이 될 뿐 아니라 공공외교 차원에서도 유의미하고, 궁극적으로 해외체류 한국교포들에게도 선순환적 영향을 끼칠 수 있을 것이다.

IV. 남북한 관계 맥락에서의 이주·난민안보

이주안보나 난민안보는 점진적이지만 타국으로 유입되는 상황이 복잡하고 확대될 경우, 유럽난민사태에서처럼 지역 차원에서 "누가 책임을 지고, 누가 보상을 할 것인가"에 대한 논란으로 국가 간 갈등이 유발될 가능성이 있다. 남북한 관계에 있어 이주·난민 안보는 사회안보이슈와 더불어 사회시스템에서 야기되는 신흥안보 위협, 즉 탈북자 유입으로 인한 남한주민들과의 사회적, 문화적 갈등, 일자리 경합가능성, 불법이주자문제 등이 발생할 수 있다는 점에서 앞서 논의한 외국인 이주민문제와 같은 맥락으로 이해될 수 있다. 또한 경제적 불평등 및 교육

양극화, 수입격차, 정보격차 등의 확대는 사회적, 이념적, 정치적 갈등을 확대할 수 있다. 이는 통일을 준비하는 과정에서뿐 아니라 통일 이후 사회통합문제와도 연관되어 커다란 갈등소지가 될 수 있다(김상배 2018).

따라서 남북한 관계의 맥락에서 이주와 난민안보이슈를 진지하게 고려할 필요가 있다. 첫째, 이주노동자문제는 남북경협이 활발해지면 개성공단 등으로의 한국 기업 진출과 북한 노동자들의 작업도 재개될 수 있겠지만, 북한 노동자들이 한국으로 직접 내려와 공동경제협력 프로젝트 등에 참여할 가능성도 있다. 한반도 긴장완화나 화해협력 등에 긍정적 신호가 될 수도 있으나, 앞서 언급한 세계이주·난민문제들이 야기할 제반 이슈들이 북한 이주노동자들이나 탈북자들에게도 예외가 아니다. 특히 이들이 대규모로 장기간 체류할 경우 사회통합문제가 야기될 것이고, 여타 외국인 노동자 유입 때와 마찬가지로 한국 노동자들과의 일자리 경합으로 상호갈등이나 사회불안이 나타날 수 있다. 더불어 고려할 것은 남북교류가 활성화되면서 북한의 감염질환 분야에 대한 대책이 시급하다는 점이다. 1990년대 중후반 '고난의 행군'을 겪으며 북한주민들의 면역 체계가 약해지고 북한 내 위생상태 및 열악한 인프라로 인해 말라리아, 기생충 질환, 결핵과 같은 전염병이 창궐하는 것은 한국에도 매우 심각한 문제일 수밖에 없다(Reliefweb 2001; Burki 2018). 특히 탈북자들뿐 아니라 향후 북한 노동자들이 남쪽으로 유입될 경우 북한에서 유행하는 전염병이 남에도 전파될 수 있기 때문이다. 따라서 남북협력이 진행되는 과정에서 보건안보문제가 이주·난민안보와 더불어 본격적으로 이슈화될 필요가 있다.

둘째, 난민으로서 탈북자의 경우, 식량부족이 직접적인 원인이 되었지만 정치적 요인(예: 정부의 미흡한 대처역량이나 정치적 고려에 의한 대응거부)으로 인해 상황이 더욱 악화되어 떠날 수밖에 없는 상황에 처해 거주지를 이탈하였다는 측면에서 탈북자는 난민, 즉 복합난민(complex refugee)로 간주해야 한다(이신화 1998; Margesson, Chanlett-Avery, and Bruno 2007). 그러므로 중국당국이 주장하는 것처럼 이들을 경제적 활동을 위한 유입인구로 정의하는 것은 문제가 있으며 강제송환조치는 국제법적 차원에서 근절되어야 한다. 이를 위해 난민개념의 정의를 통해 이들의 구제책을 마련하는 한편, 유엔을 포함한 국제사회와 긴밀하게 공조하여 중국의 대 탈북자 정책의 변환을 유도할 필요가 있다. 즉 유엔에서의 북한 인권결의안 등과 연계한 탈북자 문제에 대한 지속적 관심고조 및 탈북자 지원에 대한 다자적 접근의 가능성 모색이 필요하다. 그러나 남북 해빙무드 속에서 북한을 '불필요하게 자극'할 수 있는 탈북자 문제 등에 대해 지난 진보정권과 마찬가지로 문재인 정부가 소극적이거나 유보적인 태도를 보일 경우, 난민문제는 또다시 인도적 문제라기보다는 정치화된 이슈가 될 수밖에 없을 것이다.

2011년 말 김정은 시대가 열리면서 탈북이 발생하는 북한 국내적 상황을 비판하는 국제여론과 증가하는 탈북자들에 대한 정치적 부담 등으로 국경통제와 체제결속을 강화하였다. 그 결과 증가일로의 탈북자 수가 2012년 이래 눈에 띄게 줄었다. 혹자는 핵과 미사일실험으로 인해 유엔을 비롯한 국제사회의 제재가 강화되어 중국 등으로의 수출이 힘들어지자 일시적으로 북한 내수시장이 활성화되어 북한 내부 경제사정이 상대적으로 나아져 탈북원인이 줄어들었다고도 한다(김성훈·강봉진 2018). 1998년 한국으로 입국한 탈북자가 947명이었고, 그 이후 2003년 1,285명, 2006년 2,028명, 2009년 2,914명, 2011년 2,706명 등 해를 거듭하며 증가일로에 있었는데, 2012년 1,502명, 2015년 1,275명 등 큰 폭의 감소 추세를 보였다. 2016년 1,418명으로 탈북자가 증가하면서 국제제재 및 북중 관계 악화로 북한경제가 힘들어지면서 다시 탈북자가 늘어나는 것이라는 예측을 해보았으나, 2017년 1,127명으로 역대 최저치를 기록하였다. 이 수치는 향후 몇 년간의 중장기적인 추세를 더 지켜볼 필요가 있지만, 경제난 속에서도 북한 내부의 통제 및 중국에서도 철조망을 쳐서 국경강화를 함으로써 탈북이 점점 더 어려워지는 것으로 추정해볼 수 있다. 더욱이 현재 진행되고 있는 남북의 화해기류나 북미협상 모색의 과정에서 예민한 인권문제를 논외로 한다거나 탈북자를 '걸림돌'로 생각하는 경향이 나타나면서 탈북자들은 북송위협에 고심한다는 주장도 나타나고 있다.[9]

셋째, 탈북자가 급증할 경우, 특히 북한급변사태로 대량탈북사태가 발생한다면 지역안정에 악영향을 끼칠 수밖에 없으므로 한국 및 주변 국가들에게 심각한 외교안보적 도전이 될 것이다. 강력한 독재체제하에서도 수많은 탈북자가 발생하였는데, 정권붕괴나 다른 형태의 급변상황이 발생한다면 통제력이 와해되어 양산될 탈북자 규모는 가히 재앙적 수준이 될 수도 있다. 특히 1990년대 중반 이래 수십만 명의 탈북자 문제로 골머리를 앓고 있는 중국은 가장 민감하게 그 가능성을 주시하고 있다. 대량탈북사태란 주변 국가들이 유입되는 탈북자들을 수용할 수 있는 역량을 벗어나는 규모라 국가비상상황에 준하는 행정체계와 위기관리시스템이 작동되어야 하는 경우를 일컫는다(신범철 2008). 무엇보다 대량탈북 발발 시의 예상규모를 사전에 파악하고 준비태세를

....
9   "남북 화해무드 탈북자가 걸림돌 되나." 『주간경향』, 2018년 7월 23일.

갖추는 것이 중요한데, 이를 위해 북한정권 변화 가능성에 대한 다양한 시나리오를 상정하고, 탈북 규모뿐 아니라 잠재탈북집단의 성격과 탈북경로와 및 예상되는 소요시간 등을 파악하는 노력을 기울여야 한다. 이를 위해 유관 국가들의 집단안보협력과정을 제도화하는 방안이 필요하다(이신화 1998).

특히 중국이 대량탈북사태를 빌미로 자국의 질서와 안정을 내세워 국경을 봉쇄하거나 미국과 중국이 향후 주도권을 위해 경쟁적으로 북한의 내부 상황에 개입하려 한다면 동북아 정세는 미-중 대립뿐 아니라 한국, 일본, 러시아 등 주변국들도 복잡하게 얽히는 갈등과 분쟁으로 이어질 수 있다. 핵과 미사일 및 대량살상무기 처리를 둘러싼 제반 문제들이 전통안보적 위협이라면, 대량탈북으로 경제 부담과 사회혼란에 대한 우려는 비전통적 신흥안보문제가 될 것이다. 따라서 탈북자문제는 복합지정학적 역학관계와 얽힌 국가안보 및 지역안보이슈이지만, 이주민과 난민문제를 체계적으로 관리하여 갈등상황을 방지하거나 조기대응할 수 있는 다자협의체 구축의 필요성을 견인할 지역 차원의 공동협력 주제일 수 있다. 이 점을 잘 활용하여 동남아를 포함하는 동아시아 차원, 유엔중심의 국제사회에서의 대북정책이나 국제공조를 강조하여 탈북문제에 대한 단기적 대응방안 뿐 아니라 중장기적 의제 및 전략을 발전시키는 것이 중요하다.

넷째, 탈북자문제를 복합위기상황 및 유엔의 '안보역할'의 측면에서 접근하는 것도 중요하다. 이러한 맥락에서 독재정권의 폭압과 실패국가에 준하는 민생피폐상황으로 인해 북한주민들이 겪어야 할 위협요소들을 규명함으로써 급변사태 시 인도적 위기상황을 줄여가는 것 뿐 아니라 현 독재정권하에서의 인권문제에도 주목하는 것이 중요하다. 즉 193개 회원국이 참여하는 최대 다자기구인 유엔의 틀 속에서 북한의 군사안보위협만이 아니라 난민과 인권 및 인도적 이슈들을 조명함으로써 북한문제에 대한 인간안보적 가치나 접근에 대한 국제사회의 이해와 합의를 이끌어 낼 필요가 있다. 따라서 유엔 차원에서 탈북자문제를 거론할 경우에는 북한 인권결의안이나 북한인권조사위원회(COI) 등과 연계하여 국제사회의 관심과 초국가적 협력을 유도하는 것이 효과적일 수 있다. 또한 유엔안전보장이사회에서 다루어졌던 민간인 보호책임(R2P) 및 인권문제와 관련된 사례들에 대한 논의와 결정과정이 북한상황에 어떻게 적용할 수 있는가에 대한 학문적, 정책적 숙의가 필요하다. 남북경협과 한반도평화조성을 지향하는 현 문재인 정부의 대북정책을 추진함에 있어 인권문제가 예민할 수밖에 없는 것은 사실이다. 그러나 유엔이나 국제기구의 틀 속에서 이 문제가 끊임없이 제기되고 해결책을 모색하는 노력이 이어지는 것이 중요하며, 현 정부도 과거 노무현 정부시절 남북관계를 고려하여 유엔의 북한인권결의안에 기권이나 불참하였던 전례를 답습하지 않아야 한다.

다섯째, 이주나 난민안보문제는 사회시스템에서 비롯되는 신흥안보 위협이지만, 돌발적으로 나타나는 것이 아니고 구조적으로 점진적인 변화를 유발한다고 볼 수 있다. 이러한 위험요소가 남북한 간 정치군사적 문제, 사회경제적 이슈 등과 맞물려 초국가적으로 이슈화될 경우, 한반도를 둘러싼 유관 국가들, 특히 중국에 책임과 보상을 묻는 상황이 전개될 가능성도 배제할 수 없다. 이런 맥락에서 볼 때 이주와 난민안보를 둘러싼 쟁점은 국가 간 이루어지는 대결이나 해결양상을 띠고는 있지만, 비정부단체나 시민사회의 참여를 요구하는 영역을 찾아 정부 간 관계를 보완한다는 측면에서 지역거버넌스적 접근 혹은 '지역참여 모델'로 발전시켜볼 수 있을 것이다(김상배 2018). 이러한 맥락에서 역사적으로 제도화된 협력을 제대로 해본 적이 없는 한중일 3국은 역사적 반목과 정치군사적 갈등을 딛고 급변사태를 포함한 북한 미래의 불확실성과 난민위기에 대응하는 지역적 차원의 다자안보메커니즘 구축에 대한 가능성과 한계 및 방안 등을 고찰하는 노력이 중요하다.

여섯째, 여타 다른 신흥안보이슈와 마찬가지로 과학기술의 비중이 점점 더 커지고 있다. 기존의 이주와 이주에 대한 인식이 변화할 수 있다는 데 주목할 필요가 있다. 이주관리나 국경통제로부터 이주의 흐름을 조율하고 이주민통합을 촉진시키는 등의 이주와 난민관련 제반 정책과 실행방안들이 4차 산업혁명 기술로 인해 크게 바뀔 수 있기 때문이다. 특히 정부는 빅데이터를 활용하여 신속하고 포괄적으로 이주 및 난민에 관한 정보와 추이를 파악하여 모니터링을 함으로써 이주민과 난민에 대한 즉각적, 상시적 지원 및 효율적인 난민정책을 수립하는 것이 가능할 수 있다. 예를 들어 제주도 예멘난민신청자들의 경우처럼, 오늘날 난민들에게 WIFI가 되는 스마트폰은 불확실하고 위험을 무릅써야 하는 여정에 GPS와 SNS 소통장치를 통해 자신들의 안전과 국제사회의 지원네트워크를 확보할 수 있는 생존필수품이 되었다(Madianou and Miller 2013). 2005년 미국이 처음 이주관련 국경관리에 드론을 사용한 이래 기술개발과 더불어 그 유용성이 점점 커지고 있는데(Wall and Monahan 2011), 인터넷 개인정보 노출방지와 사생활 보호 등과 관련된 법적, 윤리적 문제에 대한 신중한 고려가 필요하다. 인공지능이나 기계학습(machine learning)이 과거와 현재의 이주배경과 흐름을 파악·분석함으로써 향후 이주와 난민상황을 예측하고 건전하고 효과적인 이주결과를 위한 새로운 '설명적 관점'(narratives)을 만들어가는 것을 도울 수 있다. 즉 난민자격을 심사, 평가 인정하는 데 있어 장기적이고 지속가능하고 기술적으로 효과적인 접근법에 대한 필요성을 충족시키는 데 인공지능이나 빅데이터 등을 활용하는 것이다. 하지만, 유럽사태에서 보듯이 난민통제 등의 수단으로 사용될 수 있다. 또한 핀테크 (Fintech)와 같은 혁신적인 첨단기술 해결안을 통해 이주민들이 정착국에서 효과적으로 통합할 수 있는 비용 효율적이고 편리한 금융서비스를 받는데 활용할 수 있어 이주민이나 난민의 사회편입 과정에 유용할 것으로 기대된다(Pakzad 2017).

반면, 4차 산업혁명이 '디지털 난민'(digital refugees)을 만들 수 있다는 우려도 낳고 있다. 2016년 4차 산업혁명이라는 세계적 화두를 던진 세계경제포럼(WEF), 소위 다보스포럼의 2017년 핵심주제는 반응이 빠르고(responsive), 책임감 있는(responsible) 지도력 강화였다. 기술변화로 노동시장에서 불이익을 당했다고 생각하는 사람들의 사회적 불만과 상대적 소외감이 투표에서 나타나는 등 사회분열을 조장할 수 있어 효율적이고 책임감 있는 리더십을 배가하여 소외층의 불만과 불안을 해소하거나 감소시켜야 한다는 것이다. 그렇지 못할 경우, 개인 차원 및 국가 차원에서의 빈익빈, 부익부 현상과 사회적 저항이 더욱 심화되어 지구촌은 더욱 심각한 비자발적 이주·난민문제에 봉착하게 될 것이라고 경고하였다(WEF 2017).

또한 과학기술의 진전으로 로봇이나 인공지능이 저임금 반복 업무 노동자들을 대체할 수 있다는 것은 오히려 일자리 및 경제양극화 문제를 가중시켜 이주·난민에서 비롯되는 신흥안보 문제를 심화시킬 수도 있다. 기계화로 저기술노동자들의 일자리 감소가 분명해지면서 대부분 특정 기술 없이 저렴한 노동력을 제공하는 난민이나 이주민들에게는 큰 도전이 되고 있기 때문이다. 반면 고소득 국가에서의 숙련된 이주자나 고학력 경제이주민들은 정착국 노동시장을 대체하는 것이 아니라 갭을 메우는 역할을 하는 경우가 많기 때문에 4차 산업혁명에 있어 혜택을 받을 가능성이 커지고, 그만큼 이주민들 사이에서도 기술과 능력 여부에 따라 불평등현상이 심화될 수 있다. 특히 스마트 팩토리 등 기계화로 인해 일자리가 줄어들고 있는 상황에서 탈북자나 북한이주노동자의 유입은 4차 산업혁명 과정의 소외그룹들이 갖는 상대적 박탈감이나 사회적 불만을 증폭시킬 뿐 아니라 북한이주자나 탈북자와 남한주민들 사이의 갈등을 심화시킬 우려가 있다.

따라서 남북관계의 맥락에서 이주 및 난민문제를 다루는 데 있어서도 국가 및 국제기구들과의 쌍무적, 지역적, 국제적 차원의 중층적 협력을 통해 이주 거버넌스의 틀을 갖춤으로써 상황적 변화에 대처할 역량도 제고할 필요가 있다. 또한 이런 협력틀은 북한으로부터의 자발적, 강제적 인구이동으로 인한 이득과 폐해를 동시에 고려하여 발전시켜 나가야 한다. 남북관계는 정치군사적 요소로 인해 다른 분야의 협력이 '가다 서다'를 반복할 뿐 아니라 아예 무산이 되는 경우가 비일비재하였던 경험을 고려할 때 남북 양자적 접근보다는 다자적, 국제거버넌스적 관리가 필요하다. 또한 향후 발생할 수 있는 탈북자와 북한이주노동자문제는 여타 외국인 노동자들의 유입으로 인한 사회문제와 유사한 상황을 야기할 수 있다는 점에 주목해야 한다. 즉 내국인 노동자와의 일자리를 둘러싼 경쟁과 갈등문제, 한국 내의 사회통합문제, 불법체류자 관리이슈 등과 같은 여러 가지 상황에 대비한 종합적인 정책이 사전적으로 마련되어야 할 것이다. 이를 위해 일본과의 미래지향적 협력제고 등을 포함한 주변국들과의 긴밀한 공조체계를 수립할 필요가 있다.

V. 결론

2018년 남북, 미북, 북중 간 일련의 정상회담을 통해 화해기류가 생기면서 북한과의 경협이나 초국가적 신흥안보이슈에서의 협력에 대한 기대감이 생겼다. 트럼프-김정은 회동 이후 북한 비핵화를 둘러싼 북미 교착상태가 지속되면서 언제 어떠한 정치적, 군사적 이슈로 북미관계가 악화되고 그 불똥이 남북관계로 튈지는 미지수이다. 북미 간 중재역할을 자임하던 문재인 정권이 진퇴양난에 처했다는 주장이 있는가 하면, 문대통령만이 현 교착상태에 돌파구를 만들 수 있을 것이라는 주장도 있지만, 상황전개가 어떤 쪽으로 가든 한반도에서의 정치안보적 제약은 비군사적 영역의 기능주의적 협력을 힘들게 한다. 뿐만 아니라 다자안보협력체가 부재한 동북아 지역 차원에서 초국가적 위협이나 분쟁을 조정·관리하는 레짐이나 다자협의체가 없어 사태발생 시 효과적인 대처가 힘들다는 제도적 결함도 문제이다.

환경, 사이버테러, 보건, 경제위기, 난민문제와 같은 신흥안보이슈들은 기존의 전통군사안보와는 달리 국경을 초월해 일개 국가의 역량만으로는 대처하기 힘들기 때문에 초국가적 협력이 필요하다. 뿐만 아니라 이와 같은 신흥안보이슈들은 처음에는 특정 그룹이나 개별 국가의 '안전'이 문제시될 정도이다가 순간적으로 '양질전화의 임계점' 혹은 '지정학적 임계점'을 넘어 국가안보를 위협하거나 국가 간 분쟁이 발생할 정도의 위기상황이 되는 경향이 있다(김상배 2016). 따라서 지역 차원에서 이 문제들을 집단적으로 대처할 협력메커니즘을 구축할 필요가 있는데, 지역 내 이해당사국들 간 조정이 힘들 경우를 상정할 때 유엔과 같은 글로벌 차원의 다자기구들의 연계도 협력연대 메커니즘 구축에 유용할 수단이 될 수 있을 것이다.

북한의 경우도 해킹, 미세먼지, 전염병과 같은 신흥안보이슈가 밀접한 관련이 있으며, 이러한 이슈들은 군사적 위협과는 달리 남북관계에 있어 갈등의 요소이자 협의대상이 되고 있다(김상배 2018). 이러한 맥락에서 남북한은 초국가적 신흥안보위협들은 우선적으로 상호협력할수 있는 의제라는 인식을 공유하고, 이 분야에서 구체적인 협력성과를 거두기 위한 노력을 해야 할 것이다. 보건, 에너지, 대기오염 문제등은 어느 한쪽이 방치하면 한반도 전체의 재난이 될 수 있기 때문에남북 간 지속적인 협의와 협력네트워크 구축을 통해 공동대처해야 할초국가적 이슈이다. 그러므로 미세먼지나 감염병 문제와 같은 시급한인도적 사안들에 대한 양자적 혹은 다자적 협력은 국제사회의 대북제재국면과 무관하게 추진될 수 있어야 한다. 이를 위해 2007년 10·4 남북공동선언 당시 후속조치로 채택되었던 환경과 보건분야에서의 협력약속을 이제라도 이행하기 위한 실질적 방안을 모색해 볼 수 있을 것이다.

한편, 남북한 화해협력 분위기가 조성되고 경제협력이 활성화되면이를 뒷받침하기 위해 가장 먼저 논의되는 분야 중 하나가 인적 자원의개발이다. 특히 북한 근로자들이 한국 기업에 단기 취업할 경우, 한국은 인력난을 해소하고 북한은 경제개발자금을 벌어들일 수 있어 윈윈(win-win) 상황을 만들어 갈 수 있다. 그러나 분단 70년간 상이한 체제에서 살아온 이념적, 문화적, 언어적 차이에서 오는 소통과 적응의 어려움을 어떻게 극복하느냐에 따라 북한 이주노동자가 남북협력의 견인차 역할을 할지 남북한 주민들 간의 새로운 갈등의 불씨가 될지 가늠할 수 있을 것이다. 이에 더해 북한 노동자들의 체류가 길어지면서 남한 주민들과 일자리경합을 하게 될 경우나 전염병과 같은 보건문제가 불거질 경우도 상정하여 남북 인적교류협력방안을 마련해야 할 것이다.

반면, 탈북자 문제를 포함한 이주·난민문제와 관련된 신흥안보이슈는 남북관계의 갈등요소로 작용할 확률이 높다. 하지만, 탈북자 문제는 인도적 문제로 한국이 일관성 있는 입장을 견지해야 할 사안이며, 대량탈북사태 발생에 대비하여 얼마나 많은 난민이 얼마나 빠른 시간에 어떠한 경로를 통해 어디로 유입되느냐에 대한 시나리오 작성을 통해 다양한 대처방안을 마련해야 하는 국가안보 이슈이기도 하다. 따라서 남북 양자관계의 진전 여부와는 별도로 탈북자들의 장기체류상황 관리 문제, 그리고 탈북자 유형에 따라 겪게 될 유관국들에서의 사회불안이나 국가 간 분쟁의 소지를 예측·대응할 수 있는 이주·난민 관련 법령 및 제도를 구비하고 주변국과의 협력을 도모하는 것이 중요하다. 특히 주변국들과 지역다자협력틀을 마련한다면, 탈북자 문제와 관련한 북한의 남한에 대한 직접적이고 일방적인 비난을 일정 정도 무마시킬 수 있을 것이다.

결론적으로 신흥안보 개념과 정책수립은 전통안보를 대체하는 것이 아니라 이를 보완하여 포괄적 안보를 이루는 것을 목적으로 한다. 그동안 남북관계에 있어 하위정치 이슈로 간주되어 상위정치로 일컫는 군사정치적 이슈에 눌려 있었던 비전통안보 이슈들을 독립적으로 부각시켜 강조할 경우, 전통적 안보문제가 가시화되는 사례가 발생하면 신흥안보 위협에 대한 학문적, 정책적 관심은 곧바로 부차적 이슈로 밀려날 가능성이 크다. 그러므로 신흥안보이슈들을 독립적으로 다루기보다는 이 문제들이 왜 전통안보분야와 긴밀하게 연계되어 있는지, 그리고 어떠한 포괄적, 체계적인 학문적 접근노력과 외교안보적 정책마련이 중요한지를 규명하고 분석하는 것이 보다 지속가능한 남북협력관계를 모색하는 데 있어 바람직할 것이다.

참고문헌

구기동. 2017. "제4차 산업혁명 시대의 인구이동 행태에 관한 연구." 한국경영과학회 2017년
　　춘계공동학술대회 논문집.

국방부. 2014. 『정예화된 선진강군을 위한 국방개혁 기본계획: 2013-2030』. 서울: 국방부.

김상배. 2016. "신흥안보와 메타 거버넌스: 새로운 안보 패러다임의 이론적 이해." 『한국정치학회
　　보』 50집 1호, pp. 75-104.

＿＿＿. 2018. "4차 산업혁명 시대의 남북관계." '4차 산업혁명 시대의 신안보,' 전략연구소-
　　서울대 국제문제연구소 주최 발표논문, 7월 19일.

김성훈·강봉진. 2018. "한국 온 탈북자 1000명 '턱걸이'…15년 만에 최저." 『매일경제』 1월.
　　news.mk.co.kr/newsRead.php?year=2018&no=1163 (검색일: 2018년 5월 5일).

법무부. 2016. "자진출국 불법체류외국인 입국금지 면제." 3월 28일. immigration.go.kr/HP/
　　COM/bbs_003/ListShowData.do?strNbodCd=noti0301&strWrtNo=8763&strAnsNo
　　=A&strFilePath=imm/&strRtnURL=IMM_3030&strOrgGbnCd=104000 (검색일: 2018년
　　3월 1일).

＿＿＿. 2018. "출입국·외국인정책 통계연보" 7월.
　　www.index.go.kr/potal/main/EachDtlPageDetail.do?idx_cd=2820#quick_02
　　(검색일: 2019년 8월 25일).

송영훈. 2014. "테러리즘과 난민문제의 안보화: 케냐의 난민정책을 중심으로." 『국제정치논총』
　　54권 1호.

＿＿＿. 2018. "난민문제와 난민의 문제." 제주벤처마루 강연, 7월 26일. news1.kr/
　　articles/?3383235 (검색일: 2018년 8월 25일).

신범철. 2008. "안보적 관점에서 본 북한 급변사태의 법사대의 법적 문제." 『서울 국제법연구』
　　제15권 제1호, pp. 73-100.

신성호·양희용. 2015. "저출산/초고령 사회와 국방." 『국방연구』 58권 3호, 9월, pp. 1-27.

외교부. 2017. "재외동포정책 및 현황." 11월. www.mofa.go.kr/www/brd/m_3454/view.
　　do?seq (검색일: 2018년 3월 15일).

이규용·김기선·정기선·최서리·최홍엽. 2015. 『이민정책의 국제비교』. 서울: 한국노동연구원.

이신화. 1998. "대량 탈북사태에 대한 조기경보." 『국제정치논총』 제38집 2호, pp. 63-86.

＿＿＿. 2016. "국제이주 및 난민문제의 안보적 접근." 김상배 엮음, 『신흥안보와 미래전략』
　　제7장. 서울: 사회평론아카데미.

＿＿＿. 2017. "인구, 이주, 난민안보의 '복합지정학': 지구촌 신흥안보의 위협과 한반도에의
　　함의." 『아세아연구』 제60권 1호.

이창원. 2017. "이민정책의 세계적 흐름과 과제." 『국제사회보장리뷰』 여름창간호, Vol. 1, pp.
　　67-81.

정연호. 2018. "법률 시대를 읽다, 국내체류 외국인 200만 명 시대, 관련 법령 정비, 출입국관리법

일부개정법률." 『국회보』 9월호.

정한울. 2018. "여론속의 여론: 예멘 난민에 대한 한국사회 인식보고서." 『한국리서치 월간리포트』 7월, 서울: 한국리서치.

조정현. 2017. "자국 우선주의 정책과 국제법상 난민 · 이민자 보호: 트럼프 행정부의 미국 우선주의를 중심으로." 『국제법평론』 제47호, pp. 37-56.

통계청. 2018a. "2017년 국제인구이동." kostat.go.kr/portal/korea/kor_nw/2/2/1/index. board?bmode=read&aSeq=368838 (검색일: 2018년 8월 15일).

_____. 2018b. 『장래인구추계 시도편: 2015-2045년』. 서울: 통계청.

Burki, Talha. 2018. "North Korea and the Global Fund." *Newsdesk*, Vol. 18, Issue 5, May.

Fusheng Zheng, Sang-Woo Hahm, 2018. "The Effects of Work-Family Conflicts on Job Burnout due to Cultural Differences of Foreign Workers." *Asia-pacific Journal of Multimedia Services Convergent with Art, Humanities, and Sociology*, Vol. 8, No. 3.

Hatton, Timothy J. 2017. "Refugees and Asylum Seekers, the Crisis in Europe and the Future of Policy." *Economic Policy*, Vol 32, Issue 91, July.

International Organization for Migration IOM. 2017. "Migration Data Portal." migrationdataportal.org/?i=stock_abs_&t=2017 (검색일: 2018.6.3).

_____. 2018. "Facilitation of Safe, Regular and Orderly Migration." https://www.iom. int/sites/default/files/our_work/ODG/GCM/IOM-Thematic-Paper-Facilitation-of-Safe-Orderly-and-Regular-Migration.pdf (검색일: 2018.7.1).

Kordasiewicz, Anna and Przemyslaw Sadura. 2017. Migrations, Engagement and Integration of Poles in the UK and in London Borough of Lewisham: Research and Data Review Within the Londoner-Pole-Citizen Project, May. CMR Working Papers 100/158.

Lee, Shin-aha. 1995. "When Refugees Stream: Environmental and Political Implications of Population Displacement", in ECHO/CRED/UCL, The Environment Impact of Sudden Population Displacements, Brussels, Belgium.

Madianou, Mirca and Daniel Miller. 2013. *Migration and New Media: Transnational Families and Polymedia*. London: Routledge.

Margesson, Rhoda, Emma Chanlett-Avery and Andorra Bruno. 2007. "North Korean Refugees in China and Human Rights Issues: International Response and U. S. Policy Options." CRS Report for Congress, September.

Pakzd, Roya. 2017. *Bits of Life: Leveraging Emerging Technologies to Improve the Livelihoods of Refugees*, Columbia University, M.A. Thesis.

Reliefweb. 2001. "Contagious Diseases critical in North Korea." November. reliefweb. int/report/democratic-peoples-republic-korea/contagious-diseases-critical-north-korea (검색일: 2018년 7월 10일).

UN High Commissioner for Refugees UNHCR. 2018. "Figures at Glance: Statistical

Yearbooks." www.unhcr.org/figures-at-a-glance.html (검색일: 2018.6.3).

Wall, Tyler and Torin Monahan. 2011. "Surveillance and Violence from Afar: The Politics of Drones and Liminal Security-Scapes." *Theoretical Criminology*, Vol. 15, Issue 3, pp.239-254.

World Economic Forum. 2017. "A Call for Responsive and Responsible Leadership." www. weforum.org/agenda/2017/01/a-call-for-responsive-and-responsible-leadership/ (검색일: 2018.8.11).

제9장

4차 산업혁명 시대의 남북 보건안보와
보건협력 거버넌스

조한승 단국대학교

* 연구의 질적 제고를 위해 본 장의 초고는 한국연구재단 등재학술지에 투고되었으며
전문가 심사를 거쳐 『평화학연구』 19권 3호(2018)에 게재되었음을 밝힙니다.

I. 서론

　문화인류학자인 재레드 다이아몬드(1998)의 대표저서『총·균·쇠』는 새로운 기술과 사회정치적 변화 그리고 치명적 전염병이 서로 밀접하게 연결되어 있음을 잘 보여준다. 기술의 발전과 환경의 변화는 정치적 변동을 초래하고 인간의 대량 이주를 가져왔으며, 이는 다시 전염병의 확산을 불러일으켜 국가와 공동체의 유지와 발전에 심대한 영향을 미쳤다. 아시아 유목민이 유럽을 공격할 때 흑사병이 함께 전파되어 14세기 유럽의 인구 1/3이 사망하였고, 대항해 시대 스페인 점령자들이 전파한 천연두로 인해 아즈텍 문명이 멸망한 사례가 대표적이다. 기술의 발전은 질병의 확산뿐만 아니라 질병의 예방과 치료에도 영향을 미쳤다. 광학기술의 발전으로 많은 질병의 원인이 박테리아와 같은 미생물임이 밝혀졌으며, 방사능 기술의 발전으로 인체 내부의 장기 손상에 대한 진단과 처방이 가능해졌다. 20세기 유전자 기술의 발전은 인플루엔자 에이즈 같은 질병에 대한 대응을 가능케 하였고, 오늘날 4차 산업혁명 시대 인공지능과 빅데이터 기술을 포함하는 정보통신기술(ICT)의 획기적 발전은 글로벌 보건협력의 지평을 넓히고 글로벌 공공재로서의 보건을 증진하는 데 많은 영향을 미치고 있다.

오늘날 보건의료는 생물학, 약학, 의학 등 자연과학이나 의료기술의 영역에만 그치지 않는다. 과학기술 분야를 보건의료와 상호 연계시키고 이를 통해 주민 건강을 실질적으로 개선하고 질병으로부터 공동체를 보호하기 위한 각종 정책과 제도를 구축하는 노력도 매우 중요하다. 그런 맥락에서 정치, 경제, 법, 개발협력, 교육, 복지행정과 같은 영역에서의 여러 행위자들의 보건의료 분야에 대한 관여도 더욱 확대되고 있다. 보건의료와 관련된 다양한 행위자들의 상호관계 확대는 글로벌 수준에서의 보건 거버넌스의 발전을 가져왔으며, 이를 통해 새로운 치료약 및 기술 개발, 유행병의 예방과 대응, 국제보건규칙의 제정과 시행, 저개발국에 대한 보건개발지원, 바이오테러 대응, 식품안전성 확보, 보건복지제도 개발 등 다양한 활동이 활발하게 이루어지고 있다. 이러한 노력은 궁극적으로 인간의 건강을 증진하고, 수명을 연장하며, 삶의 질을 개선하는 데 기여하고 있다.

이른바 100세 시대를 맞이하는 한국과 달리 북한의 보건의료 환경은 아직까지 매우 취약한 수준이다. 그동안 한국을 포함한 국제사회 및 민간단체들이 대북 보건협력 거버넌스에 참여하여 북한의 보건환경을 개선하는 데 노력하였다. 하지만 북한 체제의 폐쇄성과 도발적 행태는 그러한 노력을 무색하게 만들어왔다. 그럼에도 불구하고 궁극적으로 한반도 통일과 남북한 사회통합을 지향하는 것은 우리의 운명적 과제이며, 그런 점에서 북한의 보건환경 개선을 위한 노력은 반드시 필요하다. 한동안 얼어붙었던 한반도 정세가 2018년 남북 정상회담과 미북 정상회담 이후 긍정적으로 풀려나갈 것이라는 희망이 만들어지고 있는 상황에서 보건 분야에서의 남북협력의 가능성도 커지고 있다.

그동안 대북 보건협력을 포함하여 남북한 교류협력에 대한 논의들이 지속적으로 이루어졌지만, 이 글은 대북 보건협력 논의를 4차 산업혁명이라는 새로운 기술적 변화와 연계하여 논의한다. 텔레커뮤니케이션, 가상현실, 인공지능, 빅데이터 등 4차 산업혁명을 주도하는 최첨단 기술은 남북한 교류협력에서도 많은 변화를 가져올 것이다. 특히 보건 분야에서 교류협력은 기존의 인도적 지원 차원의 일방적 접근이 아니라 지속가능하고 쌍방향적인 교류협력이 4차 산업혁명 시대의 첨단기술을 통해 보다 구체화될 수 있을 것이다. 이러한 인식하에서 본 연구는 먼저 4차 산업혁명 시대 신기술이 보건 분야에 어떻게 적용되고 있는지 살펴보고, 향후 대북 보건안보 측면에서 위협 요인으로 어떤 것이 대두될 수 있는지 예상한 후, 남북한 보건협력 거버넌스 차원에서 새로운 기술이 대북 보건안보의 위협요인을 대비하는 데 어떻게 기여할 수 있는지를 살펴보도록 한다.

II. 보건안보 개념과 4차 산업혁명 시대의 보건

1. 보건안보와 보건 거버넌스 행위자

그동안 보건의료 분야는 하위정치(low politics)로 분류되어 군사안보, 무역정책 등과 비교하여 상대적으로 덜 중요한 이슈로 간주되어

왔다. 그러나 20세기 중반 이후 교통수단 기술의 획기적 발전으로 인간 활동에 지리적 장애가 대부분 사라지면서 각종 질병이 전파되는 속도가 더욱 빨라졌고, 그 범위도 보다 확대되었으며, 그 파급효과는 공동체의 안보, 경제, 사회 전반에 걸쳐 엄청난 규모로 나타나게 되었다. 1980~90년대 에이즈(AIDS/HIVS) 공포, 2001년 9·11 테러 직후의 탄저균 사건, 2003년 동아시아 사스(SARS, 중증급성호흡기증후군) 확산, 2014년 90% 치사율을 보인 에볼라(ebola) 공포, 2015년 한국의 메르스(MERS, 중동호흡기증후군) 사태, 2016년 지카(zika) 바이러스에 따른 리우 올림픽 연기 논의 등은 오늘날 보건문제가 정치, 사회, 경제에 얼마나 큰 파급효과를 불러일으키는지를 보여주는 사례들이다.

이처럼 보건은 개인의 건강을 지키는 차원에만 머무는 것이 아니라 공동체의 존립과 발전을 이루기 위한 조건이라는 차원으로 개념이 확대되고 있다. 안보의 대상이 국가에만 머무는 것이 아니라 국가를 구성하는 인간으로 확대됨에 따라 보건 이슈는 이른바 인간안보의 중요 요소로 자리 잡게 되었다. 이와 더불어 안보의 수단과 행위자도 군사적인 차원에서 머물지 않고 인간과 국가, 더 나아가 비인간 행위자까지도 포괄하는 신흥안보 개념이 주목받고 있다. 이 개념은 다양한 행위자들 사이의 상호 연계성이 증폭되는 과정에서 초래되는 갈등과 분쟁에 주목한다. 신흥안보 개념하에서 보건안보는 그 범위가 국가의 경계를 초월할 뿐만 아니라 국가, 시민사회, 민간기업, 국제기구 등 다양한 행위자가 초국적으로 연계되는 특징을 가진다(김상배 2016, 50-55).

"보건안보"라는 용어는 비교적 최근에 만들어졌지만 국경을 초월한 질병의 확산은 국가 발전과 존립에까지 영향을 미치기 때문에 보건을 안보 차원에서 바라보는 시도는 일찍부터 이루어졌다. 1830년대 지

중해 무역으로 전염병이 확산되자 오토만 제국은 콘스탄티노플 최고보건위원회를 설립하여 전염병 발생지역을 격리하고 전염병 환자가 타고 있는 선박의 입항을 금지하는 조치를 내렸다. 이후 유럽, 북아프리카, 페르시아 등에서 비슷한 제도와 정책이 만들어졌고, 1851년부터 1903년까지 11차례에 걸쳐 국제위생회의가 개최되어 오늘날 세계보건협력의 기반이 만들어졌다. 1892년 체결된 국제위생협정은 오늘날 국제보건규칙(IHR)의 기원이 되었으며, 1902년에 수립된 미주국제위생기구는 오늘날의 WHO(세계보건기구)의 시발점이 되었다(조한승 2015, 92-95).

20세기 중반까지의 보건안보는 위생을 철저히 하거나 대규모 백신 접종을 통해 질병을 '예방'(prevention)하는 것이 주된 활동이었던 반면, 20세기 후반 이후 보건안보는 예방과 더불어 잠재적 대유행병의 '대비'(preparedness)를 강조한다. 이러한 접근의 변화는 가축과 가금류의 상업적 사육, 지구온난화에 따른 기온 상승, 도시화에 따른 인구 밀집 현상, 항공교통의 대중화 등으로 인수공통감염이 가능한 바이러스가 보다 빈번하게 발생하고, 질병의 발생 조건이 확대되었으며, 무엇보다 질병의 전파 속도가 통제 불가능할 정도로 빨라졌기 때문이다. 이처럼 전통적인 질병 예방 접근법만으로는 부족하기 때문에 오늘날의 보건안보 접근법은 새로운 질병의 대규모 확산으로 초래될 수 있는 사회적 혼란 가능성을 예측하고, 각 시나리오별로 대응 시뮬레이션과 매뉴얼을 준비하여 신속하게 대응할 수 있는 태세를 갖추는 접근까지 포함해야 한다(Lakoff 2008).

WHO는 보건안보를 "사람들의 집단적 건강에 영향을 미치는 공중보건 문제를 최소화하기 위해 사전적 및 사후적 차원에서 필요한 활동"으로 정의하고 있다(WHO, "Health Security"). 보건안보에 영향을 미치는 것은 병원균뿐만 아니라 국가, 인간, 교통, 기후변화, 식량, 생태계, 도시화, 과학기술 등 유무형의 다양한 요인을 포괄한다. 따라서 이를 다루기 위해서는 정부, 민간부문, 시민사회, 국제제도 등 다양한 행위자 사이의 초국적인 거버넌스가 필요하다. 이른바 보건외교 개념이 부각되면서 2007년 남아공, 노르웨이, 브라질, 세네갈, 인도네시아, 프랑스, 태국 등의 외무장관들은 글로벌 보건 및 외교정책에 관한 오슬로 성명을 통해 보건을 외교정책에 포함시키기로 결의한 바 있다. 이후 각국이 보건과 외교안보를 접목하는 정책을 개발하였으며, 2009년 유엔총회에서 "보건을 전문적, 기술적 영역에서 보는 것에서 벗어나 국가와 사회의 핵심 이슈가 되는 정치적, 경제적 문제로 바라봐야 한다"는 내용의 결의문이 채택되었다(Michaud 2015). 이어 2014년에는 미국이 주도하여 세계 주요 국가들과 WHO 등 국제기구가 참여하는 글로벌 보건안보 구상(Global Health Security Agenda)이 만들어졌다. 이 구상은 유행병뿐만 아니라 바이오테러를 포함하는 다양한 보건 문제가 대규모 혼란과 위기를 초래할 수 있다고 보아 이에 대한 대비를 위해 국가, 민간 행위자, 국제기구를 망라하는 글로벌 행위자들의 집단적 공조 및 대응을 모색하는 것을 주요 내용으로 한다(정혜주 2016).

보건안보의 목적은 질병을 초래하는 다양한 원인을 파악하여 이를 효과적으로 예방하고 질병이 발생할 경우 신속하게 대응함으로써 공동체의 안전을 지키는 것이다. 그런 점에서 보건안보는 의학, 약학, 보건학뿐만 아니라, 공동체 차원에서 어떻게 효과적으로 질병을 예방, 감시, 치료할 수 있는 제도를 마련할 것인지를 결정하는 정책의 문제, 즉 정치적 이슈이기도 하다. 글로벌 수준에서 보건 문제를 해결하는 정책

결정의 과정은 다양한 행위자들 사이의 협력, 경쟁, 대결, 협상, 타협, 조정 등 여러 가지 정치적 행위를 통해 이루어지며, 그 과정에 행위자 사이의 권력관계가 반영된다. 따라서 보건 문제를 둘러싸고 각각의 행위자가 동원할 수 있는 권력자원과 수단이 문제의 해결방식에 영향을 미칠 수 있다. 또한 보건 문제의 원인을 어떻게 이해하느냐를 결정하는 행위자의 사고방식이나 정치적 이념 요소도 역시 그러한 정책결정에 영향을 미칠 수 있다. 각각의 행위자들이 서로 누구와 우호적 혹은 적대적 이해관계를 맺고 있느냐에 따라 보건 문제 해결을 위한 연합 혹은 반대 연합 구도가 형성될 수 있으며, 이러한 이해관계의 변화가 보건 문제 해결의 방향을 결정하거나 변경시킬 수도 있다.

국제적 수준에서 보건 거버넌스에 참여하는 행위자들은 다양하다. 각국의 보건당국뿐만 아니라 보건문제를 다루는 국제기구와 NGO, 보건의료 연구기관, 보건문제 해결을 위해 수립된 민관파트너십(PPP), 자선재단, 제약회사 및 의료기구 제조사 등을 포함한다(표 1 참조).

글로벌 보건 거버넌스 행위자 관계에서 최근 나타나는 주목할 변화는 다음과 같이 요약된다(조한승 2018). 첫째, 전통적 보건전문 행위자와 비보건 행위자 사이의 경계가 모호해지고 있다. 1970년대 중반 이후 질병의 치료보다는 예방이 강조되면서 주건, 위생, 영양, 교육 등 사회적 개선을 포함하는 사회의학적 접근이 필요하다는 인식하에 유니세프, UNDP와 같은 개발협력 행위자들과 세계은행을 포함하는 등 금융기관들이 보건 영역에 이해당사자로 참여하기 시작했다. 또한 각종 신약 및 백신을 개발하는 제약회사들과 주민의 보건문제에 직접적으로 책임을 지는 국가들 사이에 특허권을 포함한 지식재산권 논쟁이 불거지면서 WTO를 포함한 무역관련 행위자들의 영향력도 커지고 있다.

표 1 글로벌 보건 거버넌스의 주요 행위자

유형		사례
국가	선진국, 공여국	미국, 영국, 독일, 프랑스, 일본, 호주, 노르웨이, 캐나다 등
	개도국, 수혜국	인도, 방글라데시, 인도네시아, 케냐, 우간다, 콩고, 아이티 등
국제기구	다자간 기구	WHO, UNICEF, UNFPA, UNDP, UNAIDS, ILO, WTO, 세계은행
	지역기구	아세안, EU집행위원회, 아프리카 연합, 지역개발은행
비국가 행위자	민관 파트너십 — 보건의료기술 접근증진 메커니즘	GAVI, GFATM, IFFIm(국제백신개발채권), AMCV(선제적백신시장협약)
	민관 파트너십 — 제약 연구개발 파트너십	DNDI(방치질병을 위한 제약사업), IAVI(국제에이즈백신사업), MVI(말라리아백신기구), MMV(말라리아퇴치를 위한 제약사업), TB Alliance(결핵 얼라이언스), IVI(국제백신연구소)
	민간 행위자 — 자선재단	게이츠재단, 록펠러재단, 클린턴재단, 카터센터
	민간 행위자 — NGO/CSO	국경없는의사회, 휴먼라이츠와치, 적십자, 세이브더칠드런, 국제사면기구, 옥스팜, 가톨릭구호서비스, 국제생명과학회, 국제로터리연맹
	민간 행위자 — 다국적 기업	식품업계, 제약업계, 담배회사, 보건의료기기 제조업계 등

출처: Fidler(2010); Ng and Ruger(2011).

　둘째, 전염병 예방 및 치료 분야에서 거대 재원을 가진 자선재단의 영향력이 커지고 있다. 최근 세계적 부호들이 설립한 자선재단은 보건의학 부문에 자금을 집중 투입하고 있어 이들이 관심을 두는 방향으로 최근의 보건 거버넌스 사업이 진행되는 경향이 있다. 게이츠재단(Bill & Melinda Gates Foundation)의 경우 글로벌 보건 프로그램을 운영하면서 WHO, 유니세프, 세계은행, GFATM(에이즈·결핵·말라리아 퇴치를 위한 글로벌기금), GAVI(세계백신면역연합) 등을 통해 여러 저개발 국가에서의 전염병 예방 및 치료, 백신 보급 등의 사업을 지원하고 있다. 이러한 사업에 게이츠재단이 제공하는 자금은 WHO 정규예산보다 큰 규모이다.

셋째, 다른 분야의 글로벌 거버넌스와 비교하여 보건 분야의 거버넌스에서 행위자 간 상호관계는 국가주권이나 이념의 영향력을 덜 받으며, 수평적 협력관계를 맺기 용이하다. 미국이 유네스코를 두 차례나 탈퇴한 경우에서 알 수 있듯이 교육·문화 부문에서조차 국가들은 쉽게 타협하려 하지 않으며, 인권, 무역, 금융, 군사 분야에서는 더더욱 양보를 기대하기 어렵다. 하지만 보건영역은 인류 전체의 공공선을 추구하며 의학·약학 등 전문지식이 필요한 분야이기 때문에 이념이나 국가주권 문제로부터 비교적 자유로우며 전문성이 존중됨으로써 불필요한 마찰과 충돌을 피하기 용이하다.

2. 정보통신기술(ICT)과 e헬스 거버넌스

4차 산업혁명은 인간 활동의 거의 모든 분야에서 획기적인 변화를 가져오고 있으며 이러한 변화는 보건의학 분야에서도 이루어지고 있다. 빅데이터 기반 인공지능 진단, 인터넷 활용 원격 처방 및 교육, 소셜미디어 활용 질병감시 네트워크 구축 등 첨단 정보통신기술(ICT)은 보건의료 분야에서 활용 범위가 더욱 넓어지고 있으며, 이 가운데 가장 널리 알려진 것이 e헬스(eHealth)이다. e헬스란 "ICT를 활용한 보건의료"를 의미한다(WHO, "Global Observatory for eHealth"). 2005년 WHO가 이 개념을 처음 공식화한 이후 국가, 지역, 글로벌 수준의 여러 보건의학 행위자들이 상호 파트너십을 형성하여 보건의학 분야에서 ICT의 사용을 확대해나가고 있다. ICT를 활용함으로써 보건진료, 질병감시, 보건교육, 보건의학 연구개발 등의 여러 분야에서 비용 대비 효과를 높일 수 있으며 원격진료와 같은 새로운 서비스를 제공할 수 있다. e헬스 개념에는 m헬스(mHealth, 모바일헬스), 텔레헬스(telehealth, 원격의료), e보건학습(eLearning in health), 전자보건기록(electronic health record) 시스템, 빅데이터 등 여러 가지 하위 개념이 포함된다(WHO 2016).

m헬스는 스마트폰, 환자감시장치, PDA(개인용 정보단말기), 무선기기 등 무선통신기술을 의료 및 보건에 활용하는 것을 말한다. m헬스는 보편적 의료보장(universal health coverage)을 실질적으로 가능하게 만들어준다는 점에서 많은 국가들이 이 개념을 적극 수용하고 있다. 국가들이 운용하는 m헬스 프로그램은 다양하지만 가장 널리 보급된 것은 무료긴급전화, 보건콜센터, 모바일 보건진료예약 등이다(WHO 2016, 27-28). 예를 들어 위급상황에서 환자 및 보호자가 무선통신장치를 통해 지정된 병원이나 응급시설에 연락을 취하는 것이다. 기술이 더욱 빨리 발전하면서 최근에는 원격 환자감시와 같은 보다 정교하고 자동화된 서비스도 가능하다. 예를 들어 환자의 몸에 부착된 장비가 주기적으로 환자의 건강상태를 체크하여 무선으로 병원의 데이터 센터에 정보를 송신하여 의사가 환자의 상태를 원격으로 확인할 수 있다. 만약 위급상황이 발생하면 그 내용이 자동으로 의사에게 전달되고 의사는 구급차를 보내거나 환자 혹은 보호자에게 연락하여 응급조치를 지시할 수도 있다.

텔레헬스는 1980년대 말 이후 디지털 통신 및 영상 기술이 발전하고 컴퓨터의 소형화 및 저렴화가 이루어지면서 등장한 개념으로서 오늘날 e헬스의 가장 핵심적인 내용을 구성하고 있다. 이 개념은 텔레커뮤니케이션 및 가상화 기술(virtual technology)을 사용하여 보건의료 시설로부터 멀리 떨어져 있는 곳에서도 보건 서비스를 제공하는 것을 의미한다(WHO 2016, 56-57). 예를 들어 만성질환 노인 환자가 병원에 내원하지 않고도 집에서 실시간 영상 장비를 통해 전문가로부터 질병 관리에 대한 내용을 전달받을 수 있다. 또한 인근에 보건의료 시설이 없는 산간 및 섬마을 주민이나 격오지에 주둔하고 있는 군인이 텔레헬스 기술을 통해 전문 의학전문가에게 상처 혹은 질병의 증상을 전달하고 필요한 처방이나 조치를 전달받을 수 있다. 그리고 소규모 병원에서 근무하는 보건의료인이 경험 혹은 장비의 부족으로 질병에 대한 정확한 판단을 내리기 어려운 경우 이러한 시스템을 통해 다른 의료 전문가의 조언을 청취하거나 의료지식을 교육받을 수 있다. 이러한 방식을 통해 환자 및 의료인은 시간과 비용을 크게 절감할 수 있으며, 소규모 의료시설에서도 높은 수준의 진료와 처방을 내릴 수 있게 된다.

e보건학습은 인터넷, 무선통신, 디지털 영상, 가상현실 등의 기술을 바탕으로 현장중심의 보건의료 전문요원을 교육, 훈련시키는 것을 의미한다(WHO 2016, 76-77). 보건인력 충원이 제한적인 저개발국, 낙후 지역, 재난지역에서 보건지원활동을 펼치는 보건의료요원은 현장을 잠시도 벗어나기 어렵다. 하지만 e보건학습을 통해 새로운 보건 정보와 기술을 습득하기가 용이해졌다. 실제로 사우디아라비아의 아가칸 개발 네트워크(Aga Khan Development Network)는 2011년부터 아프가니스탄, 타지키스탄, 파키스탄 등 보건의학 관련 전문교육기관이 부족한 중앙아시아 국가에서 중앙의 의과대학과 지방의 기초의료시설들을 연결하는 쌍방향 e교육 프로그램을 구축하여 큰 성과를 거두었다(Aga Khan Development Network 웹사이트). 이처럼 e보건학습은 저렴한 비용으로 수준 높은 보건의학 지식을 교육시킬 수 있으며, 동시에 다수의 학생을

훈련시켜 전문가로 양성할 수 있다.

전자보건기록 시스템은 ICT 기술을 활용하여 복잡하고 다양한 각종 보건의료 기록들을 실시간으로 통합 관리하는 것을 의미한다. 주로 국가의 보건당국이 환자의 병력, 진단, 처방, 부작용, 알레르기, 예방접종, 방사선 영상, 보험기록 등 다양한 정보를 전산화하여 통합 관리하는 시스템으로 시행되고 있다(WHO 2016, 93-94). 환자가 여러 병원 혹은 여러 의사에게 복합적인 질병 처치 혹은 약제 처방을 받는다 하더라도 보건의료 시설에서 환자의 과거 질병 혹은 처방 및 부작용을 파악할 수 있기 때문에 의료사고를 예방할 수 있으며, 보다 효과적인 보건의료 서비스를 제공할 수 있다. 하지만 개인의 사생활을 들여다볼 수 있다는 우려와 이를 다른 목적으로 악용할 가능성은 여러 나라에서 법률적, 사회적 문제로 남아 있다.

인공지능(artificial intelligence, AI)은 인간과의 바둑 대결로 널리 알려졌으나 이미 보건의학 분야에서 다양하게 활용되고 있다. IBM이 개발한 인공지능 왓슨(Watson)은 인간의 능력으로는 수십 년이 걸려야 읽을 수 있는 방대한 양의 의학전문 자료를 수일 내지 수주 만에 모두 완독하고 이를 데이터 저장하여 실제 의료현장에서 환자의 질병 원인을 매우 높은 정확도를 가지고 진단할 수 있다. 특히 일반인들에게 거의 나타나지 않는 특수 질병을 앓는 환자에 대해서 인간보다 더 정확하게 병명을 제시하는 경우도 종종 있다. 인공지능은 단순히 인간이 입력한 자료만 축적하는 것이 아니라 인공지능 스스로 데이터를 분석하는 머신러닝과 여기에 인공신경망 기술을 더해 사물의 미세한 차이까지 구분하는 딥러닝으로 발전하면서 그 능력이 기하급수적으로 커지고 있다. 보건의학 분야에서 이러한 인공지능의 활용은 AI가 의사를 보조하는 차원에서 벗어나 개별 환자의 유전적 특징을 고려한 맞춤형 의료시스템을 보편화하고, 임상시험을 최적화하는 신약 개발에 사용되어 훨씬 빠르고 저렴하며 효과적인 의약품 개발을 가능하게 만들 수 있다 (Marr 2017).

빅데이터 기술은 기존의 데이터베이스 규모를 넘어서는 엄청난 양의 정형 및 비정형의 정보를 포함한 데이터를 빠른 시간에 처리할 수 있도록 함으로써 개인 혹은 소집단에 대해서도 맞춤형 서비스를 제공할 수 있다. 과거에는 어떻게 하면 샘플의 수(n)를 더 많이 확보하느냐가 중요했지만 빅데이터 기술로 사실상 모집단의 개별 행위자가 샘플이 되는(n=all) 것이 가능해졌다(Maru 2017). 보건 분야에서 빅데이터 기술은 개별 환자의 예후를 사전에 예측하고, 그럼으로써 전염병 발생의 시기와 범위를 보다 정확하게 예측하여 공중보건에 큰 기여를 하고 있다(이관용 외 2016). 또한 신약개발에 필요한 각종 의료 정보를 빅데이터 기술을 통해 신속하게 처리할 수 있게 되어 개별 환자의 증상에 보다 적합한 약품을 개발, 조제하여 치료의 가능성을 크게 높일 수 있으면서도, 동시에 그 비용은 크게 낮출 수 있다.

이와 같은 내용의 e헬스는 첨단 ICT 기술을 활용하여 보다 저렴하고 보다 효과적으로 질병의 원인을 예방하고 감시하며 대응할 수 있도록 만든다. 하지만 e헬스가 원활하게 작동하기 위해서는 첨단 ICT만 필요한 것이 아니다. 이를 위해서는 먼저 국가를 포함한 여러 행위자들이 새로운 기술을 보건 분야에 적극적으로 받아들이고 이를 통해 보편적 보건이 이루어질 수 있도록 만들어야 한다는 정책적 합의가 수반되어야 한다. 또한 첨단 ICT 기술은 수많은 개개인의 건강 정보를 신속하고 정확하게 그리고 효과적으로 다룸으로써 공공재로서의 보건을 구체화한다는 장점도 있지만 그 과정에서 공공선을 이유로 일부 개인이나 집단의 정보가 무단으로 사용되거나 유출될 가능성도 배제할 수 없다는 점에서 개인 정보와 권리가 침해받지 않도록 보호하는 법률적, 제도적 장치도 만들어져야 한다. 아울러 ICT를 보건 분야 전반에 사용하는 과정에서 발생할 수 있는 문제들에 대한 책임의 소재와 범위가 규정되어야 한다.

따라서 이러한 내용을 다루는 e헬스 거버넌스의 역할이 매우 중요하다. e헬스 거버넌스의 행위자들은 국가 및 보건관련 국제기구뿐만 아니라 민간의 바이오기업, 정보통신기술 관련 기업, 시민사회단체 등이 포함된다. 아직까지 e헬스 거버넌스의 역할과 범위 및 규모를 뚜렷하게 규정하기는 어렵지만 점점 더 많은 행위자들이 이와 관련된 활동을 벌

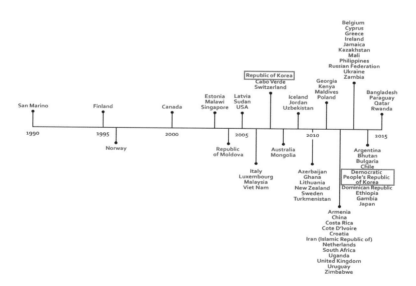

그림 1 e헬스 개념을 자국의 보건 정책/전략에 포함시킨 국가들과 그 시기(1990-2015)

출처: WHO(2016, 14).

이고 있으며, 여러 국가들이 e헬스 개념을 자국의 보건정책에 포함하는 추세이다(그림 1 참조). 그림에서 보이다시피 한국은 2007년에 e헬스 개념을 국가보건정책에 포함시켰고 북한은 2014년에 포함시켰다.

III. 대북 보건협력 거버넌스의 과정과 특징

1. 북한의 보건 실태와 국제협력

북한은 정권수립 초부터 '무상의료제', '예방의학제', '의사담당구역제' 등 3가지 보건의료제도를 자랑해왔으며, 1970년대 초까지만 해도 북한의 보건의료는 상당한 수준으로 평가되었다. 실제로 1970년대 초반 북한의 평균사망연령은 64.0세로서 남한의 60.9세보다 높았으며, 1980년대 후반에 이르러서야 남북한이 비슷한 수준(70세)이 되었다. 이는 북한의 의료체계가 1980년대 말까지는 큰 문제없이 작동했음을 의미한다. 하지만 구소련 해체 이후 1990년대 북한의 경제는 연속해서 마이너스 성장을 기록했고, 잇단 가뭄과 홍수로 식량생산이 크게 줄어 수십만 명이 기아로 사망하였다. 그 결과 북한의 의료보건 지표는 급속도로 악화되었다. 1990년대 중반부터 2000년대 초까지 북한의 남녀 평균사망연령이 10년가량 낮아졌다(그림 2 참조). 1998년 남한의 기대수명은 78.68세로 향상된 반면 북한은 64.19세로 1970년대 초 수준으로 떨어졌다. 2015년 기준 남한은 82.16세였으나 북한은 70.34세로 최근에서야 1990년대 초 수준을 겨우 회복하는 단계에 있다(World Bank DB).

1990년대 중반 의료보건 시스템이 사실상 붕괴되는 상황에 직면

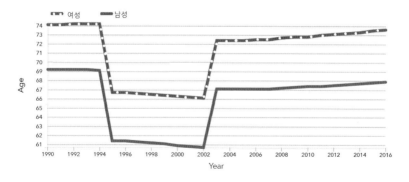

그림 2 북한의 남녀 평균사망연령 추이(1990-2016)
출처: Institute for Health Metrics and Evaluation.

하자 북한은 이를 타개하기 위해 국제 보건 거버넌스에 지원을 요청하였다. 1996년 북한은 WHO와 유니세프에 공식적으로 지원을 요청했고, 1997년 유니세프가, 그리고 2001년 WHO가 평양에 사무소를 개소하였다. 물론 그 이전에도 북한에서 인도적 구호활동을 벌이는 국제기구와 NGO들이 있었지만 본격적인 보건협력 사업은 WHO가 북한에서의 보건협력 사업을 주도하면서부터 시작되었다. 북한에 대한 보건협력 사업에는 GAVI(글로벌백신연맹), GFATM(에이즈·결핵·말라리아 퇴치를 위한 글로벌기금), IVI(국제백신연구소), 적십자사국제연맹, 유진벨(Eugene Bell), CFK(조선의 그리스도인 벗들) 등 다양한 비국가 행위자들이 대북 보건협력 사업에 이해당사자로서 참여하였으며, 한국, 이탈리아, 스위스 등 일부 국가의 정부기관도 참여하였다.

2000년대 남북한 교류협력 차원에서 이루어진 남한 민간단체들의 대북 보건지원 사업과 일부 국제 인도주의 NGO가 주도한 사업은 의약품 및 의료장비 전달, 모자보건 사업, 영유아 영양개선 사업, 보건의학

교육, 제약설비 및 원료 지원, 의료소모품 지원 등 다양한 분야에서 이루어졌다. 그동안 대북 보건협력지원 사업에 참여한 국내 민간기관들은 40~50개로 파악되지만 개별 민간단체의 특성상 규모의 제약과 더불어 재정여건에 따른 일회성 혹은 간헐적 사업 비중이 높았다. 게다가 남북한 관계의 부침에 따라 그 지원의 규모와 횟수도 크게 영향을 받았기 때문에 대북 보건협력 거버넌스에서 개별 민간단체가 차지하는 비중과 영향력은 제한적일 수밖에 없었다. 반면 WHO, 유니세프 등을 포함한 국제적 기관들이 주도하는 국제 대북 보건협력 거버넌스는 상대적으로 장기적인 사업을 펼칠 수 있었고, 북한 당국도 이를 보다 선호했다.

그동안 대북 보건협력 거버넌스에서 비교적 큰 성과를 보인 분야는 백신접종 사업이다. 노인성 질병이나 사고에 의한 질병과 달리 결핵, 간염, 디프테리아, 파상풍 등 전염성 질병은 영유아기에 백신을 접종받으면 성인이 되어서도 오랜 기간 동안 면역이 유지되기 때문에 비교적 쉽고 저렴하게 국민의 보건을 향상시킬 수 있는 좋은 방법이다. 하지만 초기에 예방하지 못하면 집단적 발병을 초래할 수 있고 사회경제적으로 커다란 비용을 초래할 수 있다. 따라서 북한 당국은 백신접종 사업분야에 큰 관심을 가지고 보건협력 거버넌스의 지원을 받아왔다. 북한에서 백신접종 사업이 이루어지는 방식은 북한 보건당국과 WHO가 협의하여 북한이 필요한 보건지원 분야를 선정하고, 이를 WHO가 보건협력 프로그램 형식으로 만들어 각국 정부, 국제기구, 보건관련 민관파트너십(PPP), 자선재단 등으로부터 기금을 조성하며, 모금된 재원을 가지고 북한 보건당국과 유니세프가 현지에서 접종사업을 전개하는 방식이 일반적이었다.

게이츠재단이 주도하여 설립한 GAVI는 저개발 국가에 대한 보건체계강화(Health System Strengthening, HSS) 프로그램에 북한을 수혜국가로 선정하여 WHO와 유니세프를 통해 2007년부터 북한의 보건체계개선 사업을 지원해왔다. 2007-2014년 1단계 HSS 사업에서 북한에 제공한 자금은 486만 달러 규모였고, 2015-2019년 2단계 사업에서 승인된 자금은 2,603만 달러로 증가했다. 아울러 GAVI는 지금까지 1천 5백만 달러를 투입하여 북한에서 5가백신[1]과 IPV(주사용 불활화) 소아마비 백신 보급을 지원하였다(GAVI, "DPR Korea proposals, reports & plans"). 또한 GFATM는 2010-2017년 기간에 WHO와 유니세프를 통해 북한에 결핵 및 말라리아 퇴치를 위한 자금 1억 3백만 달러를 지원했다. 이 가운데 2/3가량인 6천 9백만 달러는 결핵 퇴치에 사용되었고, 나머지 3천 4백만 달러는 말라리아 퇴치에 사용되었다[GFATM, "Korea (Democratic Peoples Republic)"].

북한 보건당국은 국가예방접종 사업을 중요 국가과제로 인식하고 이를 위해 WHO와 유니세프 및 정부 내 타 부처 관계자와의 정책회의를 수시로 마련하고 있다. 북한의 예방접종사업에서 북한 정부가 지출하는 금액은 전체 사업비의 1/3 규모에 불과하기 때문에 이들 외부 보건 거버넌스 행위자의 의견을 상당부분 수용하는 입장이다. 북한 당국이 외부 보건의료 행위자의 활동에 협조적인 또 다른 이유는 북한의 보건의료체계가 낙후되어 있기 때문에 만약 대규모 전염병이 북한 사회에 확산될 경우 북한의 경제 및 사회 전반에 엄청남 부정적 파급효과가 발생할 수 있음을 잘 알고 있기 때문이다. 북한 당국은 전염병 발생에

....

1   디프테리아, 파상풍, 백일해, b형 간염, b형 헤모필루스 인플루엔자 혼합백신.

대해 매우 신속하고 단호한 조치를 취함으로써 전염병의 북한 내부 유입을 철저히 차단하고, 만약 전염병이 발생할 경우 즉각 WHO 등 국제 보건기관의 지원을 요청하여 방역에 만전을 기하는 모습을 보여 왔다. 2003년 사스, 2015년 메르스가 동아시아 여러 곳으로 전파되자 북한은 국경을 폐쇄하는 한편 모든 외국인의 입국을 금지하고 입국한 내국인을 격리하는 조치를 취하였으며, 2006년 조류독감의 북한 내 감염이 확인되자 즉각 국제사회에 지원을 요청하였고, 남한의 방역장비와 약품 제공도 바로 수용한 바 있다.

　최근의 북한 보건 현황에 대한 각종 자료를 살펴보면 이러한 노력의 결과 기초보건 지표가 꾸준히 개선되고 있음을 확인할 수 있다. 만성질환에 의한 사망과 달리 영유아 사망률은 조사시점의 보건의료 실태를 가장 잘 보여주는 지표라는 점에서 북한의 보건환경이 어떤 추세로 악화 및 개선되었는지를 보다 쉽게 확인할 수 있다. 출생 1,000명당 5세 미만 사망률은 1990년 43.4명에서 1997년 75.7명으로 급증했다가 2000년 이후 빠르게 개선되어 2005년 33명, 2016년 20명으로 낮아졌다(World Bank DB). 한편 결핵 유병률은 여전이 높은 수준이지만 치료가 크게 개선되어 완치율이 90% 이상으로 높아졌고 사망률도 크게 낮아졌다. 말라리아도 2001년 30만 건 발병에서 2013년 1만 5천 건 미만으로 크게 줄어드는 성과를 거두었다. 이러한 내용을 바탕으로 미국의 보건 계측 및 평가 연구소(Institute for Health Metrics and Evaluation, IHME)는 북한의 기초보건의료에 대한 접근성과 품질 지표(Healthcare Access and Quality Index)를 1990년 53.1점에서 2015년 62.3점으로 상향조정했다(Murray et al. 2017).

　한편 e헬스와 관련하여 2014년 북한의 보건정책에 e헬스 개념이 포함되었다고 할지라도 북한의 ICT 수준을 고려할 때 실제로 북한의 보건의료 현장에서 이것이 그대로 시행되고 있다고 보기 어렵다. 일부 언론에서 해킹 능력 등을 근거로 북한의 소프트웨어 수준은 수준급이라고 평가하지만 구체적으로 확인하기는 어렵다. 매년 각국의 ICT 개발 수준을 평가하여 발표하는 국제전기통신연합(ITU) 자료에서도 북한은 항상 "자료 없음"으로 처리된다(ITU 2017). WHO에서 실시한 각국의 e헬스 동향 서베이 조사에서도 북한은 e헬스 개념을 국가 보건정책에 포함시키고 보건 정보를 국가가 예산을 배정하여 관리하고 있다는 수준의 기초적인 응답을 했을 뿐 대부분의 질문에 대한 구체적 답변은 회피하였다.[2]

2. 대북 보건협력 거버넌스의 특수성

전술한 바와 같이 최근 나타나고 있는 글로벌 보건 거버넌스의 행위자 상호관계의 특징은 대북 보건협력 거버넌스에서도 나타나고 있는 현상이다. 첫째, 개발협력 분야 행위자의 역할 증대는 북한에서 UNDP 등이 인도적 지원과 개발협력 차원에서 보건의료 지원사업을 전개해왔

....

2   WHO는 각국을 대상으로 e헬스 활용 내용을 설문조사하였다. 2015년 조사에서 북한은 텔레헬스 분야에서 영상의학과 원격환자감시를 시행하고 있다고 응답했다. 전자보건기록 시스템 분야에서는 거의 대부분 응답하지 않고 보건정보체계를 위한 인적 자원 기능에 대해서만 ICT를 활용한다고 답했다. 또한 e보건학습 분야에서 많은 항목에 무응답하였으나 '시행중'이라고 답한 항목은 의학, 치과, 공중보건, 제약, 생명공학이었으며, 명시적으로 '미시행'이라고 답한 항목은 간호와 조산이었다. m헬스 분야에서는 모든 항목에서 응답하지 않았고, 빅데이터 분야에서는 '활용'이라고만 응답했을 뿐 구체적인 내용은 밝히지 않았으며, 기업 등의 참여 여부 역시 언급하지 않았다(WHO, "Democratic People's Republic of Korea").

다는 점에서 확인된다. 둘째, 대규모 자선단체를 포함한 민간 분야의 영향력이 확대되고 있다는 점은 북한에서 백신보급사업의 비용 가운데 상당부분이 게이츠재단의 지원금으로 충당된다는 점에서 확인된다. 하지만 셋째, 보건의료가 가지는 공공재적, 인류애적 성격과 전문성으로 인해 타 분야에 비해 보건 분야의 거버넌스가 덜 정치적이라는 특징은 남북한 이념대립과 한반도 문제의 복잡성으로 인해 북한에도 그대로 적용된다고 단정하기 어렵다(조한승 2017).

2018년 현재 국제사회의 대북 제재 상황임에도 불구하고 한반도 긴장완화의 가능성이 논의될 때에 가장 먼저 언급되는 남북 교류협력 분야가 보건협력 사업이라는 점에서 탈이념적이고 주권우회적인 보건협력의 성과가 다른 분야에서의 교류협력을 불러일으키는 촉진 요인이 될 수 있을 것이라는 기대를 가능하게 만든다. 그러나 다른 한편으로 북한은 주민의 건강보다는 정치적 고려를 우선시하는 모습을 종종 보여주었다. 예를 들어 1975년 북한이 WHO에 가입할 때 북한은 한국, 일본, 중국, 필리핀, 베트남 등이 속해 있는 WHO 서태평양 지역사무소(WPRO)에 속하는 것을 거부하고 인도 뉴델리 소재 동남아 지역사무소(SEARO) 관할 지역을 선택했다. 전염병 예방과 대응을 위해서는 인접 국가들과의 신속한 공조와 교류가 필수적이라는 점에서 인도, 방글라데시, 미얀마, 태국, 인도네시아 등을 관할하는 동남아 지역사무소를 선택할 것은 상식적으로 받아들이기 어려운 행동이었다.

이처럼 대북 보건협력 거버넌스는 일반적인 글로벌 보건 거버넌스보다 정치적 특징이 여전히 강하다. 핵무기와 장거리 미사일 개발, 금강산 피격사건, 연평도 포격사건 등 북한의 잇단 도발과 이에 맞선 국제사회의 제재조치하에서 대북 보건협력 거버넌스는 이러한 한반도 정세

변화로부터 자유로울 수 없었다. 특히 2010년 천안함 사건과 연평도 포격, 2013년 개성공단 운영 잠정중단 등 한반도 정세변화는 국제적 대북 보건사업에 큰 영향을 미쳤다(그림 3 참조). 예를 들어 서울에 소재한 IVI는 콜레라, 뎅기열, 일본뇌염, b형 인플루엔자 백신을 개발해왔으며, 2007년부터 게이츠재단, 스웨덴 정부, 한국 정부 등의 지원을 받아 북한에 특화된 백신보급 사업을 전개해왔지만, 2013년 남북한 관계 악화 이후 북한에서의 사업을 사실상 중단하였다. 이는 IVI가 서울에 소재하고 있으며 재원의 대부분을 한국 정부로부터 지원받고 있기 때문에 남북한 관계 경색 속에서 북한의 거부반응뿐만 아니라 대북지원에 대한 한국의 부정적 여론도 커졌기 때문이다. 그동안 북한에서 인도주의적 목적에서 보건의료 지원사업을 벌이던 대부분의 민간단체들과 개발협력 기구들도 북한에 대한 제재가 본격화되어 금융 업무와 지원물자 조달에 심각한 차질을 겪으면서 상당수가 북한에서의 사업을 중단하거나 철수하였다.

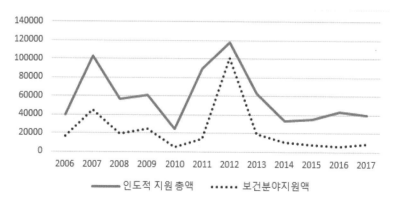

그림 3 각국 정부 및 국제기구의 대북지원 규모와 보건지원 비중(단위 1,000달러)
출처: OCHA Financial Tracking Service.

그동안 안정적으로 북한에서 사업을 진행해왔고 그 성과도 비교적 성공적인 것으로 평가되었던 GAVI와 GFATM의 대북 보건사업조차도 국제적 대북 제재국면 속에서 많은 어려움을 겪고 있다. 예를 들어 북한에 대한 금융제재가 본격화되면서 GAVI의 2단계 대북 HSS 사업의 예산집행이 어려움을 겪고 있으며 이에 따라 임시적으로 WHO가 자체 재원을 투입하여 사업을 진행하고 있다. 또한 GFATM은 결핵퇴치 목적으로 북한에 투입된 자금사용이 투명하지 않다고 주장하면서 2018년 2월 자금지원을 중단했으며 6월 30일부로 대북 사업 자체를 종료했다 [Global Fund, "Korea(Democratic Peoples Republic)"]. 따라서 2018년 남북 정상회담과 미북 정상회담 이후 대북 보건협력의 전망이 밝아진 것은 사실이지만, 군사안보와 관련된 정치적 문제가 우선 해결되어야 한다는 조건이 충족되어야만 대북 보건협력 거버넌스가 정상적으로 기능할 수 있을 것으로 보인다.

IV. 대북 보건안보 위협요인

대북 보건안보 차원에서 잠재적 위협 요인 가운데 하나는 북한 주민들이 남한이나 다른 나라의 주민들과 접촉하면서 초래될 수 있는 각종 질병의 전파이다. 이것은 양방향으로 나타날 수 있다. 즉, 외부의 질병이 북한으로 유입되는 경우와 북한의 질병이 외부로 전파되는 경우가 있을 수 있다. 먼저 질병의 북한 유입 차원에서 논의하자면, 질병 예방 및 대응 체계가 열악한 북한에서 외부로부터의 전염병 유입은 북한 주민 건강에 심각한 위협이 될 수 있다. 따라서 북한은 해외에서 사스,

메르스, 에볼라(ebola) 등 전염병이 창궐할 때마다 국경 폐쇄와 같은 극단적인 방법을 동원하면서 전염병의 유입을 철저히 차단하는 조치를 취해왔다. 북한은 입국 내외국민에 대한 에이즈 검사를 실시하여 감염된 외국인은 추방하고 자국민은 강제 격리하는 조치를 취하고 있다. 또한 2014년 서아프리카에서 에볼라 바이러스가 창궐하자 그해 10월 북한은 모든 외국 관광객의 입국을 금지했다. 단순히 관광객뿐만 아니라 공적 목적을 가지고 북한을 입국하는 외교관, 구호단체 직원, 해외출장 후 귀국하는 북한 국민과 그 가족까지도 21일간 무조건 격리되어 감염 여부를 확인받고 감염 증상이 없어야만 격리가 해제되도록 조치하였다. 심지어 이 시기 해외순방을 마치고 귀국한 김영남 최고인민회의 상임위원장조차 3주간 격리되어야 했다. 이러한 초강경 조치는 4개월 가까이 지속되었다가 2015년 3월에 해제되었다. 이 기간 중 북한은 국제적 고립 상황에 처하고 관광수입에 막대한 차질을 빚었음에도 불구하고 이러한 극단적 조치를 취한 것은 치명적 질병이 유입될 경우 발생할 수 있는 문제를 열악한 북한의 방역체계로서는 도저히 감당할 수 없었기 때문이었다.

　결과로만 판단했을 때 북한의 이러한 강력한 조치가 외부의 전염병이 북한 내부로 전파되는 것을 차단하는 데에 큰 효과를 거둔 것은 사실이다. 동아시아 여러 국가들이 국경을 초월하여 전파되는 질병으로 인해 어려움을 겪었던 사실을 감안할 때 북한에서는 2009년 신종플루, 2011년 조류인플루엔자 발생 등을 제외하면 외부로부터의 전염병 전파 발생 보고가 매우 적은 편이다. 이는 "은둔의 왕국"이라는 별명만큼이나 외부 세계의 교류가 매우 제한적이기 때문에 북한 주민들이 외부로부터의 질병에 노출될 기회가 워낙 적었기에 가능한 것이었다. 하지만 과연 언제까지 북한이 극단적 방식으로 전염병 유입을 차단할 수 있을지 미지수이며, 방역체계가 미비하고 치료수준이 열악한 상황에서 국경폐쇄와 격리가 장기적인 해결책이 될 수 없음은 자명하다.

국경폐쇄가 질병으로부터 주민을 보호하는 궁극적 대안이 될 수 없음은 북한의 토착 전염병 실태를 보면 확실히 알 수 있다. 국경폐쇄 조치로 외부의 전염병 유입을 막는 것은 비교적 성공적이었음에도 불구하고, 매년 북한에서는 토착 전염병이 발생하고 있으며 사망자도 적지 않다. 표 2에서와 같이 북한에서는 콜레라, 말라리아, 장티푸스, 홍역, 결핵 등 후진국형 토착 전염병이 빈번하게 유행하였다. 아울러 김정은 집권 초기 성매매 집중 단속을 벌였을 만큼 북한에서 성매매가 빈번하게 이루어지고 있으며, 이에 따라 북한의 공식 발표와 달리 각종 성병도 만연한 것으로 여겨진다.

이러한 토착성 질병을 막으려면 사전 백신접종이 효과적이지만 전술한 바와 같이 백신보급은 아직 충분하지 못하다. 따라서 북한 보건 당국은 예방 차원에서 개인위생 철저를 강조하고 있으며, 일단 전염병이 급속도로 확산되는 경우에는 감염(의심) 환자를 격리하는 방법을 종종 사용한다. 상황이 심각할 경우에는 환자 격리 차원을 넘어서 특정 지역 전체를 봉쇄하여 출입을 철저히 통제하기도 한다. 하지만 북한 주민 상당수가 장마당 경제로 가계를 꾸려가고 있는 상황에서 이와 같이 지역 전체를 고립시키는 조치는 그 지역의 장마당 경제를 마비시켜 감염되지 않은 주민들조차 식량부족 등 심각한 어려움에 처하게 된다. 또한 어려운 경제여건을 극복하기 위해 각 지역의 장마당을 돌며 물건을 판매하는 보따리상이 급증하면서 방역을 위한 당국의 철저한 통제를 무시하고 몰래 여행하는 경우도 적지 않은 것으로 파악된다. 이렇게 은밀한

표 2 북한에서 발생한 주요 전염병 현황(1994-2014)

연도	질병
1994	콜레라
1995	콜레라, 장티푸스
1996	콜레라
1997	콜레라, 장티푸스
1998	설사병, 말라리아
2000	설사병
2001	말라리아
2006	성홍열, 홍역
2007	성홍열, 장티푸스, 파라티푸스, 발진티푸스, 유행성 출혈열, 구제역, 한센병, 대장염, 일본뇌염, 급성 설사증, 이름 모를 각종 전염병
2008	유행성 출혈열, 말라리아, 성홍열
2009	신종 인플루엔자
2010	신종 인플루엔자, 콜레라, 파라티푸스, 장티푸스, 성홍열, 여름 독감
2011	조류 인플루엔자
2012	말라리아(1만6천여 명 환자 발생)
2013	설사병(전체 주민 29.3% 질환)
2014	결핵 급증(94,632명), 말라리아 급증(10,535명), 구제역

출처: 김소윤 외(2015, 33).

이동은 당국에 파악되지 않아 감염경로를 추적하고 방역대책을 마련하는 데 어려움을 가중한다.

남북 보건안보 차원에서 우리에게 더 위협적인 것은 북한의 질병이 외부, 특히 남한으로 전파되는 상황이다. 최근 감소세에 접어들기는 했지만 매년 수백 명의 탈북자들이 한국으로 입국하고 있으며, 중국이나 제3국에 떠도는 탈북자의 수도 상당할 것으로 추정된다. 이들 가운데 적지 않은 수가 북한에서 결핵, 말라리아 등 각종 전염병에 감염된 적이 있었던 것으로 추정되며, 일부는 완치되지 못한 상태에서 북한을 벗어나 남한을 포함한 다른 지역으로 이주하였다. 한국에 입국하는 탈북자들은 그 수가 제한적이고 일정 기간 정부의 보호하에서 건강검진과 함께 질병치료 혜택을 받기 때문에 이들이 남한 사회에서 생활하는 데 큰 문제가 되지 않지만, 만약 급변사태가 발생한다면 결핵, 간염, 콜레라, 성병 등 각종 전염성 질병에 감염된 북한 주민들이 갑작스럽게 남한 주민들과 접촉하는 상황이 발생하거나, 평시라고 할지라도 말라리아나 조류독감과 같이 북한 지역의 질병이 휴전선 이남의 접경지역으로 전파되는 경우에 이는 우리 사회에 심각한 보건안보 위협이 될 수 있다.

특히 결핵은 북한에서 가장 심각한 전염병으로서 2015년 기준 인구 1만 명당 51.3명이 결핵 감염자이며, 이는 남한의 7.68명에 비해 6배 이상 높은 비율이다(WHO, Global Health Observatory data). 결핵은 장기간에 걸친 꾸준한 치료를 받아야만 완치되는데, 북한의 어려운 보건의료 여건으로 인해 치료기간이 짧거나 간헐적인 투약 처치가 이루어지는 경우가 많아 결과적으로 흔히 슈퍼결핵이라 불리는 다제내성 결핵균에 감염될 수 있다. 이것은 약물에 내성을 가지는 변종균으로서 기존 결핵 치료에 필요한 약물과 주사로는 치료되지 않는다. 만약 이러한 슈퍼결핵이 북한 외부로 확산한다면 이는 심각한 위협이 될 것이다.

말라리아는 더운 지역에서 주로 창궐하는 전염병이다. 모기가 매개가 되어 전파되는 질병이기 때문에 모기유충이 산란할 수 있는 물웅덩이나 하수구를 살충소독하고 가정에 방충망을 설치하는 방법으로 예방할 수 있으며 한국에서는 1979년 WHO가 한국에서 말라리아 완전퇴치를 선언하기도 했다. 하지만 지구온난화로 인해 최근 한반도가 모기 서식에 적합한 기후조건을 갖추게 됨으로써 한반도에서도 말라리아가 증가하고 있다. 남한에서는 방역이 잘 이루어져 큰 문제가 되지 않지만 북한에서는 말라리아 감염 환자가 급증하고 있다. 북한의 말라리아 감염은 2001년 14만 명까지 치솟았다가 이후 꾸준히 줄어들고 있지만 여전히 1만 명 이상의 감염자가 매년 발생하고 있다. 문제는 남한의 휴전선 인근 지역에까지 말라리아 보균 모기가 서식지를 넓힘으로써 남한 내에서도 말라리아 감염자가 꾸준히 발생하고 있으며, 감염자 상당수가 남북 접경지역에서 근무하는 군인들이라는 사실이다(그림 4 참조). 이에 따라 남북한은 2008년부터 2011년까지 남북한 접경지역에 대한 공동방역을 시행하였고, 2018년 남북 정상회담을 계기로 다시 말라리아 퇴치를 위한 공동사업 논의가 시작되었다.

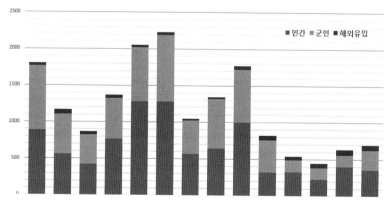

그림 4 국내 말라리아 환자 현황(2002-2015년)
출처: 질병관리본부(2016.4.22).

신흥안보 개념하에서는 지구온난화에 따른 한반도 기후변화도 남북 보건안보의 위협요인이 될 수 있다. 1990년대 중반 이후의 한반도 연평균 기온은 그 이전 20년 동안의 연평균 기온보다 0.6℃ 상승했다 (KBS뉴스 2016.6.16). 기온상승은 온도, 강수량, 습도에 영향을 미치고, 매개체와 병원균의 분화, 숙주의 분포 및 개체수, 매개체 서식지 등에서 변화를 초래한다. 이러한 변화는 궁극적으로 질병 전이의 역동성에 영향을 미쳐 새로운 질병을 초래하거나 질병의 전파 속도와 방향을 예상치 못하게 변경시킬 수 있다. 대부분의 전염성 질병은 기온이 상승할수록 발생비율도 높아지는 것으로 알려져 있다. 앞서 말라리아 사례에서처럼 아열대성 질병이 한반도에서도 발생하는 빈도가 잦아지고 있으며, 모기뿐만 아니라 진드기, 쥐 등 질병을 옮기는 매개체의 서식조건이 변화하면서 새로운 질병이 등장할 가능성이 높아지고 있다. 온난다습한 기후조건은 콜레라를 일으키는 비브리오균 발생 가능성을 높이며, 살모넬라 등 수인성 질병의 병원균이 창궐한 가능성도 높아진다.

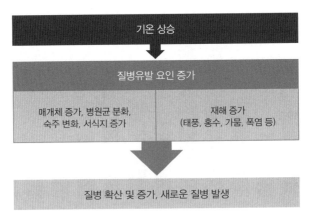

그림 5 기후변화와 보건안보 위협

뿐만 아니라 온난화로 인한 해수온도의 상승은 강수량 변화와 태풍발생에 영향을 미쳐 집중호우에 따른 홍수, 빈번한 태풍, 심각한 가뭄, 폭염의 장기화 등 각종 재해를 불러일으키며, 이는 다시 질병의 발생과 확산의 원인으로 작용한다. 특히 북한의 경제난에 따른 무분별한 산림훼손과 산사태 위험성, 하천과 해안의 취약한 제방시설, 저지대 침수방지 시설 노후화, 열악한 도로 및 철도, 장기간 보수되지 않은 댐, 축대, 터널 등은 홍수 등 자연재해 발생 시 주민의 삶과 건강에 더욱 치명적인 영향을 미치게 될 것이다. 실제로 기후변화에 따른 재해발생의 위험성 평가에서 북한은 가장 위험한 나라 7위에 포함되었다(Harmeling and Eckstein 2012).

기후변화와 더불어 한반도 및 중국 동북지역의 공업화와 도시화는 한반도 대기환경의 질을 크게 저하시키고 있으며, 이는 남북한 모두에서 호흡기 질환 등 각종 질병을 초래할 수 있다. 최근 한반도 미세먼지 문제는 남한뿐만 아니라 북한에서도 주민의 건강을 위협하는 문제로 이슈가 되고 있다. 중국으로부터 바람을 타고 유입되는 미세먼지뿐만 아니라 노후한 발전시설과 질 낮은 땔감 사용으로 북한의 대기환경이 크게 악화되어 북한 당국도 미세먼지 경보를 발령하고 주민들에게 마스크 착용을 권고하고 있다(연합뉴스 2018.3.25). 바람의 이동에는 국경이 없기 때문에 주변 국가들 사이의 대기환경에 관한 정확한 측정과 신속한 정보 교환이 매우 중요하다. 그런 점에서 북한의 환경관련 측정 시설의 부족과 남북한 환경정보의 교류 단절은 시급히 해결해야 할 과제이다. 이처럼 기후 및 대기환경 변화는 북한의 취약한 방역체계와 더불어 점증하는 남북한 인적 교류와 결부되어 향후 보건안보의 심각한 위협요인으로 작용할 수 있으며, 이에 대한 대비가 강구되어야 한다.

V. 4차 산업혁명 시대 대북 보건협력 아이템

대북 보건안보 위협 요인들을 대비하는 차원에서 대북 보건협력에 첨단 ICT 기술을 활용한 e헬스 거버넌스 개념을 적용할 필요가 있다. 여기서 반드시 고려되어야 할 것은 단순히 첨단기술을 보건협력에 적용하는 차원의 문제만이 아니라, 한반도 평화정착과 남북통일을 대비하는 거시적 관점에서 기존의 단기적, 일방적, 인도적 지원 차원에서의 대북 보건협력 접근에서 벗어나 지속가능하고 쌍방향적이며 상호호혜적인 대북 보건협력 거버넌스 발전을 위한 각종 아이템을 발굴해야 한다는 것이다. 그래야만 보건안보 위협의 궁극적 해소가 가능하기 때문이다. 다음은 4차 산업혁명 시대 대북 보건협력 아이템의 예시이다.

1. 원격 교육/진료

비록 북한이 e헬스 개념을 도입했다 할지라도 북한에서 ICT의 보건의료 분야 활용은 원격 진료 및 원격 교육부문에 국한해서 이루어지고 있는 것으로 보인다. 북한은 2009년부터 평양의대와 지방 주요 도시의 병원을 연결하여 협진하는 '먼거리 의료봉사' 시스템을 구축했고, 이후 유니세프 등의 지원을 받아 평양과 지방의 소아병원 사이의 원격 화상교육 시스템을 도입했다. 이를 통해 지방 소아병원 의사들은 국제사회가 제공한 각종 의약품 투약 방법 및 진단 키트 사용법 등을 평양과 연결된 영상을 통해 학습할 수 있다. 이처럼 보건의학에 관련하여 북한은 원격진료 및 원격교육에서는 일정 수준의 능력을 갖추었다고 판단되며, 향후 ICT를 활용한 대북 보건협력 거버넌스는 우선적으로 이를 활용하는 프로그램을 개발해나갈 필요가 있다.

한반도 주변 정세가 해빙무드에 들어설 경우 위에서 언급한 내용들 가운데 원격 진료/교육에서의 대북 보건협력 사업은 그리 어렵지 않게 재개될 수 있을 것이다. 하지만 텔레헬스와 m헬스 분야에서는 북한의 정보통신 인프라가 어느 정도 갖춰진다고 하더라도 북한 당국이 정보를 일반 주민들에게 얼마나 개방할 것인가에 따라 그 속도와 범위가 결정될 것이다. 이 분야의 많은 내용들은 기관과 개인, 그리고 개인과 개인의 직접적·쌍방향적 네트워킹이 전제되어야 하는 것이기 때문에 폐쇄적인 정보통신 환경의 변화와 개선이 먼저 요구된다.

2. 남북한 전염병 핫라인

원격 진료/교육과 더불어 보건의료 분야에서의 협력 거버넌스에서 기대해볼 수 있는 사업 분야는 남북한 전염병 관리 시스템 구축이다. 앞서 언급한 바와 같이 북한은 세계적 유행병이 북한으로 유입되는 것에 대해 매우 민감하게 반응하고 있지만 결핵, 말라리아, 콜레라, 간염 등 토착 유행병은 여전히 빈번하게 발생하고 있다. 향후 남북 인적 교류가 점증할 것으로 예상되기 때문에 어느 한쪽에서의 전염병은 상대방에게도 매우 민감한 문제가 될 것이고, 예방과 방역을 위해 신속하게 정보를 교환하고 공조하는 것이 서로에게 도움이 될 것이다. 그동안 남한 정부 및 민간단체, 그리고 GAVI, IVI 등 국제적 행위자들이 북한에서 전염병 예방을 위한 백신보급 사업에 참여해 왔으며, 휴전선 접경 북한 지역에서 남북한 당국이 공동으로 말라리아 방역 사업을 수행한 바 있다.

기존 경험을 바탕으로 남북한 보건당국 사이의 전염병 핫라인은 원격 진료/교육 사업과 더불어 비교적 수월하게 시행될 수 있을 것이며, 이를 위한 기술적 지원도 어렵지 않을 것으로 예상된다. 다만 전염병 관리에 대한 상호협조는 단순히 서로 소통하고 정보를 전달하는 데에서 그치는 것이 아니라 신속한 대응이 필수적이기 때문에 북한이 어려움을 겪고 있는 콜드체인 시스템 구축 등에서의 지원도 함께 이루어질 필요가 있다. 아울러 남북한 보건 당국 사이의 보다 효율적인 공조를 위해서는 법적·제도적 검토와 개선이 남북한 모두에서 이루어져야 한다. 여기에는 긴급 방역, 격리, 환자이송 등을 위한 매뉴얼 개발 등이 포함된다.

3. 대북 질병 감시·대응 체계 지원

남북한 전염병 관리 시스템은 궁극적으로 글로벌 수준의 인터넷 기반 질병 감시·대응 프로그램(Internet Surveillance Response Programs, ISRP)에 북한을 편입시키는 촉매제 역할을 할 수 있다. 최근 소셜미디어의 확산은 인터넷을 기반으로 질병의 발생과 확산을 감시하는 다양한 기법을 낳고 있다. 최초의 실시간 질병감시 네트워크는 1996년에 설립된 GPHIN(Global Public Health Intelligence Network)로서 WHO와 캐나다 보건당국 사이의 협력으로 시작되었다. 이것은 언론, 소셜미디어, 블로그 등 인터넷상에 게시되는 글 가운데 특정 내용을 포함하는 어휘나 표현을 찾아내는 텍스트 마이닝(text mining) 기술을 사용함으로써 질병의 초기 보고나 질병 관련 '루머'의 내용을 발견하고 이를 분석하는 것이다. GPHIN의 경우는 텍스트 마이닝으로 걸러낸 정보뿐만 아니라 영어, 아랍어, 스페인어, 중국어, 러시아어, 프랑스어, 포르투갈어, 페르시아어 등 구사하는 전문가들이 매일 수천 개의 자료를 검토하여 질병 정보의 구체성을 높이고 있다. 이렇게 작성된 질병 정보는 회원으로 가입된 정부, 국제기구, 안보기관 등에 제공된다. 최근에는 이와 유사한 인터넷 기반 질병감시 네트워크가 다수 등장하였으며, 일부는 무료로 일반에게도 정보를 제공하고 있다. 또한 위치기반 정보처리 기술이 발전하면서 정보의 내용뿐만 아니라 정보 생성의 지역까지도 알려주는 질병경보가 가능해졌다.

2000년 WHO는 이러한 질병감시 네트워크, 각국의 보건 당국, 보건 관련 연구기관 등을 네트워크로 연결하여 전 세계의 전염병 발생을 모니터하고 필요한 경고 및 대응조치를 전파하는 글로벌 유행병 발생 경보 및 대응 네트워크(Global Outbreak Alert and Response Network, GOARN)를 구축하였다. 그리고 이를 제도화하기 위해 2005년 국제보건규칙(International Health Regulation)을 개정하여 각국의 보건당국 및 보건 관련 행위자가 질병발생에 대한 내용을 WHO에 보고하고 WHO는 이를 관련 국가 및 기관에 통보하며, 해당 국가는 WHO 통보 24시간 이내에 필요한 대응조치를 취하도록 하였다. 이 과정에서 인터넷 기반 질병감시대응 네트워크는 글로벌 차원의 질병감시 및 보고의 플랫폼을 만드는 데 중요한 역할을 하고 있다. 최근에는 한국도 이러한 플랫폼 구축에 적극적인 입장을 보이고 있으며, 2018년 다보스포럼에서 한국의 KT가 감염병 확산방지 플랫폼(GEPP) 개념을 발표하였다(연합뉴스 2018.1.28).

북한 역시 국제보건규칙에 따라 질병의 발생을 감시하고 그 대응을 보고해야 할 의무를 가지고 있지만 인터넷 등 전자커뮤니케이션 인프라가 취약할 뿐만 아니라 정보가 철저하게 통제되고 있는 북한은 그러한 감시대응 네트워크의 블랙홀로 남아 있다. 일부 질병감시 네트워크에 포함된 북한의 질병 관련 컨텐츠는 대부분 한국, 미국, 중국 등 외부 언론의 기사 내용이다. 장기적으로 북한이 질병감시대응 네트워크에 보다 깊숙하게 관여시키도록 노력해야 하며, 이는 앞으로 대북 보건협력 거버넌스가 다루어야 할 중요한 과제가 될 것이다.

4. 한반도 질병/유전자 DB와 질병 지도 구축

장기적으로 한반도 통일에 기여하는 방향으로 4차 산업혁명 시대 대북 보건협력 거버넌스를 발전시키는 노력이 모색되어야 한다. 2017년 11월 북한군 병사가 판문점을 통해 남한으로 귀순하는 과정에서 총상을 입어 대대적인 수술을 받았고 그 과정에서 많은 기생충에 감염되어 있음이 확인되었다. 이들 기생충들이 남한에서는 거의 사라진 것들이다. 또한 흔히 후진국에서 나타나는 수인성 질병과 같은 세균감염에 의한 질병이 북한에서 빈번하게 발생하고 있다. 이처럼 질병에 있어서 남북한 사이에 차이가 존재하고 있으며, 면역체계의 상이성으로 인해 당장 통일이 되어 남북한 주민교류가 본격적으로 이루어지면 심각한 재앙을 초래할 수 있다(신희영 외 2017).

하지만 북한의 질병 양상이 과거 한국이 1980년대 겪었던 양상과 유사하다는 점에서 지금부터 남북한 질병 양상의 추이를 비교하면서 그 대응력을 높인다면 질병의 상이성에 의한 문제점은 어느 정도 사전에 대비할 수 있을 것이다. 장기적인 측면에서 앞서 언급한 원격진료, 전염병 핫라인, 질병감시대응체제 등에서의 대북 협력이 진행될 수 있다면 남북한 주민들의 질병과 유전자에 대한 데이터 베이스를 구축하는 것도 가능할 것이다. 향후 AI와 빅데이터 기술을 활용하여 남북한 질병 지도를 구축하고 이를 바탕으로 예상되는 질병의 발생에 대비하고 보건환경 변화를 예측함으로써 통일 이후 남북한 사회통합에 소요되는 비용을 절감할 수 있으며, 통일 이후 한반도 보건정책의 로드맵을 마련하는 데 크게 기여할 수 있을 것이다.

5. 남북한 보건협력을 통한 지속가능 고부가가치 사업 발굴

오늘날 보건의료 부문은 고부가가치를 창출하는 산업으로 주목받고 있다는 점에서 남북한 보건협력을 통해 북한의 보건의료의 잠재력을 다시 일으킬 수 있다면, 남북한 보건협력을 단순히 시혜 차원에 머무는 것이 아니라 지속가능하며 쌍방향적인 성격으로 발전시킬 수 있다. 전술한 바와 같이 북한은 일찍부터 3대 보건의료제도를 발전시켜왔고, 1990년대 초 이전까지는 상당한 수준의 보건의료 체계를 갖추고 수준 높은 보건의료 인력을 양성해왔다. 비록 정치·경제·사회적 요인으로 인해 1990년대 중반 이후 북한의 보건의료 인프라 구조가 크게 훼손되었으나 의료 인력 측면에서는 여전히 높은 수준을 유지하였다. 예를 들어 2012년 기준 인구 1만 명당 북한의 의사는 27.7명으로 일본의 22.9명, 한국의 20.9명보다도 많다(World Bank DB). 또한 북한의 의료인 양성 교육도 높은 수준으로 알려져 있다.

향후 남북한 관계개선과 남북 보건협력이 안정적으로 진행된다면 남북한 보건의료계가 공동으로 고부가가치의 해외시장을 발굴하거나 새로운 치료법과 신약을 개발하는 수준으로도 발전할 수 있을 것이다. 예를 들어 북한의 한의학 지식과 기술을 한국의 제약 분야에 도입하여 신약 개발에 활용할 수 있으며, 더 나아가 웰빙식품, 화장품, 건강보조기구, 노인건강 등에 접목하여 상품화할 수도 있을 것이다. 그동안 북한은 이른바 고려의학이라 불리는 전통의학을 발전시켜왔고 이를 학문적으로 체계화하려는 노력을 벌여왔다. 물론 이것은 북한의 부족한 의료시설 및 약품을 대체할 목적으로 이루어진 것이지만, 오늘날 세계적으로 바이오의학 시장이 급속도로 확장하고 있기 때문에 보다 과학적인 연구를 위한 지원이 이루어진다면 부가가치를 창출하는 데 활용할 수 있다. 최근 중국은 일대일로(一帶一路) 전략 속에 이른바 '건강 실크로드'(健康絲綢之路)라 불리는 해외보건협력 정책을 포함시켰으며, 여기에는 중국 전통 의약품의 해외진출, 건강식품 시장 확대 등의 내용이 중요 과제로 포함되어 있다(中华人民共和国国家卫生健康委员会, 2017). 남북한 보건협력 거버넌스도 중장기적으로 이러한 사업을 발굴하고 개발함으로써 다른 분야로 협력이 확대되고 공동의 이익을 거둘 수 있는 방향으로 발전해야 할 것이다.

6. ICT 기술을 활용한 한반도 환경변화 공동 대응

전술한 바와 같이 한반도 평균기온 상승은 잦은 집중호우, 빈번한 태풍, 심각한 가뭄 등을 초래하여 각종 재해를 불러일으킬 뿐만 아니라 말라리아 등 아열대성 질병 및 콜레라 등 수인성 질병의 발병 비율을 높일 수 있다. 또한 기후의 변화는 육상 및 바다 생태계의 변화를 초래하여 농업, 축산업, 수산업, 임업 등에 여러 가지 부작용을 초래할 수 있으며, 철새를 포함한 동물의 이동 경로 변화를 가져와 조류독감(AI)과 같은 질병의 확산을 불러일으킬 수 있다. 생태환경의 변화는 비단 기온상승과 같은 자연 조건의 변화에 의해서만 발생하는 것이 아니다. 글로벌 무역의 증가로 인해 외래 유해 동식물 및 바이러스가 유입될 수도 있으며, 공업화와 도시화에 따른 대기의 질 저하로 만성 호흡기 질환이 악화되는 현상이 나타날 수도 있다.

따라서 향후 남북 보건안보 증진을 위해서는 기후변화, 생태계 변화 등을 포함하는 한반도 환경변화에 대한 정보교류와 공동대응이 요구된다. 특히 첨단 ICT 기술을 도입하여 환경과 보건을 접목하는 연구와 정책개발이 필요하다. 예를 들어 남북한이 한반도 주변 해역에 해수 온도 및 기상정보를 무인 측정하는 설비를 갖추어 실시간으로 관측 내용을 파악하고 교환하며 분석하는 협력 체계를 공동 운영한다면 남북한 모두에게 다양한 혜택을 가져다줄 수 있을 것이다. 더 나아가 이를 바탕으로 일본, 중국, 러시아 등 주변 국가들과의 보건·환경 정보 네트워크를 남북한이 공동으로 추진하는 것까지도 기대해볼 수 있다. 이와 더불어 철새 이동 경로 추적, 외래 동식물 유입에 관한 정보 교류, 대기 질 측정 등의 분야에서도 첨단 ICT 기술을 통한 남북한 협력 방안을 발굴할 필요가 있다.

VI. 결론

오늘날 안보의 개념은 국가주권 수호를 위한 군사안보 차원에만 머물지 않는다. 인간안보, 신흥안보 등 새로운 안보 개념하에서 보건의료는 안보의 중요한 분야로 주목받고 있으며, 다양한 행위자와 복잡한 요인들이 보건안보 개념과 연결되어 있다. 따라서 보건협력 거버넌스는 보건, 의료 혹은 과학기술 분야에만 국한되는 것이 아니라 정치·경제·사회 다양한 요인들이 영향을 끼치고 이에 관련된 다양한 행위자들이 이해당사자로서 참여하고 있다. 4차 산업혁명 시대에 접어들면서 ICT 등 새로운 기술이 보건의학 분야에도 적용되고 보다 효율적이고 보다 효과적인 보건의료 서비스가 가능하게 되었다. 이러한 기술을 대북 보건협력 거버넌스에 적용한다면 향후 예상되는 여러 가지 문제점을 예방하거나 대비하는 데 큰 도움이 될 것이다.

비록 남북한 관계에서는 여전히 군사적 위협이 가장 중요하지만 보건과 관련된 여러 요인들이 향후 남북한 보건안보의 중요한 위협으로 나타날 것이다. 특히 북한의 취약한 보건의료 환경은 잠재적으로 한반도 안보에 부정적 영향을 미칠 수 있는 요인으로 작용한다. 각종 전염병 발생, 한반도 기후변화 등 북한의 보건환경 변화는 남한의 보건환경에도 영향을 미칠 수 있으며 궁극적으로 남북한 통일과 사회통합 과정에서 커다란 부담이 될 수 있다. 따라서 대북 보건협력 거버넌스도 이러한 보건안보의 측면과 4차 산업혁명 기술을 결합하여 서로에게 이익이 되는 형태로 발전해야 한다. 이를 위해 원격진료·교육, 전통의학을 이용한 상품개발과 같이 비교적 쉽게 진행할 수 있는 것에서부터 장기적으로 남북한 질병·유전자 DB와 질병지도 구축에 이르기까지 다양한 사업 분야에서 신기술을 적용할 수 있을 것이고 이는 향후 통일 이후 남북한 사회통합에 많은 도움이 될 것이다.

그동안 한국의 보건의료 체계는 미국 등 서구에서 강조되는 선별적 접근의 맥락 속에서 발전해온 반면, 북한의 보건의료는 사회주의 체제에서 강조되는 보편적 접근의 틀에서 전개되어 왔다.[3] 그 결과 남북한의 이질적 체제는 보건의료에 대한 이해와 접근의 차이까지도 만들었다. 따라서 보건의료 분야에서 남북한 사이에 진정한 교류협력을 이루기 위해서는 이러한 차이를 극복하는 노력이 필요하다. 이를 위해서는 전술한 기술적 측면에서의 노력뿐만 아니라 각종 제도 및 정책 개발이 수반되어야 하며, 무엇보다 북한의 보건의료의 특징을 이해하고 장점을 인정하는 인식의 변화가 필수적이다. 또한 북한의 보건의료체계와 의료교육 내용을 철저히 분석하고 우리의 그것과 비교함으로써 향후 남북한 보건의료 교류가 본격화될 때 북한 출신 의료인에게 어떤 자격을 부여하고 우리 보건의학계의 어떤 분야와 협력할 수 있는지를 사전에 준비해야 한다. 그래야만 남북 보건협력 거버넌스가 단순히 일회성 인도적 지원이나 보건원조 차원에서 벗어나 지속가능한 사업으로 발전하여 궁극적으로 남북한 통합의 밑거름이 될 수 있다.

이처럼 대북 보건협력 거버넌스가 남북 보건안보를 증진하고 궁극적으로 남북한 사회통합을 이루어내기 위해서는 ICT 등 첨단기술의 활용뿐만 아니라 이를 제도와 정책으로 구체화하기 위한 주요 행위자들의 정치적 의지가 수반되어야 한다. 공공재적 성격이 강한 보건협력일지라도 정치·안보 이슈와 같은 상위정치 영역에서의 행위자 간 갈등은 거버넌스 내의 협력과 발전을 가로막는 요인이 된다. 그동안 북한은 체제유지를 위해 주민 보건을 외면하는 모습을 종종 보여 왔다. 이러한 정

....

3   선별적 접근이란 에이즈, 결핵, 말라리아와 같이 높은 치사율을 보이는 질병의 치료, 예방, 퇴치를 기초보건의료의 우선순위로 두고 접근하는 방식으로서, 수직적 프로그램으로도 불린다. 이러한 접근은 생물의학적 정책을 강조하며 고급의료기술의 발전을 중시하는 경향을 보인다. 반면 보편적 접근은 누구나 쉽게 질병치료와 예방조치를 받을 수 있도록 하는 것에 우선순위를 두는 접근 방식으로서 수평적 프로그램으로도 일컬어진다. 이것은 사회의학적 정책이 강조되기 때문에 보건의료가 넓은 의미의 사회복지 차원에서 이해되는 특징이 있다 (조한승 2014 참조).

치적 고려 우선시 행태는 비단 북한만의 문제가 아니다. 외부의 많은 행위자들도 대북 경제제재 국면하에서 백신공급과 같은 인도적 지원까지도 차질을 빚는 상황을 애써 외면하는 모습을 보여 왔다. 따라서 4차 산업혁명 시대에 접어들어 첨단기술이 사용된다 할지라도 실제로 그것이 남북한 주민들의 보건안보를 증진시키기 위해서는 북한의 변화와 한반도 긴장완화가 함께 이루어져야 할 것이다.

참고문헌

김상배. 2016. "신흥안보와 미래전략: 개념적·이론적 이해." 김상배 편. 『신흥안보의 미래전략』.
　　　서울: 사회평론아카데미.

김소윤 외. 2015. 『북한 질병통제 관리체계 구축방안』. 통일부 연구보고서.

신희영 외. 2014. 『대북 보건의료분야 인도적 지원 단계적 확대방안』. 통일부 연구보고서.

신희영 외. 2017 『통일의료: 남북한 보건의료 협력과 통합』. 서울: 서울대출판문화원.

연합뉴스, "황창규 KT회장, WEF서 감염병 확산방지 플랫폼 제안."(2018.1.28).

　　　. "北도 미세먼지 경보…호흡기 약한 사람 마스크 착용."(2018.3.25).

이관용·김진희·김현철. 2016. "의료 인공지능 현황 및 과제." 『보건산업브리프』 Vol. 219.

재레드 다이아몬드. 1998. 『총, 균, 쇠』. 김진준 옮김. 서울: 문학사상사.

정혜주. 2016. "보건안보와 글로벌 거버넌스." 김상배 편. 『신흥안보의 미래전략』. 서울:
　　　사회평론아카데미.

조한승. 2014. "글로벌 보건 거버넌스의 역할과 도전: 정치적 쟁점 사례를 중심으로." 『평화학
　　　연구』. 15권. 4호.

　　　. 2015. "세계보건기구." 조한승 외. 『국제기구와 보건·인구·여성·아동』. 서울: 오름.

　　　. 2017. "국제 보건 거버넌스의 대북 보건협력의 특징: 비국가 행위자 관여의 관점에서."
　　　『평화연구』 25권 1호.

　　　. 2018. "백신사업 사례를 통해 본 글로벌 거버넌스의 행위자 상호관계 연구: 국가,
　　　국제기구, 비국가 행위자 관계를 중심으로." 『세계지역연구논총』 36집 1호.

질병관리본부. 2016 "말라리아 위험지역 여행 시, 감염주의 당부."(4월22일).

KBS News. 2016. "더워지는 한반도…104년 기온, 이렇게 변했다."(6월16일).

Aga Khan Development Network. eHealth Resource Centre. http://www.akdn.org/akdn-
　　　ehealth-resource-centre (검색일: 2018.3.15.)

Davies, Sara E. 2015. "Internet Surveillance and Disease Outbreaks." Simon Rushton
　　　and Jeremy Youde, eds. *Routledge Handbook of Global Health Security* (London:
　　　Routledge).

Fidler, David P. 2010. "The Challenges of Global Health Governance." Council on Foreign
　　　Relations Working Paper (New York).

GAVI, DPR Korea proposals, reports & plans https://www.gavi.org/country/dpr-korea/
　　　documents/ (검색일: 2018.4.20.)

GFATM. Global Fund, Korea (Democratic Peoples Republic) https://www.theglobalfund.
　　　org/en/portfolio/country/?k=79cc6298-8372-48b4-9712-b11eaba1a805&loc=PRK
　　　(검색일: 2018.7.20.)

Harmeling, Sven, and David Eckstein. 2012. *Global Climate Risk Index 2013: Who Suffers
　　　Most from Extreme Weather Events? Weather-related Loss Events in 2011 and 1992 to*

2011 (Bonn, Germany: Germanwatch).

Institute for Health Metrics and Evaluation. http://www.healthdata.org/north-korea

ITU. 2017. *Measuring the Information Society Report 2017* (Geneva: ITU, 2017).

Lakoff, Andrew. 2008. "From Population to Vital System: National Security and The Changing Object of Public Health." in Andrew Lakoff and Stephen J. Collier, eds., Biosecurity Interventions: *Global Health & Security in Question* (New York: Columbia University Press, 2008).

Marr, Bernard. 2017. "The Amazing Ways How Artificial Intelligence and Machine Learning Is Used in Healthcare." *Forbes* (October 9, 2017).

Maru, Duncan. 2017. "What the Fourth Industrial Revolution can teach us about healthcare in poor countries." World Economic Forum (20 July). https://www.weforum. org/agenda/2017/07/n-all-digital-foundations-for-universal-health-coverage-and-beyond/ (검색일: 2018.7.20.)

Michaud, Joshua. 2015. "Health Security and Foreign Policy" in Simon Rushton and Jeremy Youde, eds. *Routledge Handbook of Global Health Security* (London: Routledge).

Murray, Christopher J. et al. 2017. "Healthcare Access and Quality Index Based on Mortality from Causes Amenable to Personal Health Care in 195 Countries and Territories, 1990‒2015: A Novel Analysis from the Global Burden of Disease Study 2015." *Lancet*. Vol. 390.

Ng, Nora Y. and Jennifer Prah Ruger. 2011. "Global Health Governance at a Crossroads." *Global Health Governance*. Vol. 3. No. 2.

OCHA Financial Tracking Service. https://fts.unocha.org

UNICEF. 2017. *The State of the World's Children 2017: Children in a Digital World* (New York: UNICEF)

Washington, Lindsey. 2018. "Transforming Health in the Fourth Industrial Revolution." *Diplomatic Courier* (April 17).

WHO Regional Office for South-East Asia. 2016. *Tuberculosis Control in the South-East Asia Region, Annual Report 2016*.

WHO, "Global Observatory for eHealth," http://www.who.int/goe/en/ (검색일: 2018.4.20.)

WHO, "Health Security," http://www.who.int/health-security/en/ (검색일: 2018.3.15.)

WHO, Global Health Observatory (GHO) data http://www.who.int/gho/en/ (검색일: 2018.3.15.)

WHO. "Democratic People's Republic of Korea." http://www.who.int/goe/publications/ atlas/2015/prk.pdf (검색일: 2018.5.2.)

WHO. 2016. *Global Diffusion of eHealth: Making Universal Health Coverage Achievable* (Geneva: WHO).

World Bank DB. https://data.worldbank.org/ (검색일: 2018.3.15.)

中华人民共和国国家卫生健康委员会. 2017. "'一带一路'卫生合作稳步推进, '健康丝绸之路'成果丰硕." (5月12日).